本书为暨南大学“华侨华人研究”优势学科创新平台、中国教育部哲学社会科学研究重大课题攻关项目“华侨华人在国家软实力建设中的作用研究”（项目批准号：10J2D0049）以及中国教育部人文社会科学重点研究基地重大项目“海外新型华人社团的发展及其与居住地和祖籍国的关系”（批准号：11JJD810003）的成果，并得到上述项目资助

国家出版基金项目
NATIONAL PUBLICATION FOUNDATION

教育部人文社会科学重点研究基地
Key Research Institute of Humanities and Social Sciences at Universities
暨南大学华侨华人研究院
Academy of Overseas Chinese Studies in Jinan University

·世界华侨华人研究文库·

拉丁美洲华侨华人移民史、社团与文化活动远眺

下册

高伟浓 著

暨南大學出版社
JINAN UNIVERSITY PRESS

中国·广州

图书在版编目（CIP）数据

拉丁美洲华侨华人移民史、社团与文化活动远眺（下册）/高伟浓著．—广州：暨南大学出版社，2012.9
（世界华侨华人研究文库）
ISBN 978－7－5668－0238－5

Ⅰ.①拉…　Ⅱ.①高…　Ⅲ.①华侨—研究—拉丁美洲 ②华人—研究—拉丁美洲
Ⅳ.①D634.373

中国版本图书馆 CIP 数据核字(2012)第 131970 号

出版发行：暨南大学出版社

出 版 人： 徐义雄
责任编辑： 黄圣英　杨华容
责任校对： 程　辰　张　纯

地　址： 中国广州暨南大学
电　话： 总编室（8620）85221601
营销部（8620）85225284　85228291　85228292（邮购）
传　真：（8620）85221583（办公室）　85223774（营销部）
邮　编： 510630
网　址： http：//www.jnupress.com　http：//press.jnu.edu.cn

排　版： 广州市天河星辰文化发展部照排中心
印　刷： 佛山市浩文彩色印刷有限公司

开　本： 787mm×1092mm　1/16
印　张： 32.5
字　数： 642 千
版　次： 2012 年 9 月第 1 版
印　次： 2012 年 9 月第 1 次

总定价： 69.80 元（上下册）

总　序

在20世纪，华侨华人问题曾经四次引起学术界关注。第一次是20世纪初关于南非华工的问题；第二次是“一战”后欧洲华工问题；第三次是五六十年代东南亚国家出现的“排华”问题；第四次则是80年代中国经济崛起与海外华侨华人关系的问题。每次华侨华人研究成为研究热点时，都有大量高水平研究著作问世，不胜枚举。

进入21世纪以来，随着全球化进程的加速和中国国际化水平的提升，海外华侨华人与中国的发展日益密切，华侨华人研究掀起了新一轮高潮。华侨华人研究机构由过去只有暨南大学、厦门大学、北京大学、华侨大学等少数几家壮大至目前遍布全国的近百所科研院校，研究领域从往昔以华侨史研究为主，拓展至华人政治、华人经济、华商管理、华文教育、华人文学、华文传媒、华人安全、华人宗教、侨乡研究等涉侨各个方面，研究方法也逐渐呈现出多学科交叉的趋势，融入政治学、历史学、社会学、民族学、教育学、新闻与传播学、经济学、管理学、法学等学科方法与视角。与此同时，政府、社会也愈益关注华侨华人研究。国务院侨办近年来不断加大研究经费投入，并先后在上海、武汉、杭州、广州等地设立侨务理论研究基地，凝聚了一大批海内外专家学者，形成了华侨华人研究与政府决策咨询相结合的科学发展机制。而以社会力量与学者智慧相结合的华商研究机构也先后在复旦大学、清华大学等地成立，闯出了一条理论研究与社会实践相结合的华侨华人研究新路径。

作为一所百年侨校，暨南大学在中国华侨华人研究中具有特殊的地位。暨南大学创立于1906年，是中国第一所华侨高等学府。华侨华人研究是学校重要的学术传统和特色。早在1927年，暨南大学便成立了南洋文化事业部，网罗人才，开展东南亚及华侨华人的研究，出版《南洋研究》等刊物。1981年，经教育部批准，暨南大学在全国率先成立华侨华人研究的专门学术机构——华侨研究所，由著名学者朱杰勤教授担任所长。1984年在国内招收首批华侨史方向博士研究生。1996年后华侨华人研究被纳入国家“211工程”1—3期重点学科建设行列，2000年获批教育部人文社会科学重点研究基地（华侨华人研究）。暨南大学于2006年成立了华侨华人研究院，并聘请全国政协常委、国务院侨务办公室原副主任刘泽彭出任院长和基地主任。2011年，学校再次整合提升华侨华人研究力量，将华侨华人研究院与国际关系学系（东南亚研究所）合并成立国际关系学院/华侨华人研究院，继续聘请刘泽彭同志出任华侨华人研究院院长和基地主任，由华侨华人与国际问题研究知名专家曹云华教授出任国际关系学院院长兼华侨华人研究院执行院长。同时，学校还加大科研经费投入，努力打造“华侨华人研究优势学科创新平台”。研究院在加强自身科研能力的基础上，采取以研究项目、开放性课题为中心，学者带项目、课题进院的工作体制，致力于多学科和国际视野下的前沿研究，立足于为国家的改革开放和现代化建设服务，为社会服务，为政府决策咨询服务，努力将之建设成为世界一流的学术研究机构和人才培养基地。

值华侨华人研究在中华大地百花齐放、百家争鸣之际，为进一步彰显暨南大学科研特色，整合校内外相关研究力量，发掘华侨华人研究新资源，推动华侨华人研究学科的发展，学校推出“世界华侨华人研究文库”。本套丛书的著作多为本校优势学科的前沿研究成果，作者中既有资深教授、学科带头人，也有学界新秀。他们的研究成果从多学科视野探索了国内外华侨华人研究的一些新问题、新趋势，具有较高的学术价值和现实意义。

本套丛书的出版得到学校领导的大力关心与支持，并拨付专款予以资助。国际关系学院/华侨华人研究院领导与部分教师也付出了艰辛的劳动，他们在策划、选题、组稿、编辑、校对等环节投入大量精力。同时，暨南大学出版社对丛书出版也给予高度重视，组织了最优秀的编辑团队全程跟进，并推荐丛书申报国家级优秀图书。在此，我们对所有为本丛书出版付出宝贵心血与汗水的同仁致以最衷心的感谢！

最后，我们期盼本丛书的出版能在华侨华人研究领域激起一点小浪花，引来国内外同行更加深入、广泛的研究，为学界贡献更多高水平的成果！

《世界华侨华人研究文库》编委会

2012年3月

序

今年1月，高伟浓教授给我送来《委内瑞拉华侨史略》一书时，希望我能为他将于4月份完稿的《拉丁美洲华侨华人移民史、社团与文化活动远眺》一书作序。4月上旬，高教授如期送来了此书的初稿。

我粗略地阅读了此书初稿，觉得相对于以前有关拉丁美洲的诸多著述来说，有不少新颖之处。

此书的体例是以国别（地区）为经，以华侨华人移民史、社团与文化活动为纬。

就地理范围来说，此书所论，囊括了整个拉丁美洲（包括南美洲、中美洲、西印度群岛等）广阔的地理区域，一共30多个国家和地区。前人的研究一般只涉及南美洲大陆和加勒比海的主要华侨华人居住国，而此书把很多前人没有探索过的国家和地区都包括进去了。这样，有利于读者对拉丁美洲地区华侨华人的整体情况有一个全景式的把握，从较广阔的视野去观察、比较和分析这一地区的华侨华人问题。

就内容来说，此书集中论述了华侨华人移民史、华侨华人社团和华侨华人的文化活动三大方面。

对于拉丁美洲的华侨华人移民史，前人一般只涉及主要国家的华侨华人历史，其中谈论得最多的是“契约华工”和“猪仔华工”问题，对现当代华侨华人问题，特别是新移民问题谈论不多。此书在阐述拉美各国华侨华人起源的基础上，着意把该地区华侨华人的历史从开始接续到现在，同时把更多的笔墨集中在新移民的阐析上，体现了“厚今不薄古”的原则，这是值得赞赏的。对于新移民问题，此书主要勾勒了他们在居住国（地）的人数、职业分布、参政、与当地民族及与祖（籍）国和家乡的关系等基本问题，全面而系统，详尽而精练。

华侨华人社团是华侨华人问题的核心之一。前人对拉丁美洲主要国家（地区）的社团已有涉及，但数量很少，往往语焉不详。此书虽然不可能把各国（地区）现有的华侨华人社团搜揽无遗，但也尽其所能，对目前可以搜集到的重要社团做了尽可能详细的分析，使读者对拉美各国（地区）的华侨华人社团情况有了深一步的了解。

拉丁美洲华侨华人的文化活动基本上是前人研究的空白点。此书在这方面有了很大的突破。作者着力阐析了各国华侨华人在居住地的重要文化活动，如过春节及其他中国民俗节日、开展华文教育、办孔子学院、华文传媒等，也谈到华侨华人与当地民族和祖（籍）国的文化联系。在海外传承与弘扬中华文化，是目前和将来开展国外侨务工作的重要课题。这部分内容对我们如何更好地开展侨务文化工作有一定的启发性。

高伟浓教授说，他之所以这样编排此书的架构，是希望让实际工作部门和研究者更容易检索到他们所需要的内容。他的这一想法是值得称道的。我认为，华侨华人研究应该从基本侨情和国情出发，只有扎扎实实地做好基础研究，才可能有理论创新。忽视了基础研究，理论探索是难以深入下去的。目前，我们对有关海外中国新移民的基础研究还不多，还不够深入，有赖于研究工作者的进一步努力。

拉丁美洲地区是广东省侨胞的重要居住地区。这一地区最早的移民大部分来自广东省。今天，他们的后裔已经繁衍到第三、四代，甚至第五、六代。但他们中大多数人仍然对故乡、对中华文化一往情深。新移民中的很大一部分也是来自广东，他们正在居住国（地区）与来自内地其他省籍以及来自台湾、港澳地区的同胞一道，艰苦拼搏，传承弘扬中华文化，成为居住国（地区）与祖（籍）国之间的重要桥梁和纽带。这些年来，我和我的同事经常访问拉美地区，对那里的侨胞有了越来越多的了解。今后，广东省侨办将一如既往地秉承“为侨服务”的宗旨，做好包括拉丁美洲各国（地区）新老华侨华人在内的世界各国侨胞的侨务工作，为中华民族的伟大复兴贡献力量。

广东省人民政府侨务办公室主任

吴锐成

2012 年 4 月

目　录

第一章　中美洲七国与墨西哥

中美洲是指从墨西哥南部至哥伦比亚西北部美洲大陆中段的狭窄陆地，其最窄处为巴拿马运河处，宽度仅为48公里。中美洲陆地面积为54万平方千米。在行政区划上，包括伯利兹、哥斯达黎加、萨尔瓦多、危地马拉、洪都拉斯、尼加拉瓜和巴拿马7个国家。墨西哥虽然在地理位置上属北美洲，但它原是西班牙的殖民地，从种族、文化、历史上看，则属于拉丁美洲，因与中美洲七国相连，故这里合为一章阐析。

第一节　巴拿马

巴拿马共和国（República de Panamá）位于中美洲最南部，处连接北美大陆与南美大陆的中美洲的蜂腰处。巴拿马本是个寂寂无闻的中美洲小国，因20世纪初巴拿马运河的开通闻名于世，成了海运大国。华侨华人也因参与巴拿马运河的建设而进一步与巴拿马结缘。

但开凿巴拿马运河使20世纪初迅速崛起的美国后来成了巴拿马的“国中之国”。巴拿马收回运河主权的愿望卒于1999年12月14日实现。随着世界贸易活动以及货运量的大幅增加，越来越多的超大型船只投入运营，今天担负着全世界贸易货运5%的巴拿马运河现有的通航条件已不能适应发展的需要。为此，巴拿马政府于2006年10月正式推出了一项总投资为52.5亿美元的运河扩建计划。运河扩建后，将使巴拿马在全球化中的作用大大提升，也将使其在拉美事务中的作用越来越明显。作为崛起中的航运和贸易大国，中国未来可以利用这座“世界桥梁”大显身手，从而将连锁性地对中国移民与华侨华人问题产生重要影响。中国目前虽然与巴拿马暂无外交关系，但两国的经贸关系发展良好，巴拿马是中国在拉美第五大贸易伙伴，2010年两国经贸额已达近120亿美元，创历史新高，且继续增长。[①] 中国已成为巴拿马运河第二大用户。中巴贸易已将两国紧密联系在

---

① 《中国巴拿马贸易发展办事处代表霍洪海出席中国商会迎国庆联欢晚会》，中国外交部网站（驻巴拿马商代处供稿），2011年9月27日。

一起，实现了互利共赢，共同发展。

一、历史上的巴拿马华侨华人

1. 移民走势与祖籍地来源

当初接通大西洋和太平洋的第一个创意并非开凿巴拿马运河。在此之前，人类已经有过修建铁路以接通两洋的创举，只不过铁路只是起中介作用，一个大洋轮船上的货物还得经过铁路的运输被送到另一个大洋的轮船上去。而巴拿马运河的开通则可以使同轮船不卸货地航行于两个大洋。当然，巴拿马运河开通后，它的名气使“巴拿马铁路”黯然失色，以至今天人们甚至已忘记了历史上人类还修建过一条“巴拿马铁路”。

就巴拿马华人移民史来说，“巴拿马铁路”的重要性一点不亚于“巴拿马运河”，因为“巴拿马铁路”的修建使巴拿马首先有了华人的足迹。当时为了修筑横贯巴拿马地峡连接太平洋西岸的铁路，一些人到中国沿海地区大肆掳掠华工，并将他们贩卖到巴拿马去修筑铁路。纷至沓来的华人劳工翻开了巴拿马华侨华人历史的第一页，但数以百计的华工也化成了铁路、运河两边的累累白骨。《巴拿马华侨 150 年移民史》（作者谭坚）一书在封面简介中这样说：“先侨的坚毅韧性与智慧为巴拿马这块土地作出了巨大的贡献，从第一条连接两洋的巴拿马铁路，到贯通两洋航运的世纪性大工程巴拿马运河，华人侨胞可谓‘无役不与’，永远伴随着巴国成长的轨迹而前进。”

按照杨发金的说法，移居巴拿马的华侨人数有五个高峰。

第一个高峰是美国人修建巴拿马铁路时期，来巴拿马的华人大约有两万。先是 1850 年，由美国业主从加利福尼亚州招募来巴拿马的华工约 1 000 人。1852 年至 1856 年，从中国大陆广东和福建省招募华工，经香港或澳门来到巴拿马的华工约两万人。这些华工除按契约修建铁路的一部分人之外，还有相当一部分散居到全国各地独立谋生。从中国大陆来的华工经过 3 个月的海上苦难之后，到达巴拿马湾，先到 TABOGA 岛登陆，再转到巴拿马城小住，然后集体到 GAMBOA 镇和 GORGONA 镇之后的 MAT-ACHIN 镇常住，开始参与铁路的西半段工程的施工。当时巴拿马全境总人口为 128 897 人，华人总数就占了当地人口总数的 16%

左右。①

第二个高峰是巴拿马作为去拉美和加勒比地区的中转站时期，滞留在巴拿马的华人约有两万人。据陈泽惠《十九世纪盛行的契约华工制》第177页记载，到19世纪70年代中期，中转过程中留在巴拿马的华工多达2.5万人。

第三个高峰是法国修运河时期的5 000人。据清廷《外务部档》光绪十四年（1888年）出使美、西、秘大臣张荫桓的奏折称：“（此一年）广东客民赴役（指华工参加开河工程）者两千人”。光绪三十二年（1906年）九月出使美、秘、古、墨大臣梁诚致农工商部函称：“（19世纪80年代至90年代，法国公司）又陆续运去几千名华工开凿巴拿马运河”。可见法国人开凿运河期间，使用华工人数应在5 000人左右。

第四个高峰是美国人修运河时期的约5 000人。据《清季外交史料》第178页记载：“20世纪初，美国继续‘该处开河，华民众多’”。据清廷《外务部档》记载：“1906年美国所属巴拿马运河局从南洋文厘拿埠首批运进2 500名华工开河”。据美国留学生林葆恒等致清廷外务部禀呈：“（美国于1906年）派其代理周超、汤辅民等到中国直接招募华工”。根据巴拿马官方公布：“在美国人开凿运河期间，华工总人数不会超过5 000人”。

第五个高峰是20世纪80年代，通过合法途径来到巴拿马的有两万人。②

从上述五个移民高峰来看，第一、三、四个高峰均与修建铁路与开凿巴拿马运河相关。第二个高峰则基本上是一种“驿站移民”状态，而第五个高峰显然属于中国改革开放后的新移民。不同的高峰期的移民后果是不一样的。第一、

---

① 关于华人到达巴拿马的最早时间，有两种说法：一种就是这里的1850年说，另一种是1854年说。后一说是，依据史料记载，巴拿马的第一批华人于1854年3月30日到达，他们是为了修建铁路由加拿大而来的劳工。显然，两说中，关于华工的来源地不同，前者来源于美国加州，后者来源于加拿大。两说可能都是事实。还要说明，除了来自美国和加拿大的华工之外，还有大批来自中国本地的华工，他们的遭遇更悲惨。1850年即有船只从中国大陆运送华工到巴拿马，死亡率高达24%（据陈翰笙主编《华工出国史料》）。1852年美国从中国招募300人来巴拿马当劳工，因生活条件十分恶劣和传染病，有72人在途中死亡，到达巴拿马时只剩下228人（据英国政府史料记载）。1853年425名中国人被招募到巴拿马当劳工，途中死亡96人，到达巴拿马时只剩329人（据马士撰写《中国帝国对外关系史》）。1853年另一条船运800名华工来到巴拿马（据陈翰笙主编《中华帝国对外关系史》）。1853年巴拿马铁路公司招工代理用一条只能装450人的船装进700名华工（据马士撰写《中国帝国对外关系史》）。1854年4月1日，《巴拿马明星报》第二版刊登华工抵达巴拿马的消息：“‘海巫’号帆船船长G. W. Francer和Dorrance医生运载705名华工从汕头出发，经过61天的航行，于3月1日中午抵达港岸。‘海巫’号此行顺利，船程中仅11名华工死亡，安全抵达巴拿马港口的有694人，其中4人伤残，全部是男性华工，看来身体状况良好。”自1849年至1854年，运送到巴拿马修建铁路的华工达4 000人（据陈翰笙主编《中华帝国对外关系史》）。可参杨发金文。

② 杨发金（中国巴拿马贸易办事处前代表）：《走近巴拿马华人》（上），《侨务工作研究》2006年第6期。

三、四个高峰会产生修路开河后的移民发散效应。这些移民在完成修路工程后，希望马上回到其来源地——中国的家乡的几近为零。他们要赚到足够的钱才会腰缠万贯地荣归故里。所以，完成工程后一段时间内，可以肯定绝大多数人都留了下来。以修路工当时的实际条件，他们留下来后只能尽其所长，从事一些当地民族和社会所需要的简单工作。如果在一地找不到自身适合的工作，必然还要换个地方继续找，有的甚至经过多次，因而流散范围越来越大。总之，最后都在当地居留下来，相当大一部分最后还因为各种各样的原因而终老他乡。随着时间的流逝，这部分人与当地民族融合，产生出一代又一代的新华人。虽然第一、三、四个高峰移民的基数并不大，但是，由于年深日久，到今天他们的后代数量就十分可观了。

不过，也不应把早年华人在修路开河完成后谋职的流散状态看成是蒲公英式的“飘散”，而是建立在小群体“密集群居”基础上的流散，而众多的小群体基本上集中在一些大城市。早期中国人海外居住的一个重要特点是以地缘为基础而“密集群居”（一般是向商业机会比较多的城市集中）。事实上，巴拿马修路（河）工也是如此。绝大部分参加修铁路工程的华工后来在当地谋生，得益于其劳工合同。他们不是人们所熟知的“猪仔华工”。他们的每月工资扣除伙食费、日用杂费和归还从中国到巴拿马的船费之后还有剩余。他们修路或开河时的劳动和生活范围主要是铁路沿线或运河沿线的村镇。这些农工或非专业壮工后来稍有积蓄便转向商业领域，先做点小本生意，摆个摊，跑外卖，沿路兜售，通过日夜辛苦劳动后拥有固定的地点，办起食品店、水果店、杂品店，地点先是铁路沿线的小镇，随后向铁路沿线两侧和两端的人聚处发展。经营方式从摆摊、跑卖发展到批发。经营范围扩大到洗衣店、五金店甚至小型制造业。也有部分华人一到巴拿马就涉足铁路工程以外的经济活动，凭借不懈的努力，先给别人打工，后自己做生意，从无到有，从小到大。① 但另一种说法是，铁路、运河工程完成后，中国移民一开始是从事农牧业，通过农牧业奠定经济基础，再从单纯的农牧业逐渐发展到工商贸易等行业。应该说，上面两种说法所反映的情况都存在，最后的结果都是以商业为主。据记载，1913 年 11 月 17 日，为抗争巴拿马当局对华人的歧视，巴拿马城及科隆等市的华商关门罢市 5 天，导致当地市民生活不便。② 可见华人商业在当时已经有一定的规模。

随着修路（河）工程的结束，华人逐渐向逐步繁荣的巴拿马城和科隆市两地集中。巴拿马城始终是华人定居人数的“龙头老大”，但科隆市华人人数不比

---

① 杨发金：《走近巴拿马华人》（上），《侨务工作研究》2006 年第 6 期。

② 范培：《巴拿马、哥斯达黎加华商热卖中国货 》，广东侨网，2006 年 10 月 10 日。

巴拿马城少多少。1885 年 3 月 31 日，一场大火和几乎同时发生的一场暴动使科隆市华侨财产严重受损。于是部分华侨从头开始创业，部分华侨则转战到正在开垦香蕉业的牛口省。居住在巴拿马城的华人有的移居内地，如贝诺诺美镇进行发展。① 20 世纪 70 年代和 20 世纪 80 年代以来，巴拿马的新侨大部分在老华侨的原居住地上扩展。而今，几乎巴拿马每一个省都有华侨华人的身影。

第二个高峰则不完全一样，既然这些移民都是因为“路过”巴拿马而在此地暂居下来，他们就属于典型的“驿站”型移民，最终的目的地就不是巴拿马，虽然可能也有个别人因为意料不到的原因而滞留乃至最终居留下来。“驿站”移民的这种结果在古今移民史上是通例。因第二次高峰在巴拿马留下来的移民竟达 25 000 人之多，可见当时全部“驿站”移民的初始数量是非常庞大的。

第五个高峰来的新移民则很难说。他们中，可能以巴拿马为最终目的地者，以巴拿马为“驿站”者，以及在巴拿马徘徊以观其变者，均各有之。但后两者的明确目的地或朦胧目的地，应都是他们心目中的“天堂”——美国。美国移民当局对来自包括巴拿马在内的中美洲“驿站”移民的动机和去向是非常清楚的，曾采取过很多措施予以限制和打击，因而大大减少了外来移民通过巴拿马进入美国的成功率，实际上也就相对地增大了他们最终不得不在巴拿马居留下来的比率。所以，第五次高峰的华人移民的很大一部分相信是在巴拿马居留下来了。

由此可见，如果以五次高峰来划定巴拿马的华人移民来源，则是第一、三、四次高峰来的移民的绝大部分和第五次高峰来的移民的相当一部分。当然，除了五次高峰外，还有小规模的难以统计的移民涓流。

不应该把巴拿马华人看作是一个移民人数正增长的过程。虽然现在已经很难描绘出 150 多年来华人移民在巴拿马的增长曲线，但基本上可以肯定真正的人数增长是在华人移民的前半个世纪，即 20 世纪之前。到了 20 世纪，华人移民人数变化不定，但在很多时候呈下降趋势，基本上可以肯定都与华人当时的发展相关。

一是早年的排华，其起因是华人在当地商界的突出地位。如 1909 年 7 月 25 日出使美国、墨西哥、秘鲁和古巴的大臣伍廷芳于 11 月 15 日顺道考察巴拿马华商情形的奏折中称：“（20 世纪初）华侨在该埠（巴拿马城）贸易约三千人，商多工少，营业颇称发达。”1910 年 4 月 18 日，中国驻巴拿马总领事欧阳庚致外务部呈参信中写道：“我华民商务之在巴拿马者，以巴京（巴拿马城）为最大，次则个唧埠（科隆市）。由巴京至个唧埠开河一带，火车所经共华里一百四十余地，华民店铺约 300 家，零星散处各埠者亦不下百十家，约共 3 000 人。”根据

① 杨发金：《走近巴拿马华人》（上），《侨务工作研究》2006 年第 6 期。

《巴拿马·共和国百年》一书记载，1908年，巴拿马城商业活动的82%被外国人经营，其中零售业的79%被中国人控制。这一统计说明，在90多年以前，华人就掌握了巴拿马商品零售的大半个天下。① 在这种情况下，华人受排挤而导致移民人数下降就不是偶然的了。1903年，当地法律宣布华人为不受欢迎的居民，到1913年，当地向华人征收人头税等。这些事件实际上是变相的排华，一定程度上抑制了华人人数的增长。

二是新中国成立以后巴拿马华人人数不增反减，究其原因完全在巴拿马方面。据资料显示，1950—1969年间，许多华人由于巴拿马政府的独裁统治而移民哥伦比亚和美国。1960—1979年间，华人移民数量也在减少。如果不是中国的改革开放导致中国新移民的到来，巴拿马华人人数的递减趋势还不知道持续到什么时候。20世纪80年代新移民到来后，到2003年为止，大约有13.5万至20万华人居住在巴拿马，巴拿马60%的民族代表组织为华人组织。其中大约有8万人为大陆新移民。②

从来源地来说，当年去巴拿马当华工的人95%以上来自中国广东省，他们签订合同之后先去香港或澳门，再乘船渡过太平洋来到巴拿马。③ 这一部分人即这里所说的第一、三、四高峰来的华人。第二次高峰来的华人，其实也应该多数来自广东。不过第五次高峰来的华人，就应是来自中国的五湖四海了，除广东人外，还包括来自浙江、福建、辽宁、北京、湖南、山东、河北和河南等地的人。他们中有不少的民营企业家，现在已在巴拿马扎下根来。不过，总的来说，还是以广东籍人居多。

今天巴拿马15万华人中，约有10万为广东省花县人，3万为广东省恩平、开平、台山、新会等四县人，1万为中山县人，其余来自清远、从化、鹤山、赤溪、顺德、番禺、南海、三水等地区。④ 所以，旅居巴拿马的侨胞大都讲广东话。在中国城里，大街小巷随处可看见汉字、听到粤语。粤语词汇在巴拿马街头也随处可见。华人姓氏如Leung，Chung，Lau，Loo，Wong屡屡见诸报端，这些发音无疑多来自粤语。第五次高峰来的移民都讲各地的方言，但各地方言都与普通话大同小异，彼此听得懂，因此他们聚会时多讲带地方口音的普通话。只是广东侨胞的方言与普通话差别太大，老一辈华人根本不会讲普通话。新移民还好，由于受教育程度较高，他们都会讲普通话。新移民人数的增长速度是十分引人注目的，可以说超过了以往任何一次高峰。据百度百科资料，到2003年为止，大

① 杨发金：《走近巴拿马华人》（上），《侨务工作研究》2006年第6期。

② 《巴拿马华人》，据维基百科资料。

③ 杨发金：《走近巴拿马华人》（上），《侨务工作研究》2006年第6期。

④ 杨发金：《走近巴拿马华人》（上），《侨务工作研究》2006年第6期。

约有 13.5 万至 20 万华人居住在巴拿马，其中大约有 8 万人为大陆新移民。这个比例，至少是三分天下有其一，甚至是平分秋色了。

就今天华侨华人占巴拿马人口的比例来说，巴拿马官方人士的习惯说法是约占 5%，即 15 万。据巴拿马移民局于 2004 年公布的数字显示，带有中国姓的巴拿马华人占全国人口的 10%，即 30 万。但在巴拿马历史上的居民登记过程中，由于官僚们对中国人姓和名的无知及种族歧视，不少中国人丢失了中国姓，只剩下了甚至连自己都不知的部分中国血统。谭坚在《巴拿马华侨 150 年移民史》一书写道："35% 的（巴拿马）人口可以在他们的家族谱系中找到中国人的血缘。"巴拿马前总统吉列尔莫·达拉与该文作者交谈时强调华侨华人人数约占巴国人口总数的 30%，并声明："我说这话与我夫人安娜·梅·冯是中国人无关。"①

这 15 万华人，指的是其相貌特征"象"是中国人的华人，还不包括已经与当地印第安人、白人、黑人和其他人种混血的华裔。若从 1850 年算起，混血之后再混血，到第四代之后，就难以看出有中国人的相貌特征了。

巴拿马人口 340.86 万（2010 年），其中白人（Blanco）占 11%，黑人（Negro）占 13%，印第安人（Indigena）占 5.3%，华人（Chino）占 5%，印第安人与欧洲人混血人（Mestizo）占 63.7%，另有少量犹太人（Judio）、欧洲人与黑人混血人（Mulato）和黑人与印第安人混血人（Zambo）。② 将华侨华人放在巴拿马多民族的"矩阵"中，仍然是个"少数民族"。不过也有人如是估计：第一代和第二代移民有 15 万到 20 万人，如果加上基本不会中文的华人后裔，这个数字超过 30 万，占巴拿马人口的 1/10。从泛化的华人定义来看，这样说并非不可，但我们所说的"华人"群体，应考虑到自身应有广泛的共通性和自我认同，包括语言、生活习俗等方面的共通性和自我认同。因此，没有必要把真正的华人人数估算得那么高。

毋庸讳言，包括中国"非正常移民"在内，巴拿马的"非正常移民"一直很突出。巴拿马政府一直在寻找积极解决的办法。据说，2009 年 11 月，巴拿马总统马蒂内利指示由一个华人及华裔社团代表与政府官员共同组成的 7 人小组开会共商解决华人移民问题，解决方案可望在年底出炉。当时巴拿马中华总会会长表示，这显示巴拿马华人移民的身份、居留及工作等问题有望于近期内解决。有了解决方案之后，侨社将会进行普查，确定需要解决在巴拿马居留与工作问题的华人移民人数之后，再商请政府有关单位协助解决。可能的解决方法之一是：无合法身份的华人移民到巴拿马国家银行缴交一笔罚款及相关的行政手续费之后，

① 杨发金：《走近巴拿马华人》（上），《侨务工作研究》2006 年第 6 期。
② 杨发金：《走近巴拿马华人》（上），《侨务工作研究》2006 年第 6 期。

就能取得在巴拿马居留的合法身份。[①] 客观地说，巴拿马政府上述措施对华侨华人的生存与发展是有利的。事实上，巴拿马政府的措施并不是专门针对华人，而是全国一体适用的。与其他国家来的移民比较，有时候巴拿马对华人的处理措施还较为宽松。

顺便说明一下，巴拿马还有一批中国公民。他们的身份是“公派在外的中国人”。他们服务的公司包括中国远洋运输集团总公司、中国银行股份有限公司、中国港湾建设集团总公司、中国海运集团总公司、中国深圳中兴电讯公司等大型国有企业派驻巴拿马的常设机构，派来的业务人员均为各大公司精英，都具有高学历。他们人数不多，在 100 位左右。[②] 这些公派人员当然不是居住在社会“孤岛”中，他们对巴拿马华人间的交往有所影响，例如在公共场合中讲普通话，使当地华侨华人也积极说起普通话等。他们还在当地华侨华人的社会活动中起重要作用。

2. 华人商业成功的诀窍与标志

在华人抵达巴拿马不到 30 年后，一些人不仅在经济上已经站稳脚跟，而且生意亦初具规模。据张荫桓著《三洲日记》记载，19 世纪 80 年代，“（巴拿马）仰望龙旗招展，则华人酒楼也，车经开河之地，畚锤未缀，华人沿街列肆，卖食物，不一而足”。巴拿马城的永和昌、华安、永利成、朱氏公司、三环公司等大商行已是全国有名的大型公司。例如，郑始发于 1885 年来到巴拿马，1903 年接管父亲郑昆俊的生意，经营进出口业务，并在上海和香港开设郑氏分公司，担任首届中国商会主席，被公认为当时侨界首富，其威望之高，以至于被中国政府任命为巴拿马商务代表。[③]

华人抵达巴拿马 100 年之后，即进入 20 世纪 50 年代，其后代已经不只是劳工、农工或零售商了。随着自我经济发展和受教育水平的提高，华人开始涉足巴拿马经济的所有领域，如金融业、房地产业、建筑业、餐饮业、制造业、批发零售业、进出口贸易、旅游业、环保业等，几乎在各个行业都有顶尖人物出现。[④] 他们主要集中在首都巴拿马城和科隆、圣地亚哥、乔雷腊、达维德等城市。这些华人除了经营小超市、洗衣店等传统行业外，大量的华人后裔广泛涉足于医疗、教育、媒体、政治、经济、金融等行业。

今天，华商的观念跟过去相比早已发生深刻变化，过去是“赚钱回唐山买地、盖房、讨老婆”，现在已转变为“购地置业、扩大投资、发展壮大”。因此，

---

① 《据传巴拿马年底将提出解决华人移民问题的方案》，铁雪社区网站，2009 年 11 月 23 日。

② 杨发金：《走近巴拿马华人》（上），《侨务工作研究》2006 年第 6 期。

③ 杨发金：《走近巴拿马华人》（上），《侨务工作研究》2006 年第 6 期。

④ 杨发金：《走近巴拿马华人》（上），《侨务工作研究》2006 年第 6 期。

巴拿马华人经济也发生了质的变化，发展到拥有一定规模的酒楼、超市、汽车零配件销售行、进出口贸易、房地产、现代化农场等。近些年来，华侨华人在巴拿马的商业活动仅次于犹太人，在该国国民经济中已占有一定比例。仅在巴拿马首都巴拿马城，就有200多家中餐馆，无论从规模还是质量上，在拉美地区都是首屈一指的。此外，在巴拿马的华人多受过良好教育，不少华人踊跃参政，社会地位日渐提高。①

当然，华侨华人成功的先决条件是他们的勤劳、刻苦与敬业。很多华侨华人因资金少，一般都在较偏僻的地方创业，而这些地方治安不好，他们做生意只能与铁闸相伴，白天开门营业，晚上则关上铁门，通过一个小窗口做生意。铁闸是他们成功的见证和“伴侣”。

今天，在中国崛起、中国商品走向世界的形势下，华侨华人经营的一个重要特点是利用自身的“天然优势”，最简单的办法就是做中国货生意。他们进口中国货有两个特点：一是规模大。在巴拿马和哥斯达黎加，华人的百货店、超市数量比较多，有些商场的营业面积达到2 000多平方米。二是货品种类多。从建材、家电、家具、服装、玩具到各种日用化工品，一应俱全，与广州的中小型超市、专卖店相仿。②

最突出的例子是AGENCIAS BENEDICTO WONG公司董事长黄国贤，他是巴拿马著名的华裔爱国实业家，AGENCIAS BENEDICTO WONG公司的创始人，是GLOBAL BANK（环球银行）和ASEGURADORA ANCON，S. A.（保险公司）董事。1927年出生于巴拿马，父母都是中国人，祖籍香港新界。其少年时期在香港度过，1943—1945年加入东江中队的小鬼队，在广东惠阳、宝安一带进行抗日活动。1945年抗日战争胜利后回到香港继续求学，1949年返回巴拿马。1951—1953年在运河区打工，1954年白手起家，创立了AGENCIAS BENEDICTO WONG公司，代理进口食品、日用百货和化妆品。1958年他创出双虎牌蚊香（DOS TIGRE），其非同一般的驱蚊效果很快使这种蚊香在市场上独占鳌头，1967年以Rikas品牌的鸡精、蒜蓉粉、茶叶、固体饮料、减肥糖等产品的相继上市，形成了Rikas系列食品而家喻户晓。半个世纪以来，黄国贤先生始终坚持市场第一、以人为本的经营理念，不仅开创出两个闪光的品牌，更为可贵的是，企业内160多名员工没有工会组织。这在今天巴拿马工商界是绝无仅有的，他认为，你善待员工，令员工有归属感，员工就会以企业为家。管理者管好企业，企业就会成为员工最有力的保障，企业的生命力自然会旺盛。

---

① 《华人移民历史150多年，巴拿马处处是华人印迹》，国际在线专稿，2006年4月30日。

② 范培：《巴拿马、哥斯达黎加华商热卖中国货》，广东侨网，2006年10月10日。

新移民的代表，则可以巴拿马龙宝集团董事长黄伟文为例。黄伟文出生于1964年，是土生土长的广东清城石角人。1989年，他去巴拿马，先在超市打了两年工后就到保税区进行贸易工作，帮公司推销学生用品。两年后，开设了龙宝国际有限公司。针对当地人周末很喜欢到沙滩度假的特点，雇请了一批员工为公司经销中国的沙滩鞋、文化衫，把生意做得红红火火。有了雄厚的周转资金后，他从1999年开始在巴拿马所有的9个省份设立了铜、铝、铁等旧金属回收点。当时一年收购5 000多吨，2003年以后每年达到2 5000多吨，其中一半拉回清城石角加工，这些再生资源产品都在国内销售。[①] 他的投资项目位于青城区石角镇循环产业园区内，主要生产铜杆、铜棒等，总投资8 000万美元，前期4 000万美元。项目全部建成投产后，年生产各类铜材制品5万多吨，年产值可达30亿元，创税利8 000万元，可解决300多人就业。投资的清华园皮革皮具生产基地——环球皮革（清远）有限公司独资开发建设，主要从事皮革皮具的生产制造，项目总投资8亿元人民币，预计完成全部开发项目后年产值达30亿元。黄伟文先生近年来积极推动广东与巴拿马之间的文化交流，被广东省海外交流协会聘为海外常务理事。[②] 他还当选为巴拿马中华总会会长（同时也是中南美洲中国和平统一促进会副会长），这无疑反映了华侨华人在巴拿马最大社团的年轻化、现代意识、大陆眼光和国际视野。

跟其他中美洲国家的华人一样，巴拿马华人凭借中华民族的智慧和勤劳，已经成功融入巴拿马社会，成为其不可或缺的成员，赢得了巴拿马人的敬佩和尊重。由于巴拿马华人到此的时间更长、人数更多，因而对当地社会的影响更大，融入的程度更深。跟其他中美洲国家相比，其最突出的特点是，由于移民人数多且时间长，巴拿马形成了具有一定规模的唐人街，至今不倒，且还在发展。不仅有老唐人街，还有新唐人街。老唐人街位于巴拿马城老城区，在20世纪80年代即已成为该城重要的一部分，它见证了巴拿马的历史发展。新唐人街则位于巴拿马新城，代表了巴拿马的新发展。新唐人街的华人超市和餐馆比较集中，成为当地人休息时的好去处。[③]

一个族群或群体成功的标志固然体现在它的“硬实力”上，如系列性的经济与科技指标、中产阶级规模、代表性的精英人士等。但在当代社会，人们看待一个族群或群体是否成功，还越来越看重其回报社会及其所从事的慈善事业。巴拿马华人在前一方面的业绩表现自不必说，而在后一方面的业绩表现也有口皆

---

① 曾新友：《回“比画报还美的家乡”投资放心——巴拿马中华总会会长黄伟文一席谈》，《清远日报》，2007年5月18日。

② 冯子源：《黎静副会长会见省海交会常务理事黄伟文先生》，广东侨网，2011年1月6日。

③ 《华人移民历史150多年，巴拿马处处是华人印迹》，国际在线专稿，2006年4月30日。

碑。这一点，可以以 Teleton 20—30 慈善捐款活动为例。这一活动是巴拿马国内最重大的慈善活动，到 2008 年已经举行了 23 届。2008 年的捐款活动于 12 月 12 日晚开始，主办单位邀请了多位国内和国际歌星和演艺界人士前来为募捐活动造势。希望 2008 年能达到 300 万美元的募捐目标，帮助巴拿马国内医院购买更多新生婴儿保育设备。2008 年 12 月 13 日，巴拿马中华总会向 Teleton 20—30 慈善活动捐赠 75 000 美元。当天上午在两洋会中心，中华总会会长黄伟文，副会长黎焕欣、廖锦山、萧绍基，以及各同乡会、侨团组织代表 30 多人出席了捐赠仪式。① 再如，中华总会电力通的慈善捐款活动开始于 1998 年，每年捐款额均在 6 万美元之上，受到巴拿马社会各界的好评。2005 年度的捐款额高达 10 万美元，其中黄国贤先生一人独捐 4 万美元，花县同乡会捐款 2 万美元，中山同乡会捐款 5 000 美元。②

3. 巴拿马政府和人民对华侨华人贡献的认可

历史上，旅居巴拿马的华人在生活并不十分富裕的情况下，就尽力为巴拿马社会作出了贡献，经济条件改善之后，贡献就更加引人注目了。他们出钱出人出力，向来受到巴拿马政府和人民的称颂。因此，华人多次荣获很高的荣誉。

在巴拿马，有很多华人获得过这些荣誉。其颁发或授奖方，既有当地政府，也有民间组织。其种类甚多，比如巴波亚十字勋章、功勋市民、杰出女性等，此外还有各种专业技术奖项。所有这些奖项反映了华侨华人的杰出成就以及贡献领域的广泛，也反映了巴拿马政府和人民对他们业绩的认可。

巴拿马政府对华人群体贡献的认可更值得重视。1992 年 8 月 27 日，巴拿马市政府颁布第 43 号决议，表彰早期华人和华人社团对巴拿马的贡献，并拟推动建立一座有关华工修筑巴拿马铁路和运河工程的纪念碑。这一做法是这一时期有早期华人移民的国家表彰华侨华人历史业绩运动的组成部分。

接着，1996 年 10 月 15 日，巴拿马国家邮政局专门发行了一套以“巴拿马中的华人面貌”命名的纪念邮票。邮票共四张，上写中文春、夏、秋、冬。这是巴拿马邮政局有史以来第一次以中英文发行邮票，还发行了首日封，首日封上贴有一张面值六角的有中国古代人物和家具图案的邮票，图案中的中华民族文化气息十分浓厚。这种友好表示，其实起因于华侨华人，显示了华侨华人在巴拿马的突出地位，实际上也是对华侨华人历史贡献的充分认可。值得注意的是，巴拿马第一夫人多拉・博伊迪女士亲自参加了纪念华人在巴拿马的首日封邮戳始盖仪式。

---

① 《回馈社会，巴拿马中华总会捐慈善机构 7.5 万美元》，中国侨网据巴拿马《拉美快报》报道，2008 年 12 月 15 日。

② 杨发金：《走近巴拿马华人》（上），《侨务工作研究》2006 年第 6 期。

2004年是华人抵达巴拿马150周年（从1854年算起），对巴拿马华侨华人来说，自然是个重大节日。这一年，巴拿马立法议会通过法案，规定每年3月30日为“巴拿马华人爱国纪念日”，这是对150年来华侨华人对巴拿马贡献的强有力的认可。2004年3月30日晚上，约800名巴拿马华侨华人聚集在巴拿马市金都餐厅一起庆祝这个特别的日子，巴拿马警察总监、移民局长、巴拿马市市长一道来共襄盛举。巴拿马市市长胡安（JUAN CARLOS NAVARRO）在致辞时特别提到华人在巴拿马的贡献，并且表示华人已经是巴拿马社会非常重要的组成部分。据报道，当天的庆祝活动自晚上7时起一直持续至半夜，其中有传统戏曲、西班牙舞蹈、笛子与英文歌曲等表演，并从哥斯达黎加请来了一个中国传统曲艺乐团前来助兴，场面热闹非常。①

为纪念华人抵达巴拿马150周年，经中华总会与巴拿马市郊的阿莱汉（Arraijan）市政府会商，后者同意提供一块面积达1 600多平方米的土地作为华人抵达巴拿马150周年纪念碑用地。中华总会计划在这块地方兴建纪念塔、凉亭与公园，估计需花费资金约十六七万美元，都将由华人自动捐赠。筹备立碑活动的巴拿马中华总会会长刘汶辉表示，巴拿马独立建国才100年，而第一批华人抵达巴拿马到今年却已经有150年。他说，150年后，华人在巴拿马的地位已经显著提升，有人当选为国会议员，甚至当上部长，也有很多人从事医生及律师等专门职业。华人这些年来与巴拿马当地人同甘苦、共患难，已经得到当地的认可，他认为这是身为华人的光荣。②

2004年，由中国巴拿马贸易发展办事处提出创意，并资助建立纪念华人抵巴150周年纪念碑和中巴公园（即阿莱汉市提供土地的公园）。经旅居巴拿马的华侨华人捐资共同建造，历时3年，于2007年3月建成。中国国务院侨办捐赠了一对汉白玉石狮子，广东省侨办和花都区侨办捐赠了纪念碑碑体。以张立国副司长为团长的外交部领事司代表团、中国巴拿马贸易发展办事处代表鲍鄂生、巴拿马议长卡斯蒂略、阿来汗市（纪念碑所在地）市长卡萨雷斯、巴中友协主席奥尔特加、国会议员法布雷加、各侨团负责人和侨胞出席上述活动，中国国务院侨办和广东省侨办发去贺电。③

同在2004年，巴拿马国会立法通过了每年3月30日为“全国华人节”。“全国华人节”是属于生活在巴拿马的全体华侨华人的节日，这个法定节日的制定，是巴拿马政府和人民对150年来华人所作出的伟大贡献的充分肯定。对此，华人

① 《华人纪念抵达巴拿马150周年》，《华声报》，2004年4月2日。

② 《巴拿马立碑纪念华人先民》，《侨务工作研究》2005年第3期。

③ 《巴拿马华人隆重庆祝抵巴150周年纪念碑落成典礼》，中国侨网据中国外交部网站消息，2007年3月27日。

社会予以积极响应。且举数例：

2006 年，科隆中华公所、科隆中华妇女会等出席筹备会议举行了多项活动庆祝这个节日。[①] 2007 年 3 月中，科隆中华公所、科隆四邑同乡会、科隆中华妇女会、科隆华裔专业协会和巴拿马台商会联合主办“科隆侨界热烈庆祝全国华人节联欢晚会”。[②] 此项活动也得到台湾驻科隆“总领事馆”的大力支持。“总领事”石澄茂、“副领事”林彦君、科隆中华公所主席贺伟夫、科隆四邑同乡会代主席梁盛、科隆中华妇女会会长余丽芳、巴拿马台商会会长江显镇、科隆华裔专业协会会长、温州同乡会会长冯雅迪等出席了当日的晚会。科隆市议会议长、科隆警长等也应邀出席。近 200 人欢聚一堂，用歌声和欢笑庆祝这个属于全体华人的来之不易的节日。科隆华裔专业协会的会员还做了中国古代服装进行服装表演。由中文学校和另一个表演组合派出的两队儿童，做了精彩的舞蹈表演。[③]

到 2010 年 3 月 30 日，巴拿马迎来了第七个法定“华人日”。当日上午，巴拿马城市长博斯科·巴利亚里诺为 4 名巴拿马籍杰出华人颁赠了表扬牌匾，以表彰华人为巴拿马社会作出的贡献。这 4 名杰出华人是巴拿马中华总会会长黄伟文、中巴文化中心董事莫新度、中华总会前秘书长陈发昌和中华总会常务理事谭坚。在巴拿马城市政厅举行的颁奖仪式上，市长巴利亚里诺将双手放在心口上，热情洋溢地说：“我把华人团体放在我的心上。”他说，华人勤奋努力、自律向上，为巴拿马民族的多元文化特性增添了色彩。获得表彰的黄伟文对记者说，巴拿马城市政府向杰出华人颁奖，代表了政府对于华人所作贡献的认同。28 日晚，中巴文化中心还提前举办巴拿马华人节暨表扬杰出华人联欢晚会，约 450 名巴拿马华人盛装到场庆祝属于自己的节日。[④]

为了纪念华侨华人对巴拿马的历史贡献，巴拿马中国和平统一促进会、巴拿马中国商会、巴中友协等社团筹划了一部叫《中华之光》的大型画册，巴拿马的中文媒体也参与了画册的制作。画册的撰写工作始于 2004 年 7 月，经过一年半时间的紧张工作，画册终于在 2006 年的中国农历新年到来之际面世，画册包含配有文字说明的图片近 6 000 张，内容分为中国概况、巴拿马概况和中巴关系三个部分。除分别介绍中巴两国各自的政治、经济、文化、历史以及中巴关系等方面的现状外，还专门对巴拿马的侨情和华侨华人对巴拿马的贡献进行了细致描

---

① 《提升华人地位，巴拿马侨界将隆重庆祝全国华人节》，中国侨网据《华声报》科隆消息，2006 年 3 月 23 日。

② 《巴拿马科隆侨团筹备庆祝“全国华人节”》，巴华网，2007 年 3 月 20 日。

③ 《隆侨界举办联欢会，庆祝巴拿马“全国华人节”》，中国侨网据巴拿马巴华网报道，2007 年 4 月 3 日。

④ 党琦、王沛：《巴拿马庆祝第七个“华人日”表彰杰出华裔人士》，网易（来源：新华网），2010 年 4 月 1 日。

述。印刷前夕，巴拿马国会主席埃利亚斯·卡斯蒂略和第一副总统兼外长莱维斯·纳瓦罗为画册分别撰写了贺词，埃利亚斯写道："巴拿马人对中国人是有感情的。中国人对我们巴拿马的多种族财富和两洋铁路及运河的建设作出了贡献。我们坚信，这本画册将有助于加强两国人民之间的友好关系，有助于研究奠定两国人民坚固和传统友谊基础的历史根源，它将是一本有历史价值的参考著作。我们祝贺编写《中华之光》画册这个出色的创意，相信中国将成为我国经济发展的战略伙伴。"莱维斯第一副总统兼外长于2005年10月26日写道："它意味着我们已经与人数众多的中国移民建立了兄弟般的友好情谊。中国移民同许多其他国家的移民一起生活在巴拿马这片狭小而热情的土地上。这同样意味着，我们的许多习惯都浸渗了博大丰富的中国文化。"① 巴拿马领导人对《中华之光》画册的贺词强有力地表达了巴拿马政府和人民对华人的尊重和尊敬之情。当然，这场纪念活动的目的之一也是借机转达巴拿马政府对中国政府的友好情谊。在这个意义上，巴拿马华侨华人便成了两国政府之间联系的桥梁。

毋庸置疑，海外华侨华人的历史功绩要得到广泛承认，除了居住国政府和组织的努力外，华侨华人自己也要付出艰苦的努力。其中十分重要的一点是，华侨华人要积极主动地把自己对居住国的历史功勋付诸砚墨。在这方面，巴拿马华侨华人已经迈出了重要的一步。谭坚（JUAN TAM）的《巴拿马华侨150年移民史》（徐光普译，台湾秀威资讯科技股份有限公司2004年版）是一个标志。此书引述了许多不为人知的史料，真实地记录了1854年第一批抵达巴拿马的先侨及其后继者以其坚毅和智慧对巴拿马这块土地所作出的巨大贡献。

二、华侨华人社团述略

1. 早期传统华人社团的形成与整合

巴拿马的传统华侨华人社团可分为三种类型：一是福利与互助型的，如同乡会、会馆；二是政治型的，如"和统会"；三是行业型的，如工商会。福利与互助型的同乡会或会馆历史悠久，而政治型的"和统会"以及行业型的工商会则是较新的组织。

巴拿马最早的华人会馆是1854年成立的"同庆堂"，由来自惠州、东莞、宝安、赤溪等地移民乡亲（都是客家人）组建。显然，它就是一个侨胞甫抵巴拿马就组建起来的以帮助同胞扎根立足为主要目的的民间慈善侨社组织。岁月悠悠，风吹雨打，后来的历史就没有谁能说得清楚了，但可以肯定它仍然存活了下

① 杨发金：《走近巴拿马华人》（下），《侨务工作研究》2007年第2期。

来。从 2007 年起，祖籍广东丰顺的巫俊辉（应属客家人）开始担任这个有着 150 多年历史社团的主席。①可以说，“根”与历史，就是同庆堂的最大资产。2011 年 1 月，同庆堂主席巫俊辉率领巴拿马华裔青少年中华文化寻根团一行近 30 人（大多为祖籍广东的华裔新生代）回广东进行为期 17 天的寻根和参观访问活动。据巫俊辉说，此次组团回祖（籍）国和家乡寻根，是巴拿马同庆堂成立百余年以来的第一次，同时以此为契机，希望团员们了解家乡、认识家乡，日后能回祖（籍）国留学，掌握好中文，成为掌握“三语”（西班牙语、英语和汉语）的人才。2012 年 2 月 7 日至 9 日，同庆堂组织的华裔青少年冬令营来到台山市赤溪镇寻根。②

人和会馆创建于 1877 年（一说 1883 年），是由当时旅居巴拿马华侨所属的多个客家人的团体联合起来成立的一个全侨性的客家会馆。该会馆弘扬关公的忠、勇、仁、义精神，供奉世界关圣帝君。1898 年，人和会馆在巴拿马唐人街建成关帝庙。故后来每年关圣帝君的宝诞日（农历六月二十四），人和会馆均按照传统习惯，在唐人街关帝庙举行上香拜祭仪式，今已成为巴拿马侨社的一个隆重的传统活动盛会。该会馆早年人多势众，影响很大。但近十来年，由于其内部分化，人数已经很少。现会馆的永久名誉主席为古华康，主席为廖锦山。③

早年的华侨社团还有巴拿马城洪门民治党，至今犹在，且曾应邀参加中国国庆 50 周年庆典活动。到 20 世纪上半叶，巴拿马华侨华人社会中还出现了一批地缘和血缘性社团，它们中很多后来都成为中华总会的成员。

今天人们谈到一国传统华人社团的时候，都会首先注意到这个国家的“中华总会馆”。通常来说，一个国家的中华总会馆的成立分两种情况：一是一开始就出现中华总会馆一类全侨性的组织，然后各地陆续出现一个个分支机构（分会馆），这些分支机构后来陆续归属于中华总会馆；二是中华总会馆在该国各地方分支机构（分会馆）的基础上整合而成。当然，也并非等到所有地方的分会都全部建立起来后才开始整合出一个中华总会馆，而是在一定数量的有影响的分会建立起来后，就会出现建立中华总会馆的动议和呼声，于是有人出面张罗，把总会馆建立起来。之后，其他地方后来成立的分会馆再加盟到这个总会馆的旗下。不过，中华总会馆与其旗下的各个分会馆虽被称作传统会馆，但只是就其成立的

---

① 《巫俊辉：平凡人有精彩舞台》，“看东莞”网站，2011 年 10 月 25 日。

② 《巴拿马同庆堂组织华裔青少年参观广东华侨博物馆》，广东侨网，2011 年 1 月 31 日；《巴拿马同庆堂组织的华裔青少年到台山市寻根》，广东侨联网，2012 年 4 月 1 日；《深圳市侨办官员会见巴拿马华裔青少年寻梦寻根团》，中国新闻网，2011 年 2 月 22 日。

③ 《巴拿马人和会馆理监事会换届选举圆满结束》，巴华网，2011 年 6 月 22 日；国务院侨办侨务干部学校编著：《华侨华人概述》，北京：九洲出版社 2005 年版，第 136 页。该书说人和会馆是巴拿马历史最悠久的社团，有误。

时代而言，而不意味着其功能的凝固化。随着形势的发展变化，传统华人社团不会一百年不动摇地扼守当年的老规矩、旧皇历，而是与时俱进，其功能或会发生相应的变化。当然，它们的功能在与时俱进地发生某种变化的同时，一般还会保留本会馆大多数华人认同的优秀传统。巴拿马的情况也一样。

巴拿马中华总会是巴拿马最大的华人团体。关于它的成立时间，比较正统的说法是成立于20世纪60年代，但又一说成立于1943年4月9日，其前身是“巴拿马中华会馆”（西文名称是Asociacion China de Panama），到1970年，在第七位会长卢湛涛主持下，中文名称改称“中华总会”。仔细看来，两种说法实际上相差无几，不同的是第一种说法是成立于20世纪60年代，另一说成立于1970年而已（以改名为标志），第二种说法还把中华总会的历史追溯到更早的“中华会馆”。

还有一说是，巴拿马中华总会的前身为巴拿马第一个进行法律登记的华侨社团组织、1882年12月21日以集资形式成立的“华安公所”及1904年改组而成的中华会馆。此说还进一步说明，巴拿马中华总会理监事会由花县同乡会、古冈州会馆、中山同乡会、清远从化同乡会、鹤山公所、三邑会馆、赤溪同乡会、苏浙同乡会8大侨团内部推荐人选组成。8个侨团中，除苏浙同乡会成立于1990年以外，其余7个侨团都有数十年的历史，古冈州会馆更是百年老号。中华会馆中的会长、副会长的选举在常务理事内产生。花县籍侨胞刘连城为第一任会长。

据说改名为“中华总会”时，同时还对章程进行了修改，规定会长通过选举形式产生，任期两年，可连选连任，当年卢湛涛获选连任会长。到1984年8月15日，在第八位会长陈奉天的主持下，再次修改章程，明订其宗旨为“一个慈善机构以联络感情，共谋全侨福利，发展华侨事业，促进中巴文化交流。”但从政治倾向来说，作为巴拿马最大的综合侨团，亦作为所有传统侨社的龙头的中华总会，以前一直依附于台湾“侨委会”，但在2002年改选后，由爱国侨领担任主要职位，一改数十多年来的局面，形势为之一新。该会的首任会长为刘连城，永久名誉会长是卢湛涛（已故）、陈奉天（已故），名誉会长有刘汶辉、章辞修、何麟生。现任会长为黄伟文。

由于巴拿马华人社会较早地陷入了两岸政治纷争的漩流，尤其是中巴两国没有外交关系，因此一直对巴拿马华侨华人社会产生不利的影响。巴拿马98%以上侨胞来自祖国大陆。但长期以来，台湾“大使馆”却对大陆侨胞侧目相向，特别是经贸、签证、认证等问题一直在困扰着侨胞。1984年7月，中国在科隆自由贸易区设立了中国拉美贸易中心。1986年，中国在巴拿马城设立了“中国巴拿马贸易发展办事处”。接着，新兴侨团相继成立，传统侨团也逐步向祖国靠拢，巴拿马侨团发生了巨大变化。2003年8月，吕秀莲访问巴拿马，中华总会理事会以投票表决方式作出不为吕访巴举行任何欢迎活动，并要求各所属侨团采取一致行动的决议。这在历史上尚属首次。不久，中华总会又作出当年不举行所谓“双十节”活动的决定，这也是前所未有的。国内也派遣了各种形式的政治、经济、文化访问团访巴。与此同时，中国巴拿马贸易发展办事处做了大量具体而细致的爱侨护侨工作。还有，巴拿马有一批爱国侨领，不怕威胁恐吓，不贪利益引诱，出钱出力，为侨胞服务。所有这些，一步步改变了巴拿马人对中国的看法。

在漫长的历史时期中，由于台湾海峡两岸众所周知的情势，巴拿马中华总会内部不可避免地渗进了两岸对立的元素。但事过境迁之后，特别是在两岸走向和平合作共谋发展的今天，这一切会逐渐成为历史。2011 年 4 月，巴拿马中华总会会长、巴拿马市长顾问黄伟文一行 5 人到湛江考察，受到湛江市外事侨务局的欢迎。[①] 巴拿马中华总会会长麦杞佳带团访问了广州花都区。在此之前的 2009 年，湛江文车龙狮团应巴拿马中华总商会邀请赴巴拿马进行慰侨演出。演出期间，《拉美快报》、《拉美侨声》、《新报》等中文报纸和巴国主流媒体《巴拿马星报》、《新闻报》、《美巴日报》等西文报纸对湛江醒狮给予了图文并茂的报道。醒狮团还应邀到巴拿马电视台二台、十三台演播室作现场直播，向旅居巴拿马的侨胞拜年，在巴拿马掀起了新一轮中华文化热。[②] 这些访问和交流的“乡缘”意识很浓。

今天的巴拿马中华总会重视保护华侨华人权益，调解华侨华人内部的纠纷事件，举办有中国传统特色的文体活动。1990 年，中华总会曾派代表参加与当地政府的协商谈判，以促进颁布有关放宽中国移民入境，特别是放宽对华人亲属入境团聚的新法令。巴拿马中华总会热心于华侨华人商务，在当地华社中有一定的影响。2011 年 7 月 16 日，巴拿马中华总会、广东同乡会联合全侨为中国巴拿马贸易发展办事处代表鲍鄂生离任举行欢送晚会时，鲍鄂生指出，包括中华总会在内的几大侨社为维护广大侨胞的合法利益开展了有效的工作，并通过各种形式的活动帮助侨胞融入当地社会。[③]

巴拿马花县同乡会成立于 1920 年，它的成立标志着“花县广大乡亲从此有了自己的家”。人们对花县同乡会常常表示特别的关注是情有可原的，因为花县侨胞是巴拿马华人的主干，在华人社会中犹如众星拱月。直到今天，巴拿马花县

---

① 《巴拿马中华总会会长到湛江考察，促进两地交流》，中国新闻网据湛江市外事侨务局消息，2011 年 04 月 13 日。

② 《巴拿马中华总会到访广州花都，欲加强经贸往来》，中国新闻网据广东侨网消息，2011 年 4 月 27 日。

③ 《巴拿马中华总会联合全侨为鲍鄂生代表举行离任欢送晚会》，国外交部网站（驻巴拿马商代处供稿），2011 年 7 月 19 日。

同乡会还是巴拿马人数最多的侨团。当然，也并非所有的花县同胞必然都参加花县同乡会。据2004年的资料，巴拿马花县同乡会有会员2 000多人。而目前在巴拿马的中国华侨华人有近16万，其中超过70%来自广东省花县。如此看来，参加花县同乡会者所占比例还是很小。但是，既然这个同乡会冠以花县之名，那么它在历史上的作用和影响是可以想见的。另外，从花县同乡会的公共“硬件”设施来看，也大略可以看出当年它的实力与辉煌。它成立后，经过几届理监事们的努力和乡亲们的支持合作，在唐人街建有花县同乡会大楼，在蓝山风景区拥有花县同乡会公园，公园内建有能容纳过百酒席的大礼堂以及游泳池和篮球场等。花县同乡会历史上的功绩也是可圈可点的。它在联络乡情，调解侨社内外纠纷，募捐善款，慰问和救济遭受天灾人祸的乡亲，组织春宴和春节文体活动以及组织参加巴拿马民间和政府的节日庆典活动等方面，都曾取得了相当大的成就。特别是在巴拿马政府的几次排华风潮中，花县同乡会能与政府进行协商，使问题得到圆满解决。花县同乡会第一任主席是邱洛生，现任主席是邱文峰，永久名誉主席为钟月钧、侯观祥（已故）、罗金荣（已故）、刘汶辉，名誉主席是张德南。

巴拿马中山同乡会成立于1925年，前身为香山公所。关于它的历史已难寻觅。到1984年，新建会馆后，香山公所改名为中山同乡会。该会自成立以来，努力联络乡谊，和谐团结，发挥传统华侨爱国爱乡精神，积极参加社会慈善活动，促进中巴两国人民友好往来，坚持一个中国原则，致力于促进祖国和平统一大业。该会首届主席是陈吉润；曾任主席有郑华秋、阮寿初、陈昆庆、古华康等；现任主席是古仲山；永久名誉主席为陈昆庆（已故）、古华康。

人们现在所知的位于巴拿马运河大西洋入海口处的科隆（COLON，台湾人称为“个郎”），是巴拿马的第二大城市，仅次于首都巴拿马城。另外，它还是西半球最大的自由贸易区（建于1948年），与迈阿密（MIAMI）共列为对中南美洲转口中心，同时也是全球第二大转口站，仅次于香港。但鲜有人知道它曾经是巴拿马华人移民最早的立足地和创业地。此处有巴拿马科隆中华公所，早在1910年就成立了，是当时旅居巴拿马科隆市最大的侨胞团体。其成立时间比“华安公所”晚28年，也比“中华会馆”晚6年。历任中华公所主席有：李玉泉、黄吉甫、黄开东、何世宏、何其楠、张柏楦、叶定通、洪有能、杨巨源、吴克泮、李友恕、陈应堃、李学正、贺文安、苏海山、郑发、甘官带、方绍光、方国勋、吴维安、陈连升、李金奎、郑复初、李金华、马益钦、万春生、郑达夫、钟汉岐、郑达文、朱耀芳、岑乃诚、邱煌添等，名誉主席为郑达夫、岑乃诚、冯培坚，现任主席为贺伟夫。

关于科隆中华公所的历史，这里一下子难以发掘清楚。可以知道的是，最近几十年来，科隆中华公所积极发动募捐，支援祖国的抗洪救灾和社会建设，提升华人社会地位，努力维护侨胞的合法权益。这里只以治安问题为例。2006年5月18日晚上，科隆刑事侦探局局长宾尼迪主动与科隆中华公所主席贺伟夫联系，与侨社商量科隆治安问题。宾尼迪局长曾长期在科隆工作，当时重回科隆并任刑侦局局长。他就如何加强侨社与刑侦局联系提出一些切实有效的方法，他公布刑侦局的报案电话和他的专用电话，希望侨胞遇事迅速与他联系。如华人遇到凶杀、绑架、勒索、非法收债等事件，迅速向刑侦局报案，刑侦局可立即调动警力封锁现场，搜捕歹徒。① 以笔者浅见，一地的外族警察头领，能够主动联系华社，决心尽力维护华人社区安全，还把最近发生的与华人有关的凶杀案侦查情况向侨领通报，说明他与当地的侨胞与侨领建立了良好的互动关系。这在其他地方的华侨华人社区还不多见。

科隆四邑同乡会成立于1936年，会员为侨居巴拿马科隆市的台山、开平、恩平、新会（县市）乡亲。第一届主席为吴克泮，历届主席相继有：黄炳坤、莫森、吴满、陈生、吴锦宽、郑进、梁振东、黄满、吴荣业、莫培湖、吴泽润、马益钦、郑明伟、邓荣嗣、莫振熙等，现任主席是黎寿佐。主要会务是联络乡亲感情，谋求团结互助。

作为一个闻名的传统华人社区，科隆地区的华人会馆一直以传承传统中华文化为己任。例如，每年春节期间的醒狮拜年是科隆的一件盛事。巴拿马科隆中华公所和科隆四邑同乡会等会联合派出醒狮团，逐户给侨胞商户拜年，受到侨胞和当地民众的热烈欢迎。鼓声隆隆、炮声震天、旗帜飘扬、瑞狮飞跃，科隆城一派节日欢乐气氛。侨商早已准备好红包，等待瑞狮临门，警方也准时派警员随行保护，当地小孩更是欢呼雀跃。②

一个地方华人会馆的成立，必然是因为这个地方已有足够的华人数量和经济实力，为了自身生存发展及与当地政府民族打交道，需要一个代表自己利益的社团组织，于是华人会馆才应运而生。单薄的华人群体，脆弱的内外联系，是难以催生出华人社团的。上述数个华人会馆的出现以及长期维持运转，就足以说明当年这一带华人经济与社会发展之盛。

有关传统华人会馆肯定不止上面所列这些，但早年的传统华人会馆的互助与福利性质是十分明显的。这与华人当时的需求密切相关。华人在一个国家生存发展，最初是靠只身打拼，只身打拼肯定是不长久的，稍后便会出现华人团伙，这些团伙的社会化便是以社团名目出现的华人组织。一般来说，华人社团最早应以血缘组织出现，但到一个国家去的有血缘的人太少，因而便会出现地缘性的社团

---

① 《巴拿马科隆刑事侦探局长与侨社干部商讨治安问题》，巴华网，2006年5月18日。

② 《巴拿马科隆中华公所和四邑同乡会醒狮拜年贺新春》，中国侨网，2006年2月2日。

组织。而地缘性社团是华人在海外结社的最佳形式，究其原因，一是来自同一个地方的华人肯定较多（华人普遍有密集群居的习惯和传统），像巴拿马甚至出现“十侨七花（县）”的奇观；二是地缘性社团可大可小，同一个村属于地缘，同一个乡、同一个镇、同一个县，乃至同一个省都属于地缘。华人可以根据需要选择不同的地缘规模。一般来说，同一个县是比较常见的地缘规模，海外华人社团多以“邑”相称。如果一个县的华人人数太多或由于别的原因，也可以把地缘的规模缩小到县以下，或者出现一县多团的现象。但无论何种形式何种规模的早期华人社团，它们最重要的作用是互助和福利。华人的互助，有内部管理、协调矛盾，解决纷争，排忧解难的需要，也有华人作为整体与当地民族或政府打交道的需要；福利则是华人内部共同谋生和发展、共同分享创业成果的需要。早年的华人社团还有别的功能，但总的来说，互助和福利应该是主体性的功能。巴拿马中华总会 1984 年 8 月再次修改章程，明订其宗旨为一个慈善机构，应是对传统主体功能的回归或固定化，当然也说明它当时还附属各种各样的功能，别的功能甚至已经出现了超越其主体功能的趋向。

2. 新千年前后成立的华人社团例略

最近二三十年，巴拿马华人社会中又出现各种各样的新社团。同传统社团一样，新社团也是因时代的需要而出现的，具体来说，是因巴拿马华人社会中华人新移民的大量增加而出现的。最近二三十年巴拿马华人社会的最大变化就是华人中新移民的比例迅速增加。新移民为了生存和发展，需要代表和反映自己利益的社团组织。

新移民跟传统华人的最大区别在于：前者一般受过较良好的教育，有更多的国际经验和更广的国际视野，且普遍年轻，有知识、有经验、有活力，但他们大多还没立业，还在创业阶段，迫切需要通过自己的努力创造财富。但现实是，一个几乎凝固的社会扼杀了他们的才智和发展机会，所以，他们希望改变不合理的机制和操作方式。这跟巴拿马传统华人明显不同，传统华人已有祖上传下的基业，一般生活富足且比较安稳，很多人因百年来一代接一代的居留已经积蓄了难以改变的惰性，不希望改变现状。他们虽名曰住在“国外”，但实际上很多人在巴拿马足不出户，或者因忙于经营传统的产业而与外界少有接触，加上受教育不多，种种原因使他们的国际视野变得很狭窄。因此，最近二三十年来新移民中成立的新社团就与传统社团产生很大的差异，其中最大的差异是新社团更多地服务于新移民的事业发展，散发出更多的锐气和活力。当然，事物是一个多面体，巴拿马传统华人社会由于其百多年来基本不变的超稳定状态，也有利于传统中华文化（主要是小传统的中华文化）的传承。这跟传统华人社会的保守性是两回事。

另一个情况是，最近二三十年间，巴拿马华人社会中也出现了若干政治化的趋势。这里的所谓政治化，主要是因为新移民大量来自中国大陆，而巴拿马却是一个与中国没有外交关系却与台湾维持“邦交”的国家。在台湾当局看来，它最重要的国际生存空间是在中美洲，而巴拿马又是重中之重。所以，最近二三十年特别是新千年以来，巴拿马出现的有台湾背景的社团比较多。当然，并非所有台湾人成立的社团都是服务于台湾当局的政治需要，也并非具有台湾背景的社团的一切活动都是具有政治色彩。一些台湾同胞成立的社团的宗旨和实际行动，主要还是为台胞乃至全侨服务。

这里很难把目前巴拿马所有新成立的社团勾勒无遗，只能举例分析。

先看大陆新移民成立的社团。

巴拿马华侨青年联合会可说是较能代表新移民求变心态的新社团，它于2002年7月27日晚在巴拿马城的金都大酒店成立。中国巴拿马贸易发展办事处李永禄代表、其他中资机构的负责人和旅巴各侨团侨领出席了当天晚上的成立大会，以示重视和支持。中国侨联和国务院侨务办公室都发去贺电，热烈祝贺巴拿马华侨青年联合会成立。联合会会长王家明在成立大会上说，联合会是由旅居巴拿马侨胞中一批最朝气蓬勃、最富创造精神和最能吃苦耐劳的优秀分子自愿组织起来的。他们将积极开展各种活动实现自己的抱负。[①] 该联合会成立之初非常活跃，2003年元旦和春节期间，在巴京、科隆等地举行了几场“迈进新时代”的文艺演出，获得了圆满成功，受到侨社的一致好评。但随后因会长长期不在巴拿马，致该会成立后两年来停止了一切活动，“处于冬眠状态”。与此同时，不少会员特别是领导班子成员年龄过大，已超出青年的年限，因而该会被讥笑为“老人青年会”。对于这些问题，巴拿马华侨青年联合会于2004年7月9日晚举行会议，与会者对青年会的发展方向提出各种不同意见，有人提出要更改名称，有人甚至提出将该会解散。在经过激烈的争论后，大家达成共识，要把青年会办下去，积极吸收新会员，增加新鲜血液，超过年龄者一律退出领导层，选出新的领导班子，由年轻人接班，年龄大的会员继续作后盾支持年轻人工作。

巴拿马华人工商总会成立于1999年，首届会长是已故侨领钟震邦。多年来，工商总会积极开展侨务，促进中巴两国的政治、经济、文化各方面相互交流，增进两国人民的友谊，在促进中国的和平统一方面作了大量工作。与此同时，接待来自祖国的访问团，也经常派出干部回国参加会议和参观访问，促进祖国与旅居巴拿马侨胞的联系。值得一提的是，工商总会是继四邑联谊会后，巴拿马第二个挂五星红旗的侨团。

巴拿马华人工商总会在华文教育方面也作出了重要贡献。工商总会办有中文

---

① 《巴拿马华侨青年联合会成立》，中国侨网据《华声报》讯，2002年7月29日。

学习班，开始于2001年，是由当时的会长邱文峰创办的。据他后来介绍，中文学习班初办时只有15名学生。当时从天津聘请了一位名叫王爱英的老师任教。但她只能讲普通话，对于在这里出生的以西班牙语为第一语言，在家里与父母沟通也是西班牙语广东话交替使用而说不出半句普通话的广东籍学生来说，她也无可奈何，由于教学效果不明显，几个月后学员降至3人。中文学习班一度出现危机。邱文峰坚守“哪怕只剩下一个学员中文学习班也要办下去”的信念，几年来，他努力克服各种困难，包括经费匮乏和课室不足等问题，得到中国巴拿马贸易发展办事处和国务院侨办在经费和教材方面的大力支持，终于坚持了下来。据说，今天巴拿马华人工商总会中文学习班的中文教学质量在巴拿马是最好的。中文班每周6天开课，每班一周上两节课，每节两小时，统一使用广州暨南大学编纂的海外中文学习教材。来这里学习的都是在校学生，经过一段时间的学习，他们的中文水平无论是听说还是读写都有明显提高。①

中国—巴拿马旅游环保协会，创立于2003年，注册于巴拿马共和国财经部（MEF）、旅游局（IPAT）、环保总署（ANAM）、海事局（AMP）、运河管理局（ACP）、公共注册局（RPP），是第一个由巴拿马共和国内政部备案审核批准成立的、由华侨华人创建的涉及旅游与环保事业的非营利、非政府组织。它得到了巴拿马政府部门、巴拿马大学、巴拿马科技大学和本国相关非政府组织的支持和帮助。该协会发起人——会长巫俊辉原在巴拿马拥有一个占地数10万平方米的私人森林公园，他于十五六年前买下，该公园离市区40公里，有七条小溪穿过，野兔、野猪时常出没，河边有时还能发现美洲虎的脚印。他原想在此开伐木材赚快钱。几年前，他在一次政府活动中认识了联合国环境规划署总干事，便改变了想法，决心把这片原始森林好好保护起来。后来，美国环保组织TNC在他的森林里发现了多种“生态活化石”——亚马逊流域已经濒临消失的物种，更坚定了他把森林公园发展为生态旅游、科研开发项目的决心。② 该协会的宗旨和目的：一是支持、推动、协助和参与巴拿马旅游局发展本国的旅游事业，拓展开发和保护本国丰富的旅游资源，支持和协助华人华侨个人或华资企业发展、参与投资和保护本国的旅游项目工程以及相关产业；二是支持、推动、协助和参与巴拿马环保总署和国际环保组织，发展和保护本国的环保事业，拓展、开发和保护本国独有的丰富的生态资源、生态系统，生态多样性和持续性发展，巴拿马运河流域的森林和水土资源；三是支持和协助华侨华人组织团体和华资企业发展、参与和投资本国的环保项目、工程以及相关活动。协会的口号是“保护大自然，享受

① 《巴拿马华人工商总会中文学校送别首届毕业生》，网易（来源：中国新闻网），2010年12月1日。
② 《巫俊辉：平凡人有精彩舞台》，“看东莞”网站，2011年10月25日。

大自然”。

中国—巴拿马旅游环保协会因处于巴拿马这个国际航运枢纽而特别引人注目。巴拿马地峡是连通南北美洲大陆与横贯太平洋、大西洋的动植物、海洋生物的生态走廊，而且还是国际重要的交通水道和航空枢纽。中国海运业的发展，使中国成了巴拿马运河的第二大用户。因此，巴拿马的环保事业，包括保护运河的生态环境和丰富的旅游资源，需要包括华侨华人在内的全人类的关心、爱护和保护。

中国—巴拿马旅游环保协会成立后，已经支持和参与了许多国际相关组织在巴拿马的活动及项目工程，并与联合国环境计划总署、世界绿色和平组织、欧盟环保总署等国际组织建立了互动关系。中国—巴拿马旅游环保协会现已成为国际竹藤组织 INBAR 在巴拿马的首位非成员国机构会员，巴拿马环保总署国家竹子委员会委员。协会的常务理事会成员包括：名誉主席杨发金、名誉主席 Dr. STANLEY. HECKADON. MORENO. 博士、会长巫俊辉、名誉顾问 FRANCISCO. ARTURO. TANG. F 教授。巫俊辉除了担任环保组织职务，他还身兼巴拿马中文报《拉美侨声》（世界报业协会会员）记者。

巴拿马中华慈爱联谊会是 2004 年 12 月 5 日晚在巴拿马城正式成立的，以弘扬中华民族传统美德，帮助社会上有需要的人为宗旨。中国巴拿马贸易发展办事处官员、巴拿马华侨侨领在内的百余名嘉宾应邀出席了该联谊会的成立仪式。据联谊会会长陈秀丽在成立致辞中说，作为一个非营利的社会团体，中华慈爱联谊会将与不同的机构和个人合作，大力推动巴拿马的华侨社团与巴拿马其他种族团体的交流。协会还将积极参与巴拿马的社会公益活动，提升华侨社团在巴拿马的形象。她还表示，联谊会将利用募集到的赞助款开展多种形式的公益活动，希望未来的公益活动能逐步形成规模。①

巴拿马广东同乡联谊总会成立于 2011 年 6 月 25 日，旨在联络乡情乡谊，发扬巴拿马侨胞团结奋进、爱国爱乡的优良传统，为促进在巴侨胞利益和中巴文化、经济交流作出贡献。会长为黄伟文。8 月 23 日，广东省侨办郑建民副主任代表广东省侨办向巴拿马广东同乡联谊总会赠送了 3 套舞狮、1 个大鼓和一批民族舞蹈服装，总价值超过 1 万元，以支持该会传承和发扬中华文化。②

在广东同乡联谊总会成立之前，已有旅巴四邑华侨联谊会，成立于 1999 年 2 月，首任主席为黎焕欣，是巴拿马首个悬挂中华人民共和国国旗的社团。甜水埠

① 《巴拿马中华慈爱联谊会成立》，中国侨网据《华声报》讯，2004 年 12 月 7 日。
② 《省侨办向巴拿马广东同乡联谊总会赠送文化用品》，广东侨网，2011 年 8 月 24 日。

地区侨联会也是最近十来年成立的。①

巴拿马中国产品进出口协会成立于2002年，主要协助会员办理有关中国产品进入巴拿马之各项业务。其与当地政府多个部门有直接沟通渠道，以方便各商家会员开展业务。

巴拿马科隆自由贸易区中国贸易商会是由21家华人公司自发组织成立的一个非法人团体组织，也是第一家完全由在科隆自贸区经营的中国民营企业组成的商会，近年于科隆成立。成立时，中国—巴拿马贸易发展办事处鲍鄂生代表、中远巴拿马公司总经理张福存船长和中国银行巴拿马分行陈夏燕行长等出席典礼并表示祝贺。商会宗旨是服务于自由区华人公司，维护商会各成员的各项权益，建立与巴拿马政府及其机构间的良好关系。在经历了金融危机洗礼之后成立，该商会联系和团结在自贸区经营的中国企业，为建立与巴拿马政府及自贸区管委会等机构之间的直接沟通和对话的互利互信平台的地位。② 巴拿马科隆自由贸易区成立于1948年，是西半球最大的自由贸易区。区内商品辐射周边多个国家和地区，区内商品琳琅满目，货物进出便利，法律法规健全，贸易自由化程度极高。这些都是巴拿马科隆自由贸易区中国贸易商会可以利用的优势。目前，自由贸易区内店铺林立，集中了世界各大名牌产品。据巴拿马科隆自由贸易区中国贸易商会监事长黄玉靖所说，中国是自由区商品的最大供应国。自由贸易区内中国企业均是私营企业，经营方式灵活。中国企业在自由贸易区内的市场正在不断地扩大。中国商品深受拉美客户欢迎。特别是对中国的中、低档制品和日用消费品的需求量大、依赖性强。以轻纺、服装、工艺、日用品和家电产品为主，出口的国家有：委内瑞拉、危地马拉、洪都拉斯、尼加拉瓜、多米尼加、哥斯达黎加、萨尔瓦多和哥伦比亚。③

另有巴拿马中国商会，是由中资企业组成的商会，估计成立于2000年。现商会会长为中远巴拿马公司总经理张福存。

再看与台湾关系较为密切的社团。

这里应先指出当年由与台湾当局关系密切的当地华人社团组织成立的一个跨国性地区组织——中美洲六国（华侨华人）联合总会。这个组织于1966年1月20日在萨尔瓦多首都宣布成立，其成员国包括萨尔瓦多、哥斯达黎加、尼加拉瓜、危地马拉、洪都拉斯和巴拿马六国。总会轮流在各成员的所在地举行年会及恳亲大会。总会的主席、副主席逐年轮流担任，未担任者则任常务理事。该总会

① 国务院侨办侨务干部学校编著：《华侨华人概述》，北京：九州出版社2005年版，第137页。

② 《巴拿马中国贸易商会成立》，此据香港会计事务所网站。

③ 《巴拿马中国贸易商会监事长黄玉靖接受〈今日中国〉杂志采访》，51同城论坛网站，2011年9月2日。

的目标是：加强团结，守望相助，进而促进工农商业共同发展，推动教育文化事业，奠定华侨在居留地之各项基础，谋求移民、居留、工例、商法、关税等待遇。[①] 实际上，该总会成立之初的“反共”色彩是十分明显的。不过，随着形势的变化，特别是2008年中国国民党在台湾重新执政以来两岸关系的改善，该总会也在以积极务实的态度，携手促进两岸和平往来，推进两岸早日达成共存共荣的局面。

巴拿马台湾商会，成立于1997年。根据中国台商服务网的消息，其会员人数为47人。会长为陈池澄，在此之前，陈五湖蝉联过会长。台商会一方面与台湾驻巴拿马“大使馆”保持联系，“大使馆”也借助其“配合推动政务和侨务工作”，台湾驻巴拿马“大使馆”同时也推崇巴拿马台商会成立以来积极协助“大使馆”拓展“国民外交”。[②] 另一方面，台商会也积极参与各项慈善救济活动，并举办台湾乡亲联谊活动。到2007年6月巴拿马台湾商会第七届理监事改选时，时任会长江显镇（台湾“侨务委员”）再次提及华商参政问题，希望近期与中华总会会长黄伟文展开会谈，逐步推动华人参与巴国公共事务，提升华人在巴拿马的社会地位。[③] 2008年5月台商会第五届会长就职时，江显镇表示上任后将加强与巴拿马中华总会与巴拿马总商会的联系并将成立律师团，作为台商会的后盾。[④] 他的话可以理解为该商会在与台湾方面保持联系的同时，也愿意与巴拿马各侨团加强联系。

巴拿马台湾商会1997年加入世界台湾商会。到2007年，据说全世界共有66国的台湾商会加入世界台湾商会联合总会的组织，会员超过3.5万人，分布于北美、亚、欧、非、中南美、大洋等大洲。[⑤]

台湾商会过去几年来参加的慈善活动包括协助北美洲台湾人医师协会及台湾路竹会在巴拿马举办义诊活动，以及赈济巴拿马水灾灾民等。巴拿马台湾商会也热心于社会的特别是与台湾民众相关的慈善公益事业。例如，2008年台湾发生水灾，台商会随即发动募款赈灾，通过世界台商联合会将一万美元捐款转交赈灾单位。此外，旅居巴拿马各地的侨胞亦积极响应中华总会发起的捐款赈灾活动。[⑥]

世界华人工商妇女企管协会巴拿马分会约成立于1995年，是世界华人工商妇女企管协会的分会。世界华人工商妇女企管协会创立于1994年6月19日，在

---

① 伍根华：《墨西哥、瓜地马拉华侨概况》，台北：正中书局1989年版，第96页。

② 《陈五湖蝉联巴拿马台湾商会会长 》（台湾）“中央社”，2003年3月16日；《江显镇接任巴拿马台商会会长》，（台湾）《宏观电子报》，2005年6月2日。

③ 《巴拿马台商会选举第七届理监事》，（台湾）《宏观电子报》，2007年6月6日。

④ 《陈池澄就任巴拿马台湾商会会长，将续推国民外交》，（台湾）“中央社”，2009年5月16日。

⑤ 《巴拿马台商会新任会长暨理监事就职》，（台湾）“中央社”，2007年7月29日。

⑥ 《重建/巴拿马台商会捐款赈济88水灾灾民》，（台湾）《中央日报》，2009年9月5日。

美国旧金山创立，创会理事长是周文玑女士（前明星花露水董事长）。该会的宗旨是期盼结合全球工商妇女智慧，强化国际资讯交流，促进工商经济发展，并“协助政府推动国民外交”。据说今天其组织已经分布世界三大洋五大洲。成立迄今共有37个分协会，巴拿马分会是其一。巴拿马分会自成立以来，积极投身于社会公益与慈善活动。例如，该会每年一月在唐人街举办健康日活动，免费为侨胞和巴拿马民众进行医疗体检，平时也投身于各项慈善活动，包括慰问老人院、孤儿院等。① 同时也表彰杰出的华人妇女精英。

巴拿马台侨协会2005年10月16日晚在巴拿马市举行第一届理监事就职典礼及餐会，应是宣告了该协会的成立。理事长郭美娥宣告，台侨协会成立的宗旨之一是提升台侨地位，促进台侨会员与巴拿马政府及民间的文化经贸合作与交流。出席餐会的除会员30多位之外，其余大部分是华裔及当地人士。②

巴拿马科隆中华妇女会成立于1998年4月18日。其成立的目的是希望通过妇女团体组成的力量从事慈善活动，它的成立当时并不被看好，但是华人妇女们本着回馈巴拿马社会与侨社的理念，多年来坚持每月至少完成两件善事，渐渐获得各界肯定。科隆中华妇女会服务对象除了侨胞之外，也包括当地弱势群体，他们经常前往探视当地的孤儿院、老人院、贫困青少年生活与就学辅导机构、残障人员照护所及戒毒所等社会福利机构，捐钱捐粮食，不遗余力。

2008年时，科隆中华妇女会成员共约45名，平时也经常聚会，联络感情，并互相交换各种意见，不管是来自台湾、中国大陆或已长年定居在当地的广东侨胞，大家不分彼此，非常团结与融洽，由于合作无间，对当地有所贡献，科隆省政府、市政府都认同妇女会的活动与成就。③

巴拿马辅仁大学校友会是旅居巴拿马的辅仁大学校友于2005年9月2日晚间在巴拿马市聚会时决定成立的，并推选余丽芳为会长，校友会成员包括台湾驻巴拿马“大使馆”官员、台商、媒体记者以及留学生。据说，校友会虽然人数不多，但都是旅居当地的精英。余丽芳系辅仁大学企业管理学系毕业，她是巴拿马第二大城科隆市中华妇女会会长，她的另一半江显镇毕业于辅仁大学西班牙语文学系，是巴拿马台湾商会会长。④

巴拿马志工团成立于2002年4月。志工团的主要目的是凝聚力量、发挥效率为社会服务，包括对新移民提供更完善的服务，使新移民能很快适应社会生活。他们主动配合各社团从事社会公益事业，集中在社区服务、文康活动和文宣

---

① 《巴拿马华人妇女企业协会获表彰》，（台湾）“中央社”，2005年12月22日。

② 《巴拿马台侨协会第一届理监事就职》，（台湾）“中央社”，2005年10月17日。

③ 《巴拿马科隆中华妇女会举办成立10周年庆会》，（台湾）“中央社”，2008年4月21日。

④ 《巴拿马辅仁大学校友会成立》，（台湾）“中央社”，2005年9月2日。

工作等方面。他们的服务提高了华裔在巴拿马的社会形象和地位。①

巴拿马中巴文化中心，其成立时间不详，初被台湾当局认为是一个“坚决效忠”台湾的社团，董事长陈中强（创办人陈奉天之子）与荣誉董事长张志诚都曾获台湾“外交之友”勋章，且陈中强曾三度访问台湾。董事会共有15名董事与15名候补董事，其中9名董事与9名候补董事属于委任职，台湾驻巴拿马“大使馆”就有3人是董事。据台湾方面提供的资讯，中巴文化中心曾协助台湾医疗访问团的义诊活动，提供台湾综艺团及“敦睦舰队”表演场地。台湾“侨务委员会”每年派遣巡回教师到中巴文化中心中山学校教授舞蹈、童玩或体育，国际合作发展基金会并派有志工在中山学校教授华语及协助管理图书馆，中巴文化中心所属陈奉天纪念图书馆与“中华民国国立中央图书馆”也曾缔结姐妹关系。②

应该看到，虽然巴拿马所有的中国人已经成为该国最大、最具活力的外国侨民群体，但要建设一个和谐繁荣的侨社，弘扬中华文化，扩大中国影响，任务还十分艰巨和特殊，还有很长的路要走。另外，在巴拿马的侨团里，年轻的会员不多是一个普遍现象，究其原因，一是年轻的新移民对参加侨团与他们的生存发展的关系认识不足，参与意识淡薄；二是侨团的活动形式比较单调，对年轻人缺乏吸引力；三是土生土长的青年华人对自己的家乡和祖（籍）国缺乏基本的了解。他们当中的许多人已是当地华人的第三代或第四代，甚至第五代，生活方式基本上已本地化了，他们觉得在侨团里，说的是家乡的话，谈的是家乡的事，而他们对这一切却懂得不多或者根本就不懂，所以没有多大的兴趣。③

巴拿马还有一些由华裔组织的社团。巴拿马华裔专业人士协会就是由华裔第二代、第三代的专业人士组成的社团，其会员均是各界精英。他们虽然不会讲华语，但对华人社会十分关心，在华人合法权益受到侵害时，他们都挺身而出。例如，巴拿马华裔专业人士协会科隆分会和科隆中华公所加强联系，经常联合开展活动，取得了很好的成果。他们表示将继续加强合作，共同努力。值得一提的是，若从其名字来看，这些华裔已经毫无中国人的特征。如2004年10月16日就职的该会会长叫嘉洛斯·玛努列，乍看名字就是一个百分之百的当地人，他在致辞中表示，一定继承优良传统，努力工作，为华人社会和科隆整个社区作出贡献。④

---

① 《巴拿马海华志工团召开研习会》，（台湾）“中央社”，2003年4月16日。

② 《陈中强续任巴拿马中巴文化中心董事长》，（台湾）“中央社”，2008年11月1日。

③ 冯子源：《哥斯达黎加、巴拿马华侨华人社团的现状》，吕伟雄：《海外华人社会新视野》，香港：香港社会科学出版社有限公司2008年版，第189～194页。

④ 《巴拿马华裔专业人士协会科隆分会举行就职典礼》，据巴拿马华人资讯网。

3. 巴拿马华侨华人的“反独促统”活动

作为一个与中国没有外交关系的国家，巴拿马的“反独促统”活动不仅在拉丁美洲，而且在全世界都很引人注目，这里着重谈一下。

巴拿马华侨华人中国和平统一促进会成立于2001年1月8日，应是中南美洲最早成立的一个“反独促统”组织。21世纪的“反独促统”，是一个遍布海外华侨华人社会的联合行动。在一两年内，大部分华侨华人集中的国家和地区都建立了华侨华人中国和平统一促进会这类组织。这一现象缘于2000年台湾民进党的上台及其在“台独”的路上越滑越远。陈水扁等人多次前来巴拿马搞“台独”活动。巴拿马华侨华人中国和平统一促进会成立后，曾发表《公开信》和《严正声明》，并举行“中外记者招待会”予以抵制，呼吁全侨不参加“台独”分子的所有会议和活动。2004年，该会开展了“两岸论坛”、“反独促统诗歌朗诵会”等活动。2005年3月，该会还配合中国人大通过的《反分裂国家法》发表了“声明”，并召开了联合全侨大会，对《反分裂国家法》表示支持和拥护。通过多年来的“反独促统”工作，该会已经对巴拿马传统侨团产生了良好影响，有多个侨团挂上了五星红旗。

为了使“反独促统”工作长期深入下去，推动会务更好地开展，巴拿马华侨华人中国和平统一促进会于2008年1月29日理事会议上作出了开展章程起草工作的决议，并成立了由唐金水会长任召集人的章程编写小组，经过小组多次会议共同研究，最后完成草案。章程分七章共二十二条，明确表明巴拿马华侨华人中国和平统一促进会的宗旨和任务，也对会务的开展作出相关规定。2008年7月16日，在巴拿马城金华酒店召开的巴拿马华侨华人中国和平统一促进会会员代表大会上，第一部“巴拿马华侨华人中国和平统一促进会章程”（草案）获得一致通过。该会首任会长为钟月钧，现任会长为唐金水。

对于巴拿马华侨华人在世界华侨华人“反独促统”中的地位和作用，可以“中南美洲华侨华人促进中国和平统一大会”作为标志。这次大会于2001年3月18日在巴拿马城举行，是继德国柏林和美国华盛顿“反独促统”大会后又一次海外华侨华人的反对台湾独立、促进中国统一的大会。而大会的提出与发起者正是钟月钧和周达初两位先生。来自中南美洲和世界其他地区的27个国家和地区的326名代表出席了当天的大会，出席大会的还有全球华人“反独促统”联盟会长程君复，台湾和平统一促进会副会长郭俊次，欧洲中国和平统一促进会会长张曼新等人。中国侨联、中国致公党、中国国务院侨办、中国海协会和中国和平统一促进会分别派代表团出席了大会。中国驻巴拿马贸易发展办事处代表也出席了大会。巴拿马前外长奥易登·奥尔特加也出席了大会并讲话，高度赞扬中国近几年来所取得的巨大成就，希望中国早日统一，同时也希望巴中关系早日实现正常化。大会上，共有44名代表发了言。大会共收到论文59篇。大会通过了《宣言》。此次大会虽属地区性大会，但由于出席者的高规格和广泛性，引起了全球华侨华人的瞩目。

此次大会的一项重要成果是正式成立了中南美洲华侨华人中国和平统一促进会，其成员遍及中南美洲的18个国家。大会选举巴拿马华侨华人中国和平统一促进会会长钟月钧为中南美洲华侨华人中国和平统一促进会第一任会长，哥斯达黎加华侨华人和促会会长周达初为第一副会长。还有一个重要举措是使该会议的常态化，即中南美洲华侨华人中国和平统一促进会决定今后每年将举行一次大会，直到祖国统一为止。

最值得注意的是，这次大会是在与台湾有“邦交”的国家召开的，所以，其意义更显得非同寻常。当陈水扁与其幕僚抱着“巩固邦谊”的美梦踏上巴拿马土地之际，中南美洲和巴拿马的中国和平统一促进会联名在当地的华文报纸刊登《严正声明》：宣布陈水扁为“不受欢迎的人”，并号召所有期盼中国和平统一的巴拿马华侨华人不要去欢迎和参与陈水扁在巴拿马的各种活动和会议。

2007年中南美洲华侨华人中国和平统一促进会年会于5月19日至20日在委内瑞拉首都加拉加斯举行，16个国家和地区共500多名代表参加。大会通过决议，仍由钟月钧会长连任中南美洲华侨华人中国和平统一促进会会长一职。组织结构上作了一些调整，增设青年组和妇女组，以加强青年和妇女方面的工作，并将推动“和平小姐”选举活动，开展和平亲善工作。从上述举动，我们可以看出巴拿马华侨华人在中南美洲地区“反独促统”方面的重要地位。

2011年9月10日巴拿马中华总会、华人工商总会及中国和平统一促进会联合其他30多个侨社举办的“巴拿马华人华侨纪念辛亥革命一百周年座谈会”，无疑是一次政治性很强的集会。包括钟月钧（中南美洲华侨华人中国和平统一促进会会长）、温国伟（巴拿马华侨华人中国和平统一促进会会长）、麦杞佳（巴拿马中华总会会长）和罗记添（巴拿马华人工商总会会长）等知名人物在内的各侨团代表近150人出席座谈会。中国巴拿马贸易发展办事处代表霍洪海应邀出席并作主旨发言。他有一句话说得非常深刻，他说辛亥革命绝不应仅仅指1911年10月的那场武装起义，“辛亥”已经成为一个“翻天覆地”的符号，象征着前赴后继的精神。[①]

由于历史的原因，传统侨团在过去与大陆方面的往来并不多。自从中华人民共和国在巴拿马开设了贸易发展办事处之后，形势已发生了很大变化，诸如一些

---

① 《中国巴拿马贸易发展办事处代表霍洪海出席巴拿马华人华侨纪念辛亥革命一百周年座谈会》，中国外交部网站（驻巴拿马商代处供稿），2011年9月14日。

过去与台关系密切的社团在春节举办敬老宴时不再邀请台湾方面参加，“双十节”改称辛亥革命周年日，一些会馆不再悬挂青天白日旗，公开悬挂五星红旗等情况已经十分普遍，人们也认为十分正常了。作为巴拿马最大的地区性同乡会，巴拿马花县同乡会如今已成为“反独促统”的主干力量之一。巴拿马的一些重要华侨华人社团，如工商总会、中国和平统一促进会和中华总会等社团的侨领，便出自于该同乡会。

中国国民党2008年在台湾重新执政以来，海峡两岸关系和缓的氛围已经扩及海外，这在巴拿马尤为明显。台湾驻巴拿马“大使”柯森耀与中国驻巴拿马贸易发展办事处代表鲍鄂生在2009年2月14日晚同时应邀出席古冈州会馆举办的2009年敬老爱幼春节联欢晚会活动，便深受侨界人士瞩目与赞许，被认为极具意义。除了柯、鲍二人外，应邀出席晚宴者包括中华总会会长黄伟文、中巴文化中心董事长陈中强、台侨协会会长陈五湖、台湾商会副会长陈池澄及其他传统侨团与华裔社团代表约500人。

三、中华文化传承弘扬活动述要

巴拿马华侨华人传承中华文化的若干情况已散见于上面一些会馆的概述里。这里再把整体性的情况做一下概括。

1. 春节与文化慰侨

春节无疑也是巴拿马华侨华人最重大的节日，近年来有越来越热烈之势。2008年1月29日巴拿马中华总会举行新闻发布会，宣布了这一年春节将在巴拿马举行的文化活动，包括作为2月6—7日两天活动一大主角的展示中国传统工艺品、商品和美食的“中国展销会”，拟向所有巴拿马人和华侨华人展示正宗的“中国货”。中华总会将此次“中国展销会”活动地点移师巴拿马万国博览会的举办地——两洋会展中心，以吸引更多人尤其是巴拿马当地人的关注，让他们体验中华文化丰富多彩的一面。开场还有华侨华人卡拉OK比赛。巴拿马中华总会精心准备了几台大戏，其中最吸引人的无疑是7日晚由来自广东佛山黄飞鸿醒狮团带来的舞狮表演，还有展示中国特色手工艺品和美食小吃的“中国展销会”以及展示中国代表性服装——唐装和旗袍的中国服饰表演。巴拿马当地人现场观赏了这一具有中国特色的民俗活动。当晚，中华总会还将在两洋会展中心举办盛大的焰火表演。①

春节期间，各侨团也将举行形式多样的敬老活动，在新春佳节向长者传递祝

① 《弘扬中华文化，巴拿马中华总会将办春节文化活动》，中国侨网，2008年1月30日。

福，延续中华民族尊敬长者的传统美德。最大的侨社巴拿马花县同乡会正月初二将召集本侨社醒狮团在华侨华人的主要聚居区向侨胞华商拜年。此外花县同乡会还筹划了元宵节庆祝活动，包括精彩绝伦的投灯活动和趣味横溢的猜谜。①

华侨华人的春节活动也赢得了巴拿马政府的认可。在2012年1月6日巴拿马中华总会举办的欢度春节系列庆祝活动新闻发布会上，巴拿马文化局局长维多利亚也应邀出席了发布会，她肯定了华侨华人庆祝春节活动对丰富巴拿马文化生活、密切两国人民传统友谊所起的作用，并预祝本次活动取得圆满成功。②

可以看到，巴拿马华侨华人不仅只是专情于自己民族的节日，也热情参与当地的民族节日。这不应被看作是一种“平衡游戏”，而是华侨华人积极融入当地社会的表现。例如，2006年12月23日，巴拿马角纪利省中华会馆配合贝诺诺美市政府组织的一年一度圣诞嘉年华游行活动，与当地民众一起庆圣诞。当天下午六时，贝诺诺美市中央大街到市府大楼万人空巷车水马龙，一部来自山区的马车和满载农产品的花车，带领着穿着节日盛装的儿童，载歌载舞，进行庆祝圣诞大游行。中华会馆老、中、青理监事，联同侨胞一起，带上600多包糖果饼干和饮料分派给来自山区的儿童。在庆祝圣诞期间，中华会馆向当地两间孤儿院的儿童每人送上圣诞礼物各一份，以表爱心。③

巴拿马华侨华人也举办中国其他重大节日庆祝活动。例如，2007年9月4日晚，巴拿马华侨华人在巴拿马城举行抗日歌曲演唱会，纪念中国人民抗日战争暨世界反法西斯战争胜利60周年。演唱会上，表演了很多抗战歌曲，精彩场面不断，最让人振奋的是全体表演者合唱《义勇军进行曲》。当激昂有力的音乐声响起，出席演唱会的近300位巴拿马华侨华人全体起立，与表演者共同高歌，雄壮嘹亮的歌声响彻整个大厅。抗战歌曲演唱会是巴拿马华侨华人举行的纪念中国人民抗日战争暨世界反法西斯战争胜利60周年活动的一部分，巴拿马华侨华人此前已经召开了纪念抗战胜利座谈会，并组织了抗战图片展和抗战电影周等活动。④

近几年来，国内侨务部门经常派团与巴拿马华侨华人同庆春节。例如，每到春节，巴拿马广东人粤港澳总商会都搞庙会和游园会，每年都坚持下来。而中国侨联每年都派艺术团到巴拿马去，参加庙会演出，巴拿马华人艺术团也参加演出。⑤

---

① 《巴拿马春节庆祝活动正式开锣舞狮美食华服助兴》，网易（来源：新华网），2008年2月7日。

② 《中国巴拿马贸易发展办事处代表霍洪海出席巴拿马中华总会欢度春节系列庆祝活动新闻发布会》，中国外交部网站（据驻巴拿马商代处供稿），2012年1月10日。

③ 《巴拿马角纪利省中华会馆和当地民众欢庆圣诞》，中国侨网，2006年12月30日。

④ 《巴拿马华侨华人纪念抗战胜利60周年》，中国侨网据《华声报》消息，2005年9月6日。

⑤ 《“粤语国际”初一特别节目——四海华人贺新年》，华语广播网，2011年2月1日。

鉴于巴拿马华侨华人多为广东人，近年来，广东侨务部门在海外开展“南粤文化海外行”系列活动，主动适应广东文化“走出去”战略的需要和海外社会对中华文化不断增长的需求，把广东丰富的文化资源推向世界。例如，2009年春节期间，广东省海外交流协会委派富有岭南特色的湛江文车龙狮艺术团远渡重洋，到巴拿马进行慰侨演出。文车龙狮团2008年曾参加北京奥运会的开幕式系列表演及参加中法“文化年”系列演出等大型活动。单这一点，就已经声名在外。在巴拿马城两洋会展中心两面的大屏幕上，不断播放着广东特色民间文化和湛江的优美风光。巴拿马侨胞说，春节期间侨胞议论最多的是“龙狮表演”，并表示这是他们看到的水平最高的龙狮艺术。巴拿马最具影响力的西文报纸《新闻日报》（La Prensa）如此赞誉道：“广东被誉为中国经济最发达的省份，我们看到广东在文化艺术方面的作用也是非常强的，他们以各种形式向外推广其具有传统文化特色的节目。如今，湛江文车龙狮艺术团精湛的表演将中国传统民俗文化艺术的精华带给了巴拿马，令我们耳目一新。他们的队员都很年轻，且都是一个姓氏，将中华民族那种坚毅、顽强和民族凝聚精神演绎得淋漓尽致。”

2011年9月4—18日，应美国中国人活动中心、巴拿马广东同乡联谊总会的邀请，由广州市侨联李瑜主席担任团长的广州侨联“亲情中华”艺术团一行16人赴美国、巴拿马进行文化交流演出。演员由广东省文化厅从广东歌舞剧院、南方歌舞团、广东省艺术研究所、广州星海音乐学院等专业团体选派精英组成，均为国家级的专业演员。艺术团先后访问了美国旧金山、洛杉矶、休斯敦、迈阿密，巴拿马首都巴拿马城等地，进行了12场公演及交流联欢，近1万名海外侨胞观看了演出。此次访问演出的节目以歌舞、器乐为主，既有广东歌舞剧院获全国专业舞蹈比赛一等奖的舞蹈，还有很多人们耳熟能详的歌曲。艺术团的演出集艺术性、观赏性、趣味性于一体，技艺精湛，让海外侨胞领略到中华传统文化的博大精深，零距离地感触岭南艺术的风情与神韵。①

慰侨不仅进一步擦亮了湛江文车龙狮艺术团的醒狮品牌，对广东岭南文化、湛江旅游业等方面的宣传更是有着深远的意义。岭南文化在巴拿马的认同度很高。中华文化的“出口”，不应千篇一律地理解为中华大传统文化的“出口”。显而易见，对于那些华侨华人地方特色浓郁的国家和地区来说，他们祖籍地的小传统文化的“出口”，更会赢得他们的欢迎和赞赏。因而，小传统中华文化在这些国家和地区的“出口”更有力度，更有成效。

2. 华文教育一瞥

巴拿马的华文教育历史很早，早年华侨华人社团可能办过的教育今已为历史

---

① 《广州市侨联“亲情中华”艺术团赴美国、巴拿马访问演出圆满成功》，全国侨联网站，2011年10月12日。

的厚厚尘埃所掩埋。今天所知的“中国国民小学”，是华侨华人于 1934 年创办的。到 20 世纪 70 年代，尚有学生 60 余人。

1986 年 8 月 26 日，中巴文化中心开办中山学校，并于 1987 年在台湾当局的赞助下开始营运。该学校是由已故巴拿马著名侨领、前中华总会会长、中山籍乡彦陈奉天创办，陈先生为传播民族文化、发展教育事业、培养杰出人才以及中巴友好贡献了毕生心血。该学校分中学部、小学部与幼儿园，初期有学生 115 名及教职员 10 人。据 2006 年的消息，该校有学生 1 757 人及教职员 104 人，采用中文、英文与西班牙文三语教学。一说并设有客家话班和广州话班，采用台湾教材。[①] 到 20 世纪末，虽然全巴拿马只剩下中山学校这一所华文学校了，但该学校仍然顽强地坚持下来，今天，更是令人刮目相看。一说今天该学校被誉为巴拿马一流学校和中南美洲最为完善的中文学校，其中 2/3 为当地华侨华人子弟。该校设备先进，师资队伍精良，教学质量优异，注重弘扬中华民族文化。2007 年 11 月 26 日下午，巴拿马中山学校与广东省中山市的“中山纪念中学”结为姐妹学校。可以说，这是真正意义上的姐妹学校，因为两间学校同是为纪念孙中山先生而创办的。陈奉天先生的儿子陈中强率团参加了结为姐妹学校的仪式。他表示能够和自己故乡的中山纪念中学互结姐妹学校感到非常欣慰，相信父亲在天之灵也会感到欣慰。[②]

3. 报业的过去与现状

巴拿马历史上的华文报刊如《大公报》（后易名《新华报》）、《民治星期报》、《严报》、《爱国报》等，曾引人注目，现均已停刊。现在巴拿马主要的华文媒体为《拉美快报》和《侨声日报》两家。其中《拉美快报》创刊于 1992 年 7 月 1 日，由著名华商岳枫、胡晋光、白能通共同出资创办。创刊初期由郭笃为负责管理，属无党派的独立经营。创刊之初，每日 4 版，每周 6 天出报。因受到当地印刷条件的限制及发行代理网点的相对滞后等影响，发行量受到一定制约，几年来每日的版面也一直在 4 版、6 版、8 版之间徘徊。直到 1999 年 4 月李冰女士接手管理报社后，才将每天的版面固定在 12 版，逢星期日出版 16 版。从 2003 年 2 月起每天出版 16 版，头版和第八版为彩色。主要版面有：“巴拿马新闻”、“拉美新闻”、“国际纵横”、“珠江河畔”、“港澳动态”、“今日台湾”、“社会广角”、“台前幕后”、“体育竞技”、“焦点论坛”、“拉美副刊”、“健康与你”、“小说连载”、“中国大地”、“女人世界”、“生活集锦”、“文摘精选”、“旅游天地”、

---

① 国务院侨办侨干学校编著：《华侨华人概况》，北京：九州出版社 2005 年版，第 137 页；《巴拿马中巴文化中心董事会改选》，（台湾）“中央社”，2006 年 10 月 28 日。

② 《巴拿马中山学校，中山纪念中学喜结金兰》，《中山侨刊》2007 年第 74 期。

“名人轶事”等。2005年，该报为配合庆祝中华人民共和国成立55周年、巴拿马建国100周年、纪念华人抵巴150周年，在中国巴拿马贸易发展办事处的组织下负责编排了大型画册《中华之光》。

《拉美快报》的宗旨是：弘扬中华文化，坚持一中立场，促进巴中友好，维护侨社团结，传播政经信息，服务于海外华人社会。该报在哥斯达黎加设有分社，是中美洲发行量最大的华文报纸。发行地区涵盖巴拿马、哥斯达黎加、洪都拉斯、尼加拉瓜、萨尔瓦多、危地马拉、厄瓜多尔、委内瑞拉等国。

《侨声日报》现况不详，社长为古文源。他的办报理念值得一提，他曾说，我们办中文报纸和中文广播电台，最主要的目的是发扬中华文化、道德伦理观念，让海外华侨爱国爱乡的精神，吃苦耐劳、尊重他人的美德和爱心延续到下一代；指引青少年避免误入歧途，努力推动华侨维持、尊重当地法律，与当地国人民和平相处，提升华人在当地国的形象，共同融入主流社会。①

4. 美食文化的魅力

对于广东籍人尤其是花县（今属广州市）籍人占很大比例的巴拿马华侨华人社会来说，美食文化的影响力不能不提。巴拿马华侨华人移民已有150多年的历史，加上台湾“农耕队”多年来向当地人传授农业技术，所以，当地有多种适合于广东人口味的蔬菜和猪肉，各种广东籍人喜欢的生活调料在首都巴拿马城市场上均有出售。有人说，在整个拉丁美洲，巴拿马是仅次于秘鲁的较适合中国人生活的国家。②

粤菜在巴拿马广为人知，也广受欢迎。巴拿马唐人街华人开的“广州酒楼”，专营粤式中餐，早茶中有叉烧包、虾饺、鱼片粥、牛肉粥等几十种小吃，③早已使粤菜在当地声名远扬。在巴拿马，美食文化堪可作为中华文化的一个新鲜切入点。2011年7月1日，巴拿马中华总会同华人工商总会及花县同乡会等各会侨领到访广州，受到广东省侨办主任吴锐成、副主任黎静及广州市侨办主任吕志毅的热情接待，他们与侨领们就2011年9月国务院侨办将在巴拿马举办“中华厨艺五洲行”活动等事宜举行座谈交流。2011年中秋节期间，国务院侨办推出“中华美食·月圆中秋——国务院侨办中华厨艺五洲行”活动，与有关省市侨办合作派中餐厨艺表演培训团奔赴世界各地，为侨胞中餐业从业人员开展中餐厨艺培训，其中由广东省侨办及广州市侨办组成的厨师团将前往墨西哥、巴拿马及多米尼加访问表演。在巴拿马活动期间，巴拿马侨胞给予积极支持。而“中华厨艺

① 华声龙脉网，2003年6月26日。

② 冯晓明：《巴拿马的投资环境》，中国国际贸易促进委员会、中国国际商会网站（来源：中国—巴拿马贸易发展办事处经商室），2012年2月9日。

③ 吴德明：《拉丁美洲民族问题研究》，北京：世界知识出版社2004年版，第321页。

五洲行”在巴拿马的承办机构，则是巴拿马工商总会。在厨艺展示中，食物雕刻及点心制作的表演台周围水泄不通，“喜上眉梢”造型及一朵朵栩栩如生的牡丹花让现场嘉宾惊叹不已。当造型新颖、色彩缤纷、香味浓郁的粤菜端出时，嘉宾们拿出手机或相机拍照，不时发出阵阵赞叹声。更有甚者不愿意起筷，以免破坏佳肴的造型。宴会现场觥筹交错，气氛热烈，大家都为中华美食的魅力所折服，认为这是巴拿马城最好的美味佳肴。[①]《拉美侨声》、《新报》、《拉美快报》、巴华网都大篇幅报道了厨艺团在巴拿马的活动盛况，并刊登了大幅照片。《拉美侨声》16日对中华美洲厨艺团展示活动给予高度评价，认为此次活动“美轮美奂、技惊四座、圆满成功”。[②] 据吴锐成主任说，这次活动是广东省侨办与广州市侨办共同承接的国务院侨办的活动，由省市侨办联动，广州酒家派出了多次参加过国际大赛并荣获众多奖牌的顶级大厨们，为巴拿马侨社奉献出一场高水平的厨艺展示，并通过培训巴拿马的中餐厨师，提高当地的中餐水平，弘扬中华美食文化。厨艺团团长、广州市侨办吕志毅主任表示，希望此次活动能够更广泛地宣传中华美食文化，并以此为契机促进中巴人民友谊。中国驻巴拿马贸易发展办事处霍洪海代表详尽地介绍了粤菜特色，并希望大家尽情享受顶级大厨所带来的美味佳肴。[③]

第二节　哥斯达黎加

哥斯达黎加位于北美洲，北邻尼加拉瓜，南与巴拿马接壤，首都圣何塞。全国人口450.9万（2009年5月）。官方语言为西班牙语。70.5%的居民信奉天主教。哥斯达黎加是世界上第一个不设军队的国家，2007年哥斯达黎加共有警察1.8万人。哥斯达黎加无四季之分，一年只有两个季节，4月到12月为冬季，降雨多，12月底到第二年4月为干季，也称夏季。今天的哥斯达黎加尽管仍是一个农业国家，但其经济发展水平在中美洲名列前茅，是中美洲生活水平最好的国家之一。哥斯达黎加自然资源丰富，安定富足的生活水平和相对较好的经商环境非常适合于华侨华人移民。

---

① 李馨：《中华厨艺美洲团巴拿马展示活动盛况空前》，广东侨网，2011年10月17日。
② 李馨：《中华厨艺美洲团巴拿马展示活动盛况空前》，广东侨网，2011年10月17日。
③《广东侨办与巴拿马侨领共商“中华厨艺五洲行”》，广东侨网，2011年7月5日。

一、华侨华人移民纵览

1. 历史与现状的斑影

1563 年，哥斯达黎加成为西班牙殖民地，在西班牙殖民者的残酷奴役和压榨下，印第安人几乎被消灭殆尽，可供奴役的劳动力很少，西班牙人不得不自己耕种小块土地，生产自己需要的农产品。但在西班牙殖民地时代，中国人大规模出国的时代还没有到来，因此，本可大量接纳中国移民的哥斯达黎加在这时候没有见到一个中国人的身影。1848 年，哥斯达黎加成立共和国。有趣的是，此后不久，中国移民就来到这个遥远的中美洲国家。第一批华人来到哥斯达黎加是在 1855 年，虽然人数很少，只有约 80 人，[①] 但这一年便成为华人移民该国历史的“元年”。当时美国人在哥斯达黎加开垦香蕉种植园，需要劳动力，便想起了吃苦耐劳的华人，于是派人到澳门招募华工。第一批华人是以“契约华工”的身份到哥斯达黎加太平洋港口蓬塔雷纳斯的。第二批抵哥的华人则大多从美国南下，定居在大西洋沿岸的利蒙港。据说，由于没有其他亚洲人，所以，只要是长着亚洲人面孔的移民，就被称为“中国人”。[②]

此后，哥斯达黎加国内政局不时发生激烈变化，但没有对华人移民产生根本性的影响，华人依然因哥斯达黎加国内对劳动力的需求而平稳有序地来到这个国家。1873 年，哥斯达黎加为修建大西洋铁路，大量引进中国劳工。在 19 世纪末 20 世纪初，哥斯达黎加的华侨有 2 000 人，他们主要经商，经营可可、咖啡、香蕉等农场。可以推测，他们中很大一部分人是修路工程完成后留居下来的。

但也正是在这一时期，哥斯达黎加政府通过多项歧视华人的法令，使华人移民的数量受到限制。20 世纪 40 年代初，通过几位华人领袖的努力交涉及其他各种因素的影响，哥斯达黎加政府终于在 1943 年通过法令废除以往所有的歧视性法规。据国民政府侨务委员会“1941—1944 年国外华侨人口分布”统计，哥斯达黎加有华侨 2 000 人。

1945 年，中国与哥斯达黎加签订友好条约，此举催动了中国人向该国移民。随后，华侨人数不断增加。到 1967 年，哥斯达黎加的华侨华人增至 3 000 人，其中 90% 是华裔。而在此前 20 多年间，华侨华人人数其实增速很慢。但在此后，华侨华人人数的增长呈突然提速之势。到 1984 年，哥斯达黎加的华侨华人达

---

① 李安山：《哥斯达黎加华侨华人概述》，周南京：《华侨华人百科全书》，北京：中国华侨出版社 2002 年版，第 153 页。

② 《过于自我封闭，哥斯达黎加华人亟待融入当地社会》，国务院侨办网站（来源：《世界新闻报》），2008 年 11 月 19 日。

7 000 多人。20 世纪 80 年代华侨逐步增加对制造业的投资，但当时哥斯达黎加货币贬值，许多侨商事业受到严重冲击。从 1990 年起，华侨经济开始进入稳定期，据 1999 年的资料统计，华侨华人人数已达 6. 3 万人，其中约 3 000 人来自台湾地区。他们大部分聚居于首都圣何塞、克波斯港、蓬塔雷纳斯和加勒比海的利蒙港等地。[①] 由此可见，哥斯达黎加的华侨华人主要是 20 世纪 80 年代后移民过来的。

有消息称，目前，哥斯达黎加已经有华侨华人 5 万余人，约占哥斯达黎加总人口的 1%，其中 90% 来自广东。[②] 尤其是近 20 年来新出去的移民，就已数以万计。他们有自身的政治优势：在大陆出生并接受教育，亲身经历了改革开放这一伟大的历史进程，对家乡有感情，对祖（籍）国有认同，爱祖（籍）国爱故乡。还在家乡时，这些新移民就目睹国家所取得的一系列成就，见证过“一国两制”在香港、澳门的实践，看到海峡两岸统一大业的进展。因而，他们都有剪不断的中国情缘，但他们本身的缺陷也是十分明显的。最主要的是在中华传统文化方面的缺失。由于他们接受教育的年代正值文化大革命时期，很多人没有很好地上过学，或虽上过学但所学无物，中华传统文化在脑海里一片空白。

但同时我们也应看到，在 20 世纪 70 至 80 年代移民出去的大陆新移民中，也有一部分文化素质较高、年龄在 40 ~ 60 岁之间的新侨领。他们活跃在各个华侨华人的社团里，思维开阔，阅历丰富，与当地部门、政要保持着良好的关系。他们爱祖（籍）国，爱故乡，或在家乡有投资，或与中国有贸易往来。他们政治取向鲜明，支持中国统一。他们正日益成长为当地华侨华人社会和侨团的中坚力量。

至于哥斯达黎加的华侨华人经济，则以商业、服务业为主，其次为工业和农牧业。据 1956 年台北出版的《华侨志总志》记载，哥斯达黎加的蓬塔雷纳斯当时有华人杂货店 50 家，旅馆数家。加勒比海沿岸的利蒙市有杂货店 60 家，餐馆 8 家。据 1984 年统计，哥斯达黎加华侨经营的商店增至 680 多家，其中杂货零售店 350 多家，大小餐馆 260 多家，进出口贸易行 20 多家。近年来还增加一些服装、旅游和娱乐业。据 1999 年资料统计，华侨经营仍以商业为主，约 400 家。从事工业的侨营企业约 60 家，农林渔牧共 60 家。华侨经营商业仍以餐馆、杂货为主。华裔青年多受过高等教育或专门技术训练，毕业后担任当地政府公职或自

① 李安山：《哥斯达黎加华侨华人概述》，周南京：《华侨华人百科全书》，北京：中国华侨出版社 2002 年版，第 154 页。

② 董平：《哥斯达黎加侨领：旅哥华人有了“家”》，《江门日报》，2008 年 9 月 9 日。华侨华人占哥斯达黎加总人口的比例一说是 95%。

由职业者甚多，如会计师、律师、医师、工程师、教师等。①

在哥斯达黎加一些华侨华人聚居的城市，华人商业占有很大的优势，如在柠檬省，60%的商铺产权由华人拥有；在泮打连省，80%的商铺产权由华人拥有，当地较有规模的6家海洋捕捞企业中有3家是华人企业。②

目前哥斯达黎加华侨华人中，以恩平和中山籍为主，主要从事餐饮、零售行业。哥斯达黎加首都圣何塞有100多万人口，却有百余家中餐馆，广式早茶、北京烤鸭，都能品尝到。首都圣何塞还有很多传统的中国百货店。③

值得一提的是，自20世纪90年代以来，进出口贸易、房地产等行业中相继出现华人的身影，甚至出现了中美洲第一家华人控股银行——哥斯达黎加国泰银行。④ 今天的哥斯达黎加，除了极少数农产品外，绝大多数生活用品要靠进口，这正是华侨华人看好的市场。他们很清楚，中国改革开放以后，经济迅速发展，工业品生产能力提高，逐步成为重要的加工贸易基地。旅居哥斯达黎加的华人发挥优势，从中国大陆大量进口物美价廉的货品到巴拿马、哥斯达黎加各地批发、零售。这两国的华人商铺，各种日用品、小五金、工艺品，大约90%属中国制造。

华人经营中国货有两个特点：一是规模大。在巴拿马和哥斯达黎加，华人的百货店、超市数量比较多，有些商场的营业面积达到2 000多平方米。二是货品种类多。从建材、家电、家具、服装、玩具到各种日用化工品，一应俱全，与广州的中小型超市、专卖店相仿。如巴拿马华人工商联合总会会长邱文峰，经营房地产的开发、建筑及建材。其经营的地板砖，60%来自中国大陆，40%来自欧美，经营规模大，占巴拿马该行业的10%，是行业中最大的企业。哥斯达黎加中哥工商联合总会副会长黄燕庭，在首都圣荷塞经营两个商场，营业面积近3 000平方米，主要经营广东省生产的家具、文具，占领哥斯达黎加中高档家具市场。巴拿马中华总会第一副会长黄伟文，收购巴拿马的废旧金属，每年有1 200多个集装箱出口中国大陆，营业额2 000多万美元，2003年占巴拿马当年对华出口额的50%。哥斯达黎加中国和平统一促进会会长周达初经营的达恒贸易行，销售中国的土特产和传统工艺品，成为西方游客采购中国特色产品的知名

---

① 李安山：《哥斯达黎加华侨华人概述》，周南京：《华侨华人百科全书》，北京：中国华侨出版社2002年版，第30页。

② 《巴拿马、哥斯达黎加华商热卖中国货》，广东侨网，2006年10月10日。

③ 《过于自我封闭，哥斯达黎加华人亟待融入当地社会》，国务院侨办网站（来源：《世界新闻报》），2008年11月19日。

④ 董平：《哥斯达黎加侨领：华联会成立旅哥华人有了“家”》，《江门日报》，2008年9月9日。

商号。[1] 首都圣何塞华人杂货店数量之多、品种之丰富令人惊讶，中国有的东西，这里也应有尽有。

在哥斯达黎加华侨华人的历史星空中，可看到一颗颗闪烁的星星。兹举数例：

吕金水，鹤山市鹤城镇洞尾村人，20 世纪 20 年代初，他与吕嘉相、吕嘉方、吕嘉声、吕嘉松等结伴离别家乡，到香港乘坐机动木船经太平洋、大西洋漂泊历时 105 天，才抵达中美洲哥斯达黎加的柠檬埠。他们是最早到这个国家的鹤山人。吕氏兄弟来到这个陌生的地方，举目无亲，唯有从事最艰苦的劳作，一步一步地寻求事业门路，经过十多年的拼搏，稍有积蓄才开始经商，从商业上逐渐打下了基础，商业也逐步发展扩大。迨至 1935 年，吕氏已拥有咖啡园 、海港城、杂货洋行、酒厂、粮食加工厂、餐馆、电影院、牛园、农庄等，成为企业集团，有 300 多名员工在各个行业中工作。

当吕金水事业有成，欲继续发展时，深感缺乏善于管理的人才，于是他于 1947 年和 1949 年先后两次返回家乡鹤山洞尾村挑选吕姓乡亲中比较聪明和年轻的子弟去哥斯达黎加。他选择了比较合格的吕日彩夫妇、吕水木、吕伙仁、吕振光、吕伟棠、吕玉堂、吕伙林等 12 人，带到哥斯达黎加，首先送他们进学校学习西文，毕业后再安排他们到各个部门工作。就这样一代一代地相传，哥斯达黎加鹤山人也不断增多，吕金水的声名在哥斯达黎加鹊起。他不但是华人领袖，还成为哥斯达黎加知名人物。

吕金水热爱家乡，思念家乡的乡亲，他是哥斯达黎加中华总会创始人之一。1957 年 11 月他嘱咐吕伙林陪同他的儿子回国观光，游览北京和长城，并回乡探望亲人，祭祀祖先。可是他们回到香港后，由于当时对华侨执行过“左”政策，竟不获准入境，无法一圆回乡梦。吕金水爱乡之情受到打击，他对此事一直耿耿于怀。虽然如此，吕金水还是念念不忘故乡，1995 年再派女儿吕爱莲回国回乡观光和省亲，在家乡和江门、广州、北京等地都受到亲友和祖国亲人的热情接待。回到哥斯达黎加后，她把旅游、省亲的情况报告父亲，吕金水才稍为释怀。吕金水热爱乡亲，扶掖后辈，祖国改革开放后，他又召去大批乡亲到哥斯达黎加，谆谆告诫乡亲要团结共进，要刻苦耐劳，互相帮助。[2]

有很多华侨华人虽长年定居异国他乡，但血脉之情令他们时刻牵挂着祖（籍）国，为祖（籍）国的发展而激动和自豪。哥斯达黎加国泰金融集团公司董

---

① 冯子源：《哥斯达黎加、巴拿马华侨华人社团的现状》，吕伟雄：《海外华人社会新观察》，香港：香港社会科学出版社有限公司 2008 年版。

② 《鹤山名人“吕金水”——哥国华人领袖》，鹤山在线，2011 年 7 月 15 日。

事长邓煦平就是这样一位华人。50多岁的邓煦平是哥斯达黎加华侨华人中的一位热心人，他经常为初次到哥斯达黎加的同胞提供无私帮助，大家都亲切地称他为“邓先生”。他强调，勤劳自律、注重诚信是中华民族的传统美德，同时也是他成功的根本。

20世纪70年代初期，邓煦平来到哥斯达黎加求学。毕业后，他开过服装店、做过进出口生意，虽未致富，但积累了不少从商经验。1978年，他发现当时哥斯达黎加的中餐馆数量虽然很多，但店面都不大，摆设也较为简陋，其主要顾客为华侨华人以及当地普通民众，很少会有上层人士光顾。于是，他决定另辟蹊径，与太太翁翠玉开了一间名为“新华楼”的高档中餐馆，抱着“要么不做，要做就要最好”的念头，精心钻研特色菜系，并首家推出广式早茶，以招揽各方宾客。功夫不负有心人。“新华楼”一流的厨艺、优质的服务得到了哥斯达黎加社会各界的认可，多名总统、部长、环球小姐等社会名流都成为“新华楼”的座上宾，当地媒体也多次将其评为最佳外国餐厅。此外，邓太太也被邀参加当地电视台的东方美食栏目，介绍中国美食、推广中国饮食文化，10年不曾间断。当“新华楼”逐步走入正轨时，邓煦平又将目光投向了具有广阔发展潜力的旅游业，并于1983年成立了“东亚旅行社”。随着事业越做越大，他开始涉足金融业等多个行业。目前，邓煦平还是中美洲唯一的华资银行——国泰银行的董事长。

在发展个人事业的同时，邓煦平那颗火热的“中国心”一直在跳动。2007年6月7日，中哥正式宣布建交，这是一个让邓煦平“一辈子都不会忘记的日子”。他说，感觉就像是孤儿重新回到了母亲的怀抱。他很庆幸“生活在如今这个年代”，因为他看到“中国在日益强大，不仅成功举办了北京奥运会，还实现了首次太空行走”，这一切“都让所有在海外的华侨华人感到扬眉吐气”。近年来，爱好旅游的邓煦平多次回到中国，走遍了各大城市，希望更多地了解中国的山山水水，以慰藉“少小离家”的思愁。如今，他还在广东省买了一套住房，“找到了有根的感觉”。在对待孩子的教育问题上，邓煦平一直教导孩子要“热爱祖国”，并从小教他们讲普通话，长大了还要将他们送到中国念书，以便更多地接触和了解中国文化。他说：“不管我的儿子、孙子、曾孙子拥有什么国籍，他们的根永远在这里。”①

在旅居哥斯达黎加的华人中，张福林因登上太空而留名。张福林的父亲为第二代华人，1950年生于圣何塞，祖籍广东中山，母亲为哥斯达黎加人。1980年，

---

① 赵晖、张源培：《通讯：根在中国——记哥斯达黎加华人邓煦平》，网易（来源：中国新闻网），2008年11月19日。

他从 4 000 名应征者中脱颖而出，成为美国宇航局第一位华裔职业宇航员，1986 年 1 月 12 日乘“哥伦比亚”号航天飞机首次进入太空，并在此后 16 年的时间里 7 次重返太空，是哥斯达黎加华人的骄傲。①

作为广东省海外交流协会第五届理事会的海外常务理事，翁翠玉的贡献在哥斯达黎加华侨华人社会有口皆碑。2010 年 10 月 14 日下午，广东省侨办主任、省海交会常务副会长吴锐成和省侨办副主任、省海外交流协会副会长黎静等会见并宴请了到访的翁女士一行。吴锐成对翁翠玉一直以来为中哥友好交往所作的努力表示赞赏，他指出，翁女士在推动中哥友好交往的发展上充分发挥了海外交流协会海外理事的优势和作用，在四个方面有突出表现：一是推动哥斯达黎加华社团结；二是引领当地华侨华人华裔融入主流社会；三是做中哥两国友好交往的桥梁；四是关心家乡建设。② 会谈期间，翁女士谈到她非常荣幸地应邀出席了海外侨胞列席全国政协全体会议 10 周年纪念活动。她表示，在未来的日子里将积极推动中哥两国友好交往，积极引导哥斯达黎加年轻的华裔参与社团事务，培养和锻炼华侨社团的接班人。

2008 年 2 月，中国南方遭受雨雪冰冻灾害，哥斯达黎加华侨华人在圣何塞举行向灾区捐款仪式，并将募捐款 3.18 万美元的支票交给中国驻哥斯达黎加大使馆。③ 又如，2010 年 4 月，中国青海玉树发生地震，也强烈地牵动着旅居哥斯达黎加侨胞的心，各侨团积极行动，开展募捐活动，有的侨胞亲自去使馆捐款，特别是有的侨胞竟从外地赶到圣何塞，送来捐款，表达爱心。④

华侨华人的贡献也得到哥斯达黎加政府的认可和赞赏。柠檬是中国人最早到达的城市之一，也是华人华侨最集中的聚居地之一。2008 年，中国政府向哥斯达黎加政府提供无偿援助，哥斯达黎加中央政府将该援款划拨给有关地方政府，用于修建道路、学校等社会项目。柠檬市中心公园改造利用了其中划拨的部分款项。2010 年 11 月 11 日下午，应该市政府邀请，中国驻哥斯达黎加大使李长华出席该市中心公园改造项目竣工暨开园典礼并致辞。李大使与柠檬市市长共同为改造后的公园剪彩，该市文艺表演团体和华人社团表演了歌舞和舞狮等节目，市政府向李长华大使授予“城市钥匙”，以感谢中国政府的无私援助及其为推动中哥友好关系发展所作出的杰出贡献。⑤

---

① 《第一位美籍华裔职业宇航员：张福林》，中国频道，2005 年 10 月 7 日。

② 周敬阳：《哥斯达黎加侨领翁翠玉受聘广东海协海外常务理事》，广东侨网，2010 年 10 月 14 日。

③ 《哥斯达黎加华侨华人向中国雪灾灾区捐款》，新华网，2008 年 3 月 19 日。

④ 《哥斯达黎加华侨华人为玉树捐款　大使赞侨胞爱心》，网易（来源：中国新闻网），2010 年 5 月 20 日。

⑤ 《驻哥斯达黎加大使庆祝华人聚居地利蒙市公园开园》，中国外交部网站，2010 年 11 月 18 日。

也应看到，尽管在哥斯达黎加的华侨华人人数不少，但融入当地社会的却不多。从第一批到哥斯达黎加来打工的老华侨开始，到现在已有100多年，华侨在当地人眼中的形象还相对陌生。当地人说，中国人勤劳节俭、沉默寡言，全部的生活几乎就封闭在自己开的餐馆或超市中。一方面可能是由于中国人性格比较内敛；另一方面也是因为很多人不会西班牙语，语言障碍成了一堵无形的墙。显然，融入当地社会，是一个漫长的过程。在真正融入当地社会之前，只要能维护好华侨华人内部的团结和权益，同时也为当地的经济发展与社会进步作出实质性贡献，也是值得鼓励的。一旦融入当地社会之后，这一切不但要继续做，而且要做得更好。融入当地社会与维护华侨华人内部的团结和权益，两者之间绝不是割裂的、非此即彼的，而是相辅相成、相得益彰的。如果把融入当地社会解读成背弃华侨华人的团结和权益，则是完全错误的，这样的“融入”，是为所有侨胞所不齿的，实际上，那不是真正的融入当地社会。

2. 旅居哥斯达黎加的华侨华人在中哥建交过程中作出的不可磨灭的贡献

哥斯达黎加是中美洲第一个与中华人民共和国建立外交关系的国家，两国建交不仅在中美洲地区产生强烈的震撼，对当时由民进党执政的台湾当局也产生了巨大的冲击，也对该国华侨华人社会乃至拉丁美洲华侨华人社会产生了重要影响。在两国建交之前，哥斯达黎加华侨华人曾经开展过很多推动两国关系发展的活动，为两国关系的最终建立作出过不可磨灭的贡献。中哥邦交的建立，更对该国华侨华人在当地的生存和发展产生积极的作用。

哥斯达黎加与中华人民共和国是自2007年6月1日起建立起大使级外交关系的。在建交之前，中国和哥斯达黎加早有经济往来。哥斯达黎加官方2007年2月就宣布，中国已经成为哥斯达黎加第二大贸易伙伴。根据中国海关统计，两国双边贸易额2006年超过21亿美元。2007年10月，阿里亚斯总统对中国进行国事访问。2008年11月，胡锦涛主席对哥斯达黎加进行国事访问。中国国家元首第一次踏上中美洲的土地，就给这个中美洲国家带去了11项合作协议。中国还在哥斯达黎加投资建设国家体育场，在哥斯达黎加大学建立孔子学院。之后一年多，两国又签订了25个协议，内容涵盖了外交、贸易、文教、科技、旅游等多个方面。哥斯达黎加与中国关系的发展，使该国华人的未来发展得地利之先。同时，哥斯达黎加与中国建交，使中国在中美洲国家中率先实现外交上零的突破，对该地区其他国家的华人来说，也带来了极好的机会。

对于与中国这样一个具有世界性经济、政治影响的大国建交，哥斯达黎加国内当然予以高度重视。哥斯达黎加各大媒体纷纷在胡主席访问期间高度评价中国的发展和哥中友好合作关系。哥斯达黎加最主要的报刊《民族报》撰文称，胡主席到访翻开了哥中友谊新篇章。哥斯达黎加第三大媒体《共和报》则发表长篇社论盛赞哥中合作关系让两国人民受益，并开辟中国特别版，以“中国——正在腾飞的巨龙”为题，介绍中国的改革开放和中国的国际影响力。

建交之前，旅居哥斯达黎加的华侨华人的活动都要通过自发组织的侨团进行，这样一来，反而促使居哥斯达黎加的华侨华人更加渴望祖国统一。陈水扁上台之初“访问”哥斯达黎加时，华侨华人在机场发动反“台独”的万人签名，影响颇大。还有一件趣事：1999 年中国 50 周年国庆，华侨华人争取到在台湾“领事馆”附近的酒店悬挂国旗的权利，让 50 面五星红旗飘起来，也将广东侨办和中山侨务局联送的中国 33 米金龙第一次搬到哥居哥斯达黎加的大街上。在这个活动中，有两面红旗被“偷”，经过调查，原来是酒店的两个服务员收藏了，他们还啧啧称赞：中国国旗，真漂亮！这让组织者大为感动。后来，来自广东中山的华人程锡铭等人动员哥斯达黎加一位祖籍是华人的议员向议会提交一份“中国文化日”议案，经过几次讨论，终于在 2002 年将每年十月第一周星期一定为“中国文化日”，并将之写进了哥斯达黎加的宪法。[①] 将“中国文化日”写进一个当时与中国没有建交的国家的法律，是罕见的，也极大地提高了华人在哥斯达黎加的地位。

在中哥两国建交过程中的每一步，旅居哥斯达黎加的侨胞都作出了很多并非广为人知的贡献。例如，2004 年，哥斯达黎加洪门邀请中国致公党访哥，受到当时台湾驻哥国机构的阻拦与恐吓，但民治党的甄锡庭主席与夫人不惧恐吓，利用其人脉关系，想方设法打破重重障碍，成功请来了致公党吴明喜副主席一行访问哥斯达黎加，并秘密会晤总统候选人 OSCAZ ARIA，同时拜会当政参议院议长，与多位国会议员商讨建交事宜。同年经甄锡庭夫妇向当时中国人大有关人员提议，还实现了邀请当时总统候选人 OSCAZ ARIA（后为总统）以诺贝尔和平奖获奖者身份访问北京、上海、大连等 3 个城市。[②] 从此，筑起了哥斯达黎加政界与中国政府交流的平台，于是才逐渐酿成 2007 年 6 月 1 日中哥建交的成果。以甄锡庭为代表的旅哥侨胞为中哥两国人民的友谊与合作交流作出了卓越贡献，将永远载入史册。

哥斯达黎加华侨华人对中国大使馆官员抵达圣荷塞机场那一刻的欢迎场面，也铭刻在哥斯达黎加华侨华人厚重的史册上。有报道说，消息传来，《国际先驱导报》记者强烈地感受到，整个哥斯达黎加沉浸在欢欣鼓舞的气氛中，特别是那些旅居哥斯达黎加的华侨华人。在得知两国建交后首批中国外交官即将抵达的消

---

① 《热心发扬中华民族传统的程锡铭》，广东省侨联网站（来源：中山市侨联），2006 年 3 月 20 日。

② 何锡文：《致力为公一侨领——记已故恩平旅哥斯达黎加侨领甄锡庭先生》，恩平市外侨局，2011 年 7 月 1 日。

息后，各个侨团纷纷自发地组织起来发动会员，准备热烈欢迎来自祖国的亲人。

大家遇到的第一个问题是，在不到一天的时间里如何找到那么多面中华人民共和国的国旗。于是，八仙过海，各显神通，有的翻箱倒柜把自家珍藏的五星红旗找出来，有的赶快跑到华人商店将店中不多的存货一买而空。哥斯达黎加华侨华人国际贸易促进会会长薛雪更是慷慨解囊 1 000 美元，买来红纸、红布、颜料等，开始自制五星红旗，并招呼还在开店的家人关门歇业回家赶制国旗和欢迎横幅。迎接代表外交使团那一天，为了减少交通堵塞，许多华侨华人商量好，5 个人挤一辆小轿车。有的侨团则雇了公交汽车，满载而去。本来，4 名中国外交官的航班定于 7 日晚 9 时 55 分抵达，但 8 时 30 分已有众多华侨华人在机场前列队等待，每人手中都拿着一面小国旗。在队首，是一面大大的五星红旗。10 时 30 分，随着手捧鲜花的中国外交官走出机场，欢腾的气氛进入了高潮。大家打出“热烈欢迎中华人民共和国赴哥斯达黎加建馆代表”等横幅，拼命挥舞着手中的国旗，高喊“热烈欢迎!”[①] 这句在很多接待场合司空见惯的问候语，在此时此地承载着太多的内容。

建交之后，旅居哥斯达黎加的华人的活动就方便多了。在庆祝中哥建交招待会晚宴上，华侨华人代表都盛装出席，脸上都洋溢着笑容。一位在哥斯达黎加出生的华人激动地说：“我父亲一直到他去世的那天还在盼望中哥建交。”当外交部建馆小组负责人王卫华在致辞时说道“大使馆建立后就是华侨华人的家，将全力为华侨华人提供直接、良好、有效的侨务服务”时，在座的所有华侨华人都报以长时间热烈的掌声。[②] 2008 年 9 月，在广东恩平市访问的哥斯达黎加华侨华人联合总会副秘书长、和平统一促进会秘书长、广东华侨华人联合总会秘书长何国凡也说，2007 年中国与哥斯达黎加正式建交设立大使馆后，在哥斯达黎加的华侨华人在历经长久的期盼后，终于有了自己的“家”。[③]

中哥建交在哥华侨华人中引起的轰动效应是出乎国人意料的，但却是合情合理的。它是哥斯达黎加华侨华人酝酿已久的渴盼的符合逻辑的结果，从内心深处反映了哥斯达黎加华侨华人希望通过加强与祖（籍）国和家乡的联系来取得更好的生存和发展环境的殷切期望。客观地说，这对中国政府也是一种挑战。如何在一个台湾当局刻意经营多年的国家把侨务工作做得更好，树立中国政府的新形象，不辜负侨胞的殷切期望，是必须认真考虑的问题。

① 《“烽火外交”节节败退，陈水扁无力改写糊涂账》，中评网，2007 年 6 月 13 日。

② 郑大方：《中哥建交 哥斯达黎加华人华侨有了自己的家》，新华网，2007 年 6 月 14 日。

③ 董平：《哥斯达黎加侨领：华联会成立旅哥华人有了“家”》，《江门日报》，2008 年 9 月 9 日。

二、新老交集、新老交替的华侨华人社团

目前在哥斯达黎加大大小小有将近30个侨团。① 不过，要廓清其来龙去脉并非易事，甚至连社团名称也还难以全部开列出来，且近年来可能新成立的社团还未被统计在内，因此，这里所述，只能是目前所知的社团情况。

哥斯达黎加中华总会应该是该国最老的华人社团之一，到2010年，它已经改选过33届理监事会。按最新一届理监事会的职位设置，该会包括理事长（1人，以下未加注者皆为1人）、副理事长（2人）、康乐理事、西文秘书、总务理事、财务理事、中文秘书、副中文秘书、文化理事、财务理事（原文如此，与上财务理事不同名）、福利理事、公共关系、副福利理事、监事长、副监事（2人）、常务顾问（6人）、妇女会会长、青年组组长等一干人组成，同时，在同一名单册上，还列明4个中华会馆（即柠檬中华会馆、伴大连中华会馆、圣十字中华会馆、尼哥耶中华会馆）会长的名字。② 可以看出，这是一个组织机构健全，内部机制完备，运转尚属正常的“百年老店”。实际上，哥斯达黎加中华总会曾经是一个“统辖”着诸多分会的“龙头老大”。即使到了今天，它的分会也不止上面所列。至于哥斯达黎加中华总会及其各分会今天在哥斯达黎加华侨华人中的号召力和影响力，应不能与历史上最辉煌的时候相比。哥斯达黎加中华总会至少在第32届理监事会就职时还邀请台湾的代表出席。

哥斯达黎加台湾商会可能成立于20世纪80年代。到2007年，该商会已历6届。吴惠芬为台商会首任女会长，也曾担任过副会长。第六届会长为尤彻煌，到2007年第七届选举时吴惠芬又高票当选新任会长。第七届选举时总计有64位会员出席。其时台湾“侨务委员”林修三及侨务秘书曾谷丰还到会分别致辞。③

哥斯达黎加台湾妇女会可能成立于20世纪90年代。有关信息不多，该妇女会经常举办或参加与女性话题（如母亲节）相关的活动。2006年台湾妇女会第四届理监事改选，由曾芙美当选理事长、叶梅娇当选监事长，另8位理事为：张美红、古春香、方碧云、陈美惠、刘淑姬、蔡金芳、游月桂及张玲慧。新任理事长曾芙美表示，旅居哥斯达黎加的台湾妇女会将团结一心，继续为妇女同胞服务。④ 值得注意的是，哥斯达黎加妇女的地位相对较高。女性的地位和权利50多

① 《过于自我封闭，哥斯达黎加华人亟待融入当地社会》，国务院侨办网站（来源：《世界新闻报》），2008年11月19日。

② 《哥斯达黎加中华总会联系资料》，据哥斯达黎加华人网。

③ 《哥斯达黎加台湾商会举行会员大会》，（台湾）《宏观电子报》，2007年5月30日。

④ 《哥斯达黎加台湾妇女会第4届会员大会举行》，（台湾）《宏观电子报》，2006年8月23日。

年来得到迅速提升。2010 年 5 月，还出现了该国历史上首位女性总统钦奇利亚，她承诺在她的政府内阁中将有一半女性部长。[①] 以上信息对哥斯达黎加的妇女组织都是有力的鼓舞。

哥斯达黎加洪门民治党，也称哥斯达黎加柠檬洪门民治会，设在利蒙市（当地华人称柠檬市），成立时间不详，但肯定是一个老社团。在海外，与哥斯达黎加洪门民治党并存的洪门民治党的分支组织很多，例如美国洪门致公总堂、波多黎各洪门致公总堂、澳大利亚墨尔本洪门民治党、多米尼加洪门致公总堂、菲律宾中国洪门致公党、夏威夷洪门致公总堂、英国致公总堂、澳洲洪门致公总堂、巴拿马洪门民治党、巴西洪门协会致公党等。世界洪门总会是 1992 年成立的。据网络资料显示，哥斯达黎加洪门民治党人数虽仅 200 多人，但其成员关心中国的发展，多次通过国际红十字会为中国水灾灾民捐款。

哥斯达黎加荣光联谊会可能成立于 20 世纪 80 年代，到 2006 年，该会已经历经 10 届会员大会。第十届新任理事长为谷崇孝。[②]

哥斯达黎加具有台湾背景的华人社团应该不止这些。不过，即使现在可以找到名称的一些老社团，往往只知其名称和领袖，最多也只能大略地知道其换届选举之类的活动，其他信息则不详。然而，作为一个具有 150 多年华人移民历史的国家，哥斯达黎加肯定存在过许多地方性的、全国性的华人社团。它们肯定进行过许多对当地有重要影响的活动，也对居住地社会和民众作出过各种各样的贡献。只可惜到了今天，这一切已逐渐被历史的尘埃掩埋得越来越深，还需要人们认真仔细地去挖掘。

相对于老华人社团来说，最近十来年成立的，特别是中哥建交后新成立的新华侨华人社团就显得活跃得多，他们的活动也更为外界所关注。下面大体上依其成立的时间顺序进行梳陈。

哥斯达黎加广东华侨联合总会（正式称呼为哥斯达黎加广东华侨联合总会），1992 年 5 月 19 日经政府注册成立，应是较早成立的一个新社团组织。成立后开办粤语中文补习班，组织各种形式的文娱活动，会务活跃，并有会刊出版。到 2002 年举行成立 10 周年庆祝活动时，中国国务院侨办、侨联，广东省侨办、侨联，各地有关政府部门，世界各国华人团体纷纷发去了贺电。广东华侨联合总会自成立以来，积极参加组织了各项活动，包括纪念抗战 50 周年大型文艺晚会、支持北京申办奥运会的全侨的签名活动、庆祝香港和澳门回归庆祝晚会，庆祝中国 50 周年华诞等。该会还联合其他侨团在哥斯达黎加成立了中美洲第一

① 《哥斯达黎加妇女撑起“半边天”》，新华网，2010 年 3 月 9 日。

② 《哥斯达黎加荣光联谊会理监事改选》，（台湾）《宏观电子报》，2006 年 10 月 4 日。

个中国和平统一促进会。①

与广东同乡相关的社团还有旅居哥斯达黎加的广东同乡联谊会。比较突出的一个活动是2010年5月4日晚为青海玉树地震捐款晚会，旅居哥斯达黎加的华人华侨和当地友人共100多人参加。侨胞们纷纷慷慨解囊，踊跃捐款。晚会通过自愿购买餐券、现场义卖、点歌等行式共筹集善款200多万哥币和300多美元。②

旅哥中山同乡会，1994年由周达初、陈国平、陈桂明、容冠修等发起筹组，并经过两个多月的筹备后于是年6月1日正式成立，目的是让中山乡亲有更多的机会聚会，互解乡思，增进乡谊，互通音讯，加强与世界各地的中山乡亲的联络。该会成立后，在多方面开展了活动，如组织文体活动，组织乡亲回中山参加94菊花展及第三届世界中山中学恳亲会，组织支持广东华侨联合会参加“94哥国嘉年华”活动等。该会定期出版会刊，以加强会员之间的联络，使同胞旅居异域，不忘故土。③

旅哥斯达黎加中山同学会可能成立于20世纪80年代，至2007年，已经选举出第九届理监事会，选出理事15人，会长为黄家驎。这一年2月27日，同学会假座中侨楼举行第九届理监事就职典礼时，“群贤毕至，少长咸集，中西亲友莅临，出席的亲友和会员达170人”，④ 是一个规模不小的社团。

哥斯达黎加恩平同乡会，可以肯定是在2004年前就已成立，因为曾为中哥建交作出重要贡献的甄锡庭先生曾于2004年至2008年任旅哥恩平同乡会会长。甄锡庭祖籍恩平市平塘村，1933年正月十一出生于一个贫穷家庭，15岁漂泊到香港，1954年旅居哥斯达黎加。2009年12月20日零时因心脏病突发抢救无效逝世，享年77岁。此外，甄先生1969年至2009年12月任哥斯达黎加洪门民治党主席，2001年到2009年任哥斯达黎加中国和平统一促进会副会长，2007年至2009年任中哥华侨华人联合总会副会长。⑤

旅居哥斯达黎加的恩平人中还有一个旅哥恩平工商会，具体情况不详。但在2008年中国侨联基金会上捐建给四川北川中学的捐款名单中，旅哥恩平工商会会员的捐款数目赫然在列，共捐款199 176. 12元（合29 150美元）。单从这个并不算小的捐款数目，就说明这个社团的人数可能不少。

---

① 《旅哥广东华侨联合会喜庆成立十周年》，《中山侨刊》2002年第53期。

② 《旅哥广东同乡联谊会举办为玉树地震灾区捐款晚会》，中国驻哥斯达黎加大使馆网站，2010年5月7日。

③ 《哥斯达黎加中山同乡会 COSTA RICA ZHONG SHAN SOCIETY》，中山海外联谊会网站（来源：《中山旅外侨团》），2006年7月5日。

④ 《哥斯达黎加中山同学会会务活跃》，《中山侨刊 》2007年第71期。

⑤ 《致力为公—侨领——记已故恩平旅哥斯达黎加侨领甄锡庭先生》，恩平市外侨局，2011年7月1日。

哥斯达黎加鹤山总会，成立于1996年，会员500多人，大多聚居在首都圣何塞，在北部和南部设立分会。中哥于2007年6月1日建交后，哥斯达黎加鹤山总会随即组团在常务副会长吕玉祥率领下回乡，受到广东鹤山市有关部门热情接待。侨胞当中有些是几十年来首次回乡，重游故地，感触良多。[①] 总会成员大多数为客家人士，从事餐饮业，在居住国勤勤恳恳，埋头苦干，为繁荣当地经济贡献良多。

中国哥斯达黎加工商联合总会是2000年由“哥斯达黎加华侨工商联合总会”正式改名而成（改名后简称“中哥工商联合总会”），当时还聘请了非华裔的顾问和名誉会员。在这些人当中，既有国会议员，也有政府官员；既有高等法院的大法官，也有大学教授。

该会的成立具有时代发展标志的意义，因为它是哥斯达黎加华侨华人社会地位和经济实力提升的必然产物。在这样的新环境下，一批爱国侨领意识到，原有的侨团组织已不能满足今天华侨华人社会的实际诉求。为适应形势发展的需要，1992年，他们成立了“哥斯达黎加华侨工商联合总会”（2000年改现名），以促进中哥贸易和提升在哥斯达黎加华裔社会地位为宗旨。该会与注重联络感情、守望相助、调解纠纷、共谋发展的慈善型的同乡会或会馆有所不同。在理念上，它注重加强与有关工商团体的联系，强调一定要融入哥国社会；在组织上，他们不分新侨老侨，不分来自哪里，不分行业，不分宗教信仰，不分意识形态，凡认同祖（籍）国、赞成中国统一的，都欢迎加入；在日常的运作上，该会的领导们十分注意在扩大为会员服务的同时，也为工商会创造积累，走出了一条“以商养会”的新路子。该会成功举办了“2004年工商展览会”，在开幕式上，哥斯达黎加政府内阁秘书长代表总统致辞。为期4天的展览会，新闻媒体的报道长达半月之久。这次展览会成为了哥斯达黎加第一个深受媒体青睐和得到正面报道的华人团体活动。2007年，该会还协助中国贸促会在哥斯达黎加举办了首次中国贸易展览会。[②]

现任工商会会长翁翠玉女士上任后，于2005年创办了《工商》杂志。这是中美洲第一份中西文的双语会刊，面向哥斯达黎加主流社会及广大华裔，对促进中哥经贸发展、提高中国在哥斯达黎加主流社会的形象、提升华侨华人在哥斯达黎加的社会地位和经济发展起了重要的作用。哥斯达黎加总统阿里亚斯、外贸部长鲁伊斯等哥斯达黎加政府高官都先后在《工商》上发表过文章。[③] 在“老鼠酒

---

① 《哥斯达黎加鹤山总会组团回乡》，鹤山政府门户网，2007年7月10日。

② 冯子源：《哥斯达黎加、巴拿马华侨华人社团的现状》，吕伟雄：《海外华人社会新视野》，香港：香港社会科学出版社有限公司2008年版，第189～194页。

③ 郑大方：《中哥建交，哥斯达黎加华人华侨有了自己的家》，新华网，2007年6月14日。

事件”中，时任工商会会长的黄耀佳先生挺身而出，奋力抗争，通过国会议员向哥斯达黎加公众解释华人的风俗习惯，澄清事实，并最终促使哥斯达黎加卫生部长公开纠错。11 天后，“老鼠酒事件”得到解决，卡塔戈市卫生局长被撤职。[①]《工商》杂志是免费的，翁翠玉每年都自掏腰包支付出版费用及编辑人员的薪水。

中国哥斯达黎加华侨华人联合总会是 2007 年 9 月成立的，在 9 月 9 日该联合总会举行的第一届第一次会员大会暨理监事就职典礼上，中国驻哥斯达黎加大使汪晓源出席活动并致辞。中哥华侨华人联合总会会长陈桂明在就职典礼上表示，中哥华侨华人联合总会将坚持一个中国原则，支持中国统一大业，反对“台独”，并为促进中哥两国关系、弘扬中华文化、服务侨社作出贡献。[②]

此外还有一个哥斯达黎加华侨华人华裔协会（简称“哥华协会”），其成立的背景是：旅居哥斯达黎加的华侨华人数量众多，侨团林立，结构复杂，存在着不团结现象，难以合作共事。在涉及侨社根本利益问题上，难以形成共识，削弱了自身的整体实力，也损害了侨胞的整体形象。于是，在中哥两国正式建交的新形势下，为了使侨胞加强内部团结与合作，更好地融入当地主流社会并与当地人民和睦相融，2007 年 7 月，广东省侨办党组书记吕伟雄率领广东省侨务访问团就上述现象进行了深入的调研，并多次召集各方侨团领袖座谈，他们中有中华会馆的杨国康会长、广东同乡联谊会的古根和会长、哥斯达黎加中国和平统一促进会的陈桂明会长、旅哥广东华侨总会永久名誉会长冯惠群、旅哥华侨乒乓球联谊会的古国全会长、旅哥中国象棋协会的陈国平会长、哥斯达黎加华侨华人联合总会的李志辉会长和中哥工商联合总会的翁翠玉会长等。经过反复讨论，最后全体与会人士以鼓掌形式一致通过在哥斯达黎加成立一个由各侨团领导人以个人身份参加组成的全新社团“哥斯达黎加华侨华人华裔协会”的提议，并一致通过了会员资格的四个基本条件：在哥有合法居留身份，无刑事犯罪记录；合法经营，并有稳定的经济来源；坚持“一个中国”原则，热爱祖（籍）国，热爱哥斯达黎加；在合法的侨团曾任正、副会长或理事长两年以上，或在职理监事（每个侨团不超过三人），并委托了十位人士作为办理注册登记的受托人，他们是：翁翠玉、黄耀铨、陈桂明、陈国平、杨国康、黄燕庭、李志辉、陈运强、黄家麟、古根和。[③] 应该说，由各侨团领导人以个人身份参加组成一个新社团，是哥斯达黎加侨团的一大创举，有助于华侨华人社会从侨社领袖入手，加强沟通和团结。在对外问题上，也容易达成一致，以一个声音说话。

---

① 郑大方：《中哥建交，哥斯达黎加华人华侨有了自己的家》，新华网，2007 年 6 月 14 日。

② 《中国哥斯达黎加华人华侨联合总会成立》，（来源：新华网），2007 年 9 月 10 日。

③ 《增进友谊团结，共建和谐侨社》，广东侨网，2007 年 7 月 23 日。

哥斯达黎加华侨华人华裔协会（简称“哥华协会”）于2008年3月7日晚在圣何塞宣布成立，同时举行了第一届理监事就职典礼。协会会长是翁翠玉女士。中国驻哥斯达黎加大使馆政务参赞于波出席活动并致辞。翁翠玉在就职典礼上表示，哥华协会将坚持一个中国原则，团结所有侨团，为增进中哥两国和两国人民间的友谊和相互理解作出贡献。①

哥斯达黎加华人国际贸易促进委员会是近十来年由中国新移民成立的华侨华人社团，已知的具体活动也不多。该会会长为薛雪女士，兼任中国侨联青年委员、南京市侨联海外顾问、哥斯达黎加长河国际投资总公司董事长。近年来，薛女士充分利用多年发展的综合优势拓展美洲地区与中国的贸易往来，为不断促进和加快中哥两国间的了解和商贸往来做了大量工作，促进了中哥两国人民的友谊。2007年3月19日，在中哥建交之前，薛女士曾到南京访问，南京市侨联副主席郭涛会见了她。②

哥斯达黎加华侨华人中国和平统一促进会是2000年11月18日在圣何塞正式成立的，当时统一促进会主任为哥斯达黎加侨领周达初（已故）。统一促进会成立的同时还发表了《哥斯达黎加中国和平统一促进会宣言》和促统章程。宣言表示，旅居哥斯达黎加的侨胞将与全球爱国仁人志士一起，积极推动中国和平统一的进程，化海峡两岸之鸿沟为通途，展统一宏图为盛世，期盼一个统一繁荣的中国对全人类和平与发展进程作出更大贡献。宣言敦促台湾新领导人迅速作出历史抉择，回到“一个中国”的原则立场上来，不要背离中华民族的统一大业。成立大会最后宣读了来自祖国大陆海峡两岸关系协会和中国和平统一促进会以及亚洲、欧洲、美洲、拉丁美洲等地区和国家的30多个“反独促统”组织发来的贺电。③

值得注意的是，哥斯达黎加中国和平统一促进会是在德国柏林“反独促统”国际大会之后正式成立的。当时，全球各地的华侨华人纷纷成立支持中国和平统一的组织，台湾民进党上台刚半年多，陈水扁集团分裂祖国的面目已经暴露无遗，而哥斯达黎加与中国则还没有外交关系。统一促进会成立后，同世界上特别是中南美洲的华侨华人中国和平统一促进组织一道，积极参加海外的反对分裂中国活动。每当祖国有重要政策声明或政治主张（如2005年的《反分裂国家法》，2006年强烈谴责陈水扁“废统”等），统一促进会都积极响应，热烈支持。同时，也积极团结所有旅居哥斯达黎加的华侨华人同胞，为中国的和平统一、中华

① 赵锡雄：《哥斯达黎加华人华侨华裔协会正式成立》，中山网，2008年3月25日。
② 据南京市归国华侨联合会网站。
③ 李强：《哥斯达黎加成立中国和平统一促进会》，《人民日报》（海外版），2000年11月20日。

民族的复兴而努力，还就如何团结广大侨胞、在海外树立中国良好形象出谋献策。

哥斯达黎加中国和平统一促进会成立后，与巴拿马中国和平统一促进会联手发起成立“中南美洲华侨华人中国和平统一促进会”。2001 年 2 月，在巴拿马首都举行了成立大会。来自全球的“反独促统”组织的侨领在成立大会上发表了“爱祖国，促统一”的言论，到会海外华侨华人都在“万人签名反台独”黄布条上签了自己的名字。后来，周达初先生把黄布条带到美国出席全球反独促统大会，孙中山的孙女孙穗芳跪下庄重地签上了自己的名字。据说陈水扁访哥时，一家银行用整版中西文字标出：“欢迎台湾总统陈水扁访问……”，哥斯达黎加中国和平统一促进会认为这是露骨的“台独”行径。于是，哥斯达黎加中国和平统一促进会的会长们据理力争，向该家银行表示了哥斯达黎加华人的意见：倘若银行不纠正错误，一意孤行，华人立即撤资。该银行翌日在两家主流报纸上，以中西文表示歉意。

2011 年 1 月 3 日，哥斯达黎加中国和平统一促进会和哥斯达黎加洪门致公党联合主办纪念辛亥革命 100 周年座谈会，中国驻哥斯达黎加大使李长华及使馆部分官员应邀出席。座谈会上，哥斯达黎加中国和平统一促进会会长陈桂明发表了题为“在民族复兴道路上携手共进”的演讲。①

哥斯达黎加聚集着一批来自中国大陆的华侨华人文化人士，他们是哥斯达黎加华侨华人社会传承中华文化的重要力量。以他们为骨干组成的为数不少的文化类华侨华人社团是一道亮丽的风景线。像哥斯达黎加华人作家协会、曲艺团、象棋协会、中国画研究会、乒乓球协会一类文化体育社团组织，在别的国家的华侨华人社团群中就不多见。其中中国象棋协会是哥斯达黎加比较活跃的社团，不时举办冠军争夺赛，会长是中山三乡人陈国平。不过，有关它们的详细信息，包括组织机构、社会活动等，则不甚详。究其因由，无非是这类组织所从事的活动多属阳春白雪，曲高和寡，成员甚少，有兴趣参与其活动者也不多，加上其成立的时间一般不长，因此不为大多数人所知，没有信息告知世人。

当然，有关此类社团的信息也并非只字全无。哥斯达黎加华人作家协会曾因为一条信息而为人所知。此事起因于该会会长程锡铭（他同时还是中南美洲中国和平统一促进会秘书长、哥斯达黎加中哥国际文化交流协会常务副会长）。程锡铭是广东中山南朗人，1941 年 6 月出生，华南师范大学中文本科毕业，退休前一直在中山从事文化工作，1997 年退休后移居哥斯达黎加共和国继续传播中国文化。几十年工作之余，他喜欢书法和散文写作，乐于泼墨，勤于耕耘。百花文艺

① 《哥斯达黎加侨团举办纪念辛亥革命 100 周年座谈会》，天津网（来源：中国新闻网），2011 年 1 月 5 日。

出版社、长江文艺出版社等出版了他的《难得潇洒走一回》、《妈妈，你不能走》、《艺海三部曲》等七部散文集。他的书法师出无门，独成一体。程先生曾先后在刘海粟美术馆、庞薰琴美术馆、湖北美术馆、中山博物馆、北京宋庆龄故居展厅和哥斯达黎加华人会馆等举办个展，以上展馆分别收藏了他的书法作品。他的“正正堂堂书法展”全部作品被中国华侨历史博物馆收藏。2004 年，他将其世粤联会宣言书法横额捐献广东华侨博物馆。2009 年再次将书法作品捐献给广东华侨博物馆收藏。[①] 他还身体力行地传承中国文化，教孙子学唐诗、中国歌曲，学习中国文化。

此事对人最重要的启迪还不在于让世人知道在哥斯达黎加存在着一批华侨华人文化社团组织，而在于这类社团的一些领军人物往往是最近二三十年间才从中国大陆移民出去，且他们是本身受过良好教育或自身有一技之长的文化人。因而，如何更好地发挥这批文化人的作用，特别是在海外弘扬中华文化伟大事业中的作用，就值得人们关注。相对于在居住国土生土长的华人文化人来说，前者的优势在于受过中国式的良好教育，在祖国这块土地上长大，因而，更熟悉中华文化的精髓及其内在价值，在现今的形势下，要在海外弘扬中华文化，更需要他们。

中哥国际文化交流协会于 2000 年 7 月 28 日成立于首都圣何塞，由旅居哥斯达黎加的华侨华人组建，会长为周达初。他在成立大会上说，中国有着几千年源远流长的优秀文化，旅居哥斯达黎加的华侨华人要继往开来，肝胆相照，携手共进，通过各种交流活动，把优秀的文化艺术传给年青的华人后代，也把居哥斯达黎加优秀的文化艺术介绍到中国。成立仪式上，还举行了旅哥华人作家协会会长程锡铭先生的《旅哥散记》一书的首发式。[②] 周达初为哥斯达黎加知名侨领，2005 年 12 月 28 日病故。他生前曾任哥斯达黎加广东华侨联合总会会长、哥斯达黎加中国统一促进会会长、中山同乡会会长、《中山侨刊》顾问，从小随着著名画家余菊庵学习书画，擅长山水画，尤以画鱼为善，颇有成就，是旅居哥斯达黎加的中国画家之一。他 1945 年 11 月 16 日出生于中山市，1980 年旅居哥斯达黎加，从事过餐饮业，后经营贸易生意，长期致力于侨社工作，深受哥斯达黎加侨胞爱戴，在哥斯达黎加享有较高的声誉。[③]

还有哥斯达黎加华人研究会，具体情况不详。在中哥建交时，该会会长为陈桂明。陈桂明，广东中山人，也是改革开放后到哥斯达黎加的新移民，后任哥斯

---

① 《7 月 2 日：哥斯达黎加中国作家协会会长程锡铭先生主讲“中山民歌”》，中山网。

② 《“中哥国际文化交流协会”成立》，《中山侨刊》2000 年第 45 期。

③ 《哥斯达黎加侨领周达初病逝》，广东侨网，2006 年 1 月 12 日。

达黎加中国和平统一促进会会长、中哥华侨华人联合总会会长。

一般来说，海外华侨华人社团的成员年纪都偏大，越是传统的华人社会越是如此。哥斯达黎加是个华人移民历史悠久的国家，这种情况在所难免。这在上面谈到巴拿马传统华人社团的时候已经提到，因此巴、哥两国传统华人社团的情况甚为相似。

海外侨团是华侨华人社会的支撑点。华侨华人的生存与发展，离不开侨团的凝聚力，离不开侨社的和谐，离不开侨社的团结与合作。要实现海外华侨华人社团的团结与合作，关键是骨干侨团和侨领要发挥表率作用。一个值得高兴的现象是，像中华会馆这样的传统社团已经意识到要修改不合时宜的章程，改进会务，以适应新形势的发展。相信假以时日，哥斯达黎加各华侨华人社团会再创佳绩，重铸辉煌。

三、当地民族对中华文化的认同与华侨华人对中华文化的传承

哥斯达黎加是个比较典型的移民多样化的国度。历史上，当年在殖民主义入侵中存活下来的印第安人很少，故现在土著居民不足总人口的1%。19世纪从牙买加移居来的黑人后裔约有3%，属少数民族。该国主要的移民是德国人、波兰人、意大利人和犹太人。哥斯达黎加的混血儿和纯种欧洲人高达95%。另外，目前哥斯达黎加已经有华侨华人共4万余人，按人口比例（占总人口约1%）来说，只比土著居民略高一点，当属少数民族无疑。今天，哥斯达黎加还有约10%的尼加拉瓜人，大多是在内战时流亡来的。同时，主要是因为移居哥国可以获得农业工人的机会，印第安人也涌了进来，数量有所增加。此外，哥伦比亚人、巴拿马人和秘鲁人的数量也有大量增加。可能是拜历史上移民多样化所赐，加上位处中美洲和南美洲的文化交汇处，哥斯达黎加因而拥有多样的文化。

哥斯达黎加存在着中华文化传承和生长的良好环境。除了哥中两国保持良好关系、中国新移民不断增加等大气候外，最重要的，是得到传统中华文化的最主要载体——哥国传统华人社会和侨胞的喜爱和支持。离开了这两个方面的作用，任何其他因素都是苍白的。

今天，第三代以后的旅居哥斯达黎加的华人都是在哥斯达黎加出生成长的，接受的是哥斯达黎加学校的教育，因此每个人都可以讲很流利的西班牙语，但基本上不会说汉语。为了使他们不忘源远流长的中华文化，学习和继承祖（籍）国的优秀文化传统，许多华人孩子的父母都要求他们放学回家后用汉语和家人对

话。[①] 在这方面，哥斯达黎加东方艺术中心的创办人吴倬森是一个杰出的代表。他虽然操一口流利的西班牙语，但他骨子里对中华文化十分钟爱。他不仅是哥斯达黎加最出名的舞狮队教练，更是中华武术在哥斯达黎加的发扬者和传承者，很多当地人都慕名前往接受他的训练。[②] 有一件事情令人感到十分奇异也发人深省：2002 年，世界杯足球赛在韩国举行，中国队首场对哥斯达黎加队。如果哥斯达黎加取胜，哥斯达黎加民众将大举庆贺，那样一定会给华人生意带来兴隆。可是，哥斯达黎加华人却一致渴望中国队胜利，大家都说："只要中国胜利，我们宁可关门三天!"[③] 因为，中国队的胜利，就是我们华人的脸面！脸面就是作为中国人的自豪与荣耀，这比金钱重要得多。当然也应看到，华人爱祖（籍）国背后的深层动因，是中国日新月异的变化和发展，不少华侨华人都愿意把子女送回中国读大学，认为在中国他们会有更多更好的发展机会和空间。

中国人踏足哥斯达黎加已 150 多年，勤劳的美德和优秀的中华文化传统已在潜移默化中被哥国人接受和认可。据说，不少哥斯达黎加人非常乐意参加华人举办的中秋晚会、国庆晚会、新春晚会，还有些哥斯达黎加人以得到一幅中国画、一幅中国书法为荣，甚至一些年轻人还因自己的生日会上能写上"生日快乐"四个中国字而感到自豪。有哥斯达黎加朋友经常邀中国人教他说简单的中国话，并要求用汉字译写他们的西文名字。这种现象，不是"偶然"两个字可以解释的。正如哥斯达黎加东方艺术中心的创办人吴倬森在 2010 年 2 月举办的首届哥斯达黎加国际中国文化节的开幕式上致辞所说，只有文化才能真正将两个民族联系在一起，也只有文化才能让这个世界五颜六色。当时中国驻哥斯达黎加大使李长华也在开幕式致辞中表示，中国和哥斯达黎加两国人民的交流可以追溯到百年前，正是这种文化的交流，才在哥斯达黎加土地上诞生了很多优秀的华裔人才，其中就包括著名的哥斯达黎加籍华裔航天员张福林。[④]

正因为如此，2003 年，哥斯达黎加文化部和教育部向总统递交了意见书，建议在哥斯达黎加设立"中国文化日"，立即得到哥斯达黎加总统府的赞许，总统白切戈于 2003 年 6 月 19 日 签署了总统令，立法将每年十月的第一个星期一为"中国文化日"，并登载于《宪报》中。从此，哥斯达黎加的华人在大西洋彼岸有了自己的节日，据说这是在中南美洲的第一个"中国文化日"。[⑤] 不难看出哥

---

① 郑大方：《中哥建交，哥斯达黎加华人华侨有了自己的家》，新华网，2007 年 6 月 14 日。

② 《驻哥斯达黎加大使李长华出席中国文化节开幕式》，中国驻哥斯达黎加大使馆网站，2010 年 2 月 26 日。

③ 《程锡铭：一位海外华人的中华民族文化情结》，澳洲中文网（来源：《中山商报》），2005 年 12 月 19 日。

④ 张源培：《哥斯达黎加 22 日在首都举办首届国际中国文化节》，新华网，2010 年 2 月 23 日。

⑤ 《哥斯达黎加华人有了自己的节目》，《中山侨刊》2003 年第 57 期。

斯达黎加政府在设立这个节日时的良好用意：每年的 10 月 1 日是中华人民共和国的国庆日，设立“中国文化日”，就是要跟中国国庆串联在一起。哥斯达黎加政府和议会设立这个节日，固然是对中国文化以及华侨华人的尊重，也是对旅居哥斯达黎加的中国侨胞 100 多年来为两国文化交流所作贡献的认可，对增进哥斯达黎加人民对中华民族文化的了解、加深两国人民的情谊起了特殊的作用。

“中国文化日”设立至今，已经有八个年头了。令人感到欣慰的是，“中国文化日”并不是一个“安慰”华侨华人的摆设，华侨华人自己也没有把这个节日当作可有可无的玩艺，而是把它当作自己的盛大节日，当作一个重要的民族符号和象征。每一年的“中国文化日”，都成为一个华侨华人的嘉年华，一个中华民族与当地民族交流的平台，一个中国元素和中国形象的展示厅。在中国文化日，旅居哥斯达黎加的侨胞会表演舞狮、太极拳、茶道、歌舞等具有浓郁中国民族特色的文艺节目，有时哥斯达黎加民众儿童也参与表演，节目丰富多彩，气氛热烈，现场群众反映良好。

颇值得一提的是 2010 年 10 月 4 日哥斯达黎加蓬塔雷纳斯市“中华会馆”举行的“中国文化日”。该市根据哥斯达黎加立法大会决议举行了“中国文化日”暨中华人民共和国成立 61 周年庆祝活动，中国驻哥斯达黎加大使李长华与使馆官员一行应邀出席此次活动，会晤了该市市长胡安·路易斯·博拉尼奥和市议会主席路易斯·吉列莫，并看望了该市华侨华人代表。正是由于旅居哥斯达黎加华侨的存在，该市与广东省中山市结为姊妹城市，博拉尼奥本人在不久前还到过中国进行友好访问，堪称是一次开拓之旅。正如李长华大使所说，蓬塔雷纳斯市是一个与中国有着特殊情感的城市。博拉尼奥高度评价了旅居哥斯达黎加的华侨华人 160 多年来为蓬塔雷纳斯市的经济发展所作的贡献，赞扬华人勤奋谦和、文明守纪，不仅给当地人树立了积极向上的榜样，还丰富了当地人的文化和生活。①

为期一周的首届哥斯达黎加国际中国文化节以及国际中国武术锦标赛于 2010 年 2 月 22 日在哥斯达黎加首都圣何塞国家音乐厅拉开帷幕。开幕式致辞结束后，李长华和吴倬森共同为两头舞狮点睛，拉开了国际中国文化节的大幕。紧接着，来自哥斯达黎加华侨华人社团的老中青三代艺术爱好者为现场观众奉献了一场具有浓郁中国特色的表演，包括中国民乐演奏、民族舞蹈表演、现代歌曲组合以及武术表演等。主办方是哥斯达黎加东方艺术中心。自开幕以来，吸引了大批当地民众参与。主办方希望通过举办多场的音乐、绘画、书法、象棋、乒乓和中国武术等活动，让哥斯达黎加当地民众近距离感受中国文化，增加对中国的了解，也

---

① 《哥斯达黎加华侨团举办中国文化日》，中国外交部网站消息，2010 年 10 月 9 日。

让在哥华侨华人更好地融入当地社会。①

哥斯达黎加最具规模的喜庆活动，要数一年一度的圣何塞彩灯节花车游行。2011 年的花车游行是在 12 月 15 日晚上。这一次，共有 16 个单位参加这项活动。市政局组织委员会估计，游行吸引了现场上百万市民和数百万的电视观众。据悉，这一年彩灯节为历史上首次有以外国族裔名义的团队参与，凸显哥斯达黎加的这个重要节日的文化多样性，民族包容性，尤受活动组织者关注和欢迎。最为引人注目的是，此次花车游行充满着浓厚的中国文化元素。华侨华人游行队伍排列第六位出场，“赑屃”（龙的长子）造型花车抖开神秘的面纱亮丽登场。“赑屃”蕴涵着中国文化特色的造型，外观流光溢彩，惟妙惟肖，独有的内置光源式华夏传统花灯结构精美，加上经过先前媒体和现场派发传单宣传，先已为民众所熟知，因而一鸣惊人。最终，“赑屃”花车获“最亮丽的花车”和“最新颖创意”两个奖项，并以总分 9.36 分获得第一名。消息传来，全侨欢声鼎沸，人们奔走相告。华侨华人这次参加花车游行并夺冠，在哥斯达黎加社会引起轰动，影响巨大。在游行过程中，两边的民众不时伸出拇指称赞，“chino ，bravo”，“bixi，lindo ”之类的赞誉之声不绝于耳。事后走在街上，也不时有人友好地说“bixi”，“dragon”，“chino，muy bien”。② 中国驻哥斯达黎加大使馆在彩灯节后的多天中，不断接到哥斯达黎加外交部门和友好人士打来的祝贺电话。对华侨华人在彩灯节中的表现给予极高的评价。汪晓源大使在花车游行工作人员庆功宴上的讲话中，不但一再肯定参加这次活动的华侨华人的巨大成功，并一再强调，华侨华人参与彩灯节花车游行，极大地促进了中哥文化交流，加强了两国人民的相互了解和友谊，而且极大地提高了华人形象，提高了华人的社会地位，也推动华侨华人更进一步融入当地主流社会。一句话，“赑屃”在当地掀起了中国热，也大大地激励和提高了华侨华人传承弘扬中华文化的信心。

细品这次活动成功的奥秘，是很有启迪意义的。首先是作为形象主体的龙，是中国人的象征，全世界无人不知，哥斯达黎加人必定知晓。但是，如何让它的形象得到凸显？就要选好切入角，找准特色，同时在技巧上要出奇制胜，一鸣惊人。于是，设计者以“赑屃”造型，配以当地人喜欢的雍容华贵的艳丽颜色，加上别具匠心绚丽多姿的灯饰设计，流光溢彩，结果一下子征服了观众，无疑也折服了众多苛刻的评委。在华侨华人队伍经过主席台时，JOHNNY ARAYA 市长和全体评委情不自禁地起立鼓掌致意。其次，还要使这个形象有美好深刻的寓意，打动观众。为此，设计者让花车的外形酷似中国援建的哥斯达黎加国家体育

① 张源培：《哥斯达黎加 22 日在首都举办首届国际中国文化节》，新华网，2010 年 2 月 23 日。

② 《哥斯达黎加花车》，博爱名城网站，2011 年 2 月 10 日。

场造型（这应是当地人有好感的地标性建筑物），再配以两条昂首腾飞的金色巨龙，既展示了华侨华人的精神风貌和中国文化的特色，也以此祝愿哥斯达黎加人民来年幸福安康。因此，具有友好、吉祥、祈福等美好内涵的“赑屃”花车，引来八里长街两边观众的阵阵惊叹、不绝的掌声和此起彼伏的喝彩声。再者，在这样的活动中，决不可轻视媒体的作用。据报道，在这次活动中，媒体齐上阵，一连数天图文并茂地报道中国人参加花车游行。

这次活动的成功来之不易，是旅居哥斯达黎加的华侨华人与祖（籍）国政府和人民共同努力的结晶。广东省侨务办公室、中国驻哥斯达黎加大使馆从决定支持华侨华人参加彩灯节活动以来，一直在关心筹备工作，不断鼓励、支持、出主意、奔走筹划；从花车抵埠报关出货，准备安装场地，租赁发电机、音响设备，建造运载平台车，按哥国标准重装电路，组装花车，借调拖拉机，装饰拖拉机，最后整车全面修饰，一直到游行中舞醒狮、民族舞、伴车的民族服装表演，引领队伍的国旗手、随队的纠察维护、医护后勤保障人员等，每个环节都离不开华侨华人的参与，需要他们提供大量人力、物力和财力的支持。筹委会的工作人员除了来自首都附近区域外，几乎遍布全国各省。他们出钱出力，亲力亲为，四处奔走募捐，在短短的一个月中，筹得花车活动经费 840 万哥币。当晚参加花车游行的七八十个华侨华人工作人员中，绝大部分放下了自己的生意，无怨无悔，事实上，花车队伍中的每位参加者，都作出了比原来设计要求更优异的表现。特别值得一提的是，狮鼓队 83 岁的吴老师一会儿击鼓，一会儿打钹，坚持到游行完毕。最令筹委会感动的是，参加中国民族舞蹈游行表演的 60 多名本地中学师生，在筹委会华人教师指导下，无偿地抽出业余时间认真排练，他们穿上中国民族服饰，跟着中国音乐有板有眼地跳起中国民族舞蹈。而随队的本地教师，不但悉心关心鼓励学生，而且身着中国民族服装，积极地鼓动路旁的观众。种种如此感人的事迹难以尽表。① 由此看来，一项重大活动的背后，隐含着很多不为人所知的付出，但巨大付出的结果是不可估量的精神财富的收获，这是难以用金钱衡量的。

这次华人参加彩灯节花车游行，体现了在哥斯达黎加华人融入哥斯达黎加主流社会、与哥斯达黎加广大民众同甘共苦的决心；也证明了哥斯达黎加民众和哥斯达黎加高层领导、政治家接受华人，欢迎华人的态度。同时也给人一个重要的启示：中华文化在居住地的传承与弘扬，就如花车游行的全过程一样，是一项综合工程，不是哪一个人或哪一个社团能单独做好的，需要哥中两地同胞的精诚合作，需要侨胞们同心同德，也需要中国各级领导的高度重视。

---

① 《哥斯达黎加花车》，博爱名城网站，2011 年 2 月 10 日。

1999年6月发生在哥斯达黎加卡塔戈市的“老鼠酒事件”，就是哥斯达黎加华侨华人维护自我权益的一次合理的公开抗争，而事件的结果却富有戏剧性，成了华侨华人宣传中华饮食文化的难得契机。事件的经过是：一天，该市卫生局在检查一间已经歇业的中餐馆时，发现了一瓶浸泡有小老鼠的酒（来自广东的老华侨有喝泡无毛小老鼠的酒以祛风湿治跌打的风俗），于是就在当地媒体大肆宣扬华人食老鼠，并用老鼠肉做菜出售。一时间举国哗然，中餐馆的生意一下子下跌了九成多。[①] 这被认为是中国人进入哥斯达黎加150年以来最大的侮辱。那时，哥斯达黎加的华人不分信仰，不分亲红亲蓝，都舍去往日争议，团结一致，于6月17日组成“维护华人形象委员会”，迅速开展工作，依赖当地政策，早日平息“老鼠肉风波”。强烈的责任感推动“维护华人形象委员会”展开工作。他们约见哥斯达黎加餐馆协会，与该协会交流意见，取得其鼎力支持，同时征询资深律师及社会各界人士的意见，通过法律途径解决“老鼠肉事件”。此外，还发表声明，表示内部整顿中国餐馆卫生等。最后，用铁的事实驳斥了肇事者，用真情打动了当地政府，据说总统亲自出席“老鼠肉风波真相新闻发布会”，并在电视直播中用中国筷子夹起炸大虾对全国人民说：“中国美食非常吸引我，欢迎大家都来中国餐馆。”“哥斯达黎加总统在中国餐馆吃饭”的画面，占据了哥斯达黎加所有媒体的重要版面和时段，肇事者被免职，中国餐馆在哥斯达黎加各地慢慢又红火起来。

中华文化在哥斯达黎加传承与弘扬的过程中，还对促进华侨华人社会的文明进步特别是近些年的“和谐侨社”建设发挥了不可忽视的作用。例如，2007年7月10日到15日，以党组书记吕伟雄为团长的广东省侨务访问团一行在哥斯达黎加展开了为期五天的工作访问。这是中国和哥斯达黎加正式建立外交关系之后中国侨务部门到访哥斯达黎加的第一团。在这五天里，访问团深入到当地华侨华人华裔的家庭和经营场所去了解他们生存发展的情况。多次召集侨团领袖就如何适应当地侨情的发展和当地华侨华人的需求等内容举行座谈。分别与圣荷塞市的JOHNNY ARAYA MONGE市长就如何在该市设立中国公园和中国城进行了建设性的会谈。为了有力地打击华人社会中的黑恶势力，代表团一行和哥斯达黎加内政部的ANA DURAN SALVATIERRA副部长进行了工作会谈，并就当地侨情与中国驻哥斯达黎加的汪大使进行了交流。访问期间，吕伟雄在各个场合反复宣讲了“以和为贵”的处世哲学、“和而不同”的文化理念、“和衷共济”的公德思想、“和气生财”的商业道德，号召侨领以身作则、守法经营、团结侨胞、共建和谐社会。[②]

---

① 郑大方：《中哥建交，哥斯达黎加华人华侨有了自己的家》，新华网，2007年6月14日。
② 《增进友谊团结，共建和谐侨社》，广东侨网，2007年7月23日。

第三节　中美洲其他五国

一、尼加拉瓜——风正帆悬的华侨华人社会

尼加拉瓜位于中美洲中部，北接洪都拉斯，南连哥斯达黎加，东临加勒比海，西濒太平洋，首都马那瓜。尼加拉瓜领土面积有 121 428 平方公里。人口 589.1 万（2009 年）。印欧混血种人占 69%，白人占 17%，黑人占 9%，印第安人占 5%。官方语言为西班牙语。居民多数信奉天主教。尼加拉瓜 1821 年就脱离西班牙的殖民统治宣告独立。1927 年 7 月起奥古斯托·塞萨尔·桑地诺领导人民开展反对美军占领的游击战争，迫使美军于 1933 年撤离。1934 年 2 月 21 日安纳斯塔西奥·索摩查·加西亚暗杀了桑地诺并于 1936 年就任总统后，建立了长达 40 余年的亲美家族独裁统治，直到 1979 年 7 月 19 日才成立民族复兴政府，但政局仍陷于动荡。

早在 1890 年间，就有华侨从美国和墨西哥等国移入尼加拉瓜。他们中，十之八九以经商为主，以工为生及务农者甚少。此后直到 20 世纪 70 年代，尼加拉瓜华侨华人人数呈上升趋势。1937 年抗日战争爆发时，尼加拉瓜华侨华人约有 1 000人；到 20 世纪 40 年代上半期，增到约 2 500 人（据国民政府档案《1941—1944 年国外华人人口分布统计》）；1967 年，华侨华人人数达 3 000 人；到 20 世纪 70 年代后期，约有 4 000 人，其中华裔占 3 000 人。他们主要聚居在东岸和首都马那瓜城。[①]

在这一时期，尼加拉瓜也对华人等外来民族实行种族歧视主义的法例。1930 年 5 月，尼加拉瓜颁布移民法，禁止阿拉伯人、土耳其人和华人移民该国。1931 年，尼加拉瓜政府颁布条例，规定外侨经营的企业要雇用尼加拉瓜妇女当营业员。直到 1944 年第二次世界大战即将结束时，因中国作为同盟国的地位有所提高，尼加拉瓜国会方通过移民法律，废止 1930 年移民法中有关限制中国移民的条款内容。1946 年尼加拉瓜政府颁布移民补充法，禁止新移民从事商业，外侨新客只可从事工矿业、农林畜牧业以及教育宗教等工作。当然，往事俱已去，今天，华侨华人在尼加拉瓜获得正式居留权后，一切居住、旅行、择业、购置房产

① 李安山：《尼加拉瓜华侨华人概述》，周南京：《华侨华人百科全书》，北京：中国华侨出版社 2002 年版，第 367 页。

土地及开采矿业等，均与尼加拉瓜人一律平等，不受干涉。①

20 世纪 80 年代后，尼加拉瓜的华侨华人人数不仅没有增加，反而有所减少，主要是华侨华人“有出无进”所致。究其原因，应是尼加拉瓜长期以来政局动荡，经济衰退，致大量华侨华人外流，至 1998 年华侨华人已减少到 630 人左右，1999 年复增至约 750 人。② 拉丁美洲地区一些国家最近十来年曾出现华侨华人外流而导致居留人数锐减的现象，尼加拉瓜是其中比较明显的一个国家。

显然，“有出无进”的后果是没有新移民补充而导致华裔人口越来越多。据 20 世纪 90 年代估计，华侨华人大致分为三部分人：第一部分为老一代华侨，多为 60 岁以上，广东籍为主。他们在尼加拉瓜居住已超过 30 年，中国语言多已淡忘，人数越来越少是必然趋势。第二部分为在尼加拉瓜出生的第二代华裔，年龄大致在 35 ~ 50 岁之间，人数约为 300 人。他们是当时华侨华人的主要组成部分，因多与当地妇女通婚，又长期与中国隔绝，对中华文化及华文多无印象。作为土生华人，他们多从事建筑业、公共工程和医疗等行业。老华侨多经营餐馆业和杂货店。第三部分是近年从香港、台湾、大陆等地移民该国者，其中以台商居多。③ 如此看来，20 世纪 90 年代末的六七百华侨华人已经包括了第三部分人，但人数不多。由此也可以断定，尼加拉瓜华侨华人人数的迅速增多是在 2000 年以后，增加的人数远超过原有的华侨华人人数。同时可以想见，时至今天，原来的老一代华侨估计所占比例已经相当低。而原来的第二代的人数必然继续增加。与此同时，从香港、台湾、大陆等地移民来的华侨华人人数以更快的速度在增加。所以基本上可以肯定，现今尼加拉瓜的华侨华人大多是土生华人和来自香港、台湾、大陆等地来的第一代新移民。

1972 年，尼加拉瓜发生大地震，华侨华人受到影响。之后，由于华侨华人大量外流。1983 年华侨商店减少到 180 多家。20 世纪 90 年代，侨营企业多以中、小型为主，计有各种商店铺 20 余家。侨营工业约 9 家。其中表现卓越者有尼加拉瓜中华会馆主席、台商 GILBERTO WONG。当时他担任马那瓜的出口银行总经理。④ 不过近十来年侨营企业的情况不详。

有关尼加拉瓜华侨华人社团的信息很少。现只知道有中华会馆，为尼加拉瓜

---

① 李安山：《尼加拉瓜华侨华人概述》，周南京：《华侨华人百科全书》，北京：中国华侨出版社 2002 年版，第 367 页。

② 李安山：《尼加拉瓜华侨华人概述》，周南京：《华侨华人百科全书》，北京：中国华侨出版社 2002 年版，第 367 页。

③ 李安山：《尼加拉瓜华侨华人概述》，周南京：《华侨华人百科全书》，北京：中国华侨出版社 2002 年版，第 367 页。

④ 李安山：《尼加拉瓜华侨华人概述》，周南京：《华侨华人百科全书》，北京：中国华侨出版社 2002 年版，第 367 页。

全国性华人社团。早在 19 世纪后期中国人到尼加拉瓜充当契约劳工时，为了生存的需要，华侨就创立致公堂、同乡会等组织。到 20 世纪 30 年代尼加拉瓜华侨增至 1 000 多人时，他们日益感到成立全国性社团以维护侨胞合法权益的必要性，于是在 1936 年在首都马那瓜正式成立了中华会馆。其宗旨是团结侨胞，维护权利，和睦相处，共谋利益。初期会员主要由旅居尼加拉瓜太平洋沿岸的华侨组成。①

到 20 世纪 40 年代后，全国许多地方的华侨以个人或团体身份纷纷加入中华会馆。此后，中华会馆的主要工作仍然是为侨胞服务，如致力于兴办华文小学，让华侨子弟接受华文教育；设立神像，祭祀祖先；调解华侨内部纠纷；帮助办理华侨入境手续及提供生活上的方便等。可见，中华会馆的主要工作是福利性的。

此外，还有 1998 年旅居该国的台商成立的尼加拉瓜台湾商会，具体情况不详。

尽管中国与尼加拉瓜目前还没有建交，但这里的华侨华人对中国的重大事情非常关心。有一封特殊的来信可以见证。信的标题只有四个字：爱的奉献。它承载着在尼加拉瓜的华侨华人对 2008 年汶川大地震灾区人民的关爱之情。信的内容是一份为四川灾区捐款人员的名单。他们是来自尼加拉瓜一家中国台资企业——“年兴纺织股份有限公司”的华侨华人职工。发起人是杨佐才和林汉文等人，他们是工厂的普通职工。他们的捐款倡议在华侨华人中得到积极响应，不仅年兴公司工厂的所有来自中国大陆的职工捐了款，一些来自中国台湾的管理人员也慷慨解囊。除了年兴公司的职工外，散居在尼加拉瓜各地的华侨华人也积极向地震灾区捐款，有的还自发筹备捐助活动。在马那瓜市“东方市场”经商的高昌林说，他们夫妇已经在国外生活了很多年，但无论与祖国分开多久，他们的“中国心”不会改变。②

尼加拉瓜 1985 年 12 月 7 日曾与中国建交。但 1990 年 11 月 6 日，尼加拉瓜又宣布与台湾“复交”，11 月 9 日，中国政府宣布中止与尼加拉瓜的外交关系。值得注意的是，近几年来，中国和尼加拉瓜两国的外贸往来在没有邦交关系的情况下发展迅速。一个最重要的例子是，由中国国际贸易促进委员会主办的 2009 年赴尼加拉瓜中华人民共和国贸易展览会，于当地时间 8 月 27 日在马那瓜皇冠酒店国际会展中心隆重开幕。是届展览会，也是中国贸促会首次在尼加拉瓜办展。中国国际贸易促进委员会秘书长徐沪滨、尼加拉瓜总统的经济与金融顾问、

---

① 李安山：《尼加拉瓜华侨华人概述》，周南京：《华侨华人百科全书》，北京：中国华侨出版社 2002 年版，第 367 页。

② 杨文正：《尼加拉瓜华侨华人踊跃为地震灾区捐款》，网易（来源：新华网），2008 年 5 月 23 日。

尼中友好协会主席 BAYARDO ARCE CASTAÑO司令、尼加拉瓜私营企业协会 JOSE ADAN AGUERRI 主席、尼工贸促进部部长、尼内政部部长、尼财政部部长以及哥斯达黎加、危地马拉、洪都拉斯和萨尔瓦多四国的对华友好协会代表出席了开幕式。尼方政府和军方高级官员、尼加拉瓜重要商协会负责人、有关国家驻尼加拉瓜使节、中国展览团和企业家代表及华侨代表等约 300 人参加了开幕式及随后举行的招待会。这么多东道国政要出席，预示着该国政府对尼中关系的重视，也隐约预示着两国关系发展的明天是晴朗的。

参加这一届展览会的，有来自北京、天津、重庆、上海、黑龙江、山东、江苏、浙江、福建、广东等 10 个省、直辖市的 23 家企业。展出内容包括家电产品、机械、通讯产品、汽车、摩托车、建材、轻工业品等。有第一次就会有第二次甚至多次，更重要的是，这些参展行业和商品也是对该国华侨华人发出的信号，他们会根据这些信息探测中尼两国的市场行情，抓住机会，参与其中。两国贸易的活跃无疑会带动其他领域的发展，不仅最终会导致国家关系的提升，还会给华侨华人社会带来潜在的变化，乃至侨民的流动与增加，华侨华人社团活动范围的扩大等。

本次展会也受到尼加拉瓜媒体的积极关注。开幕当日，尼加拉瓜主要媒体如电视台 2 频道、4 频道、10 频道，LA PRENSA 报纸和 EL NUEVO DIARIO 报纸等 30 多家媒体记者对展览会的开幕盛况进行了现场报道和采访。开幕当日，展览会即迎来大批尼加拉瓜当地民众、经贸界人士及媒体，得到了各方的热烈响应，展馆内气氛热烈，人头攒动，增进尼加拉瓜人民对中国了解的平台作用。① 在此基础上，2010 年，又在尼加拉瓜举行了中华人民共和国贸易展览会。两次展会说明了两国关系发展中形势比人强的道理，充分显示了尼方重视发展与中国的友好关系，并希望通过展会进一步开拓中尼经贸合作的巨大前景。

值得注意的是，对于两次展会，中国方面都不是就商展言商展，而是着意进行文化包装，从而展示了中华文化的魅力。2009 年的展会还通过图片、声像等多种展示手段对中国整体形象、中国的传统文化进行了重点宣传。2010 年的展会，也通过美轮美奂的中国文化展区将中国充满魅力的传统文化与和谐发展的当代风貌充分加以展现，为尼加拉瓜人提供了一个认识当代中国的全新机会。尼方贵宾对展览会的整体装饰和效果表示了高度的赞赏。② 当然，目前中华传统文化在尼加拉瓜的展示还只是初步的、半官方的，当地华侨华人还没有参与进去。他

---

① 《2009 年赴尼加拉瓜中华人民共和国贸易展览会隆重开幕》，中国国际贸易促进会网站，2009 年 8 月 28 日。

② 《2010 年尼加拉瓜中华人民共和国贸易展览会隆重开幕》，中国贸促总会，2010 年 12 月 20 日。

们一代代传承下来的中华传统文化也还没有跟来自中国的当代中国文化产生交融，这需要时间，需要机会。当然前景也是十分光明的。相信未来当地华侨华人会在弘扬中华文化方面发挥应有的作用，也进而使华侨华人的地位得到提升。

二、洪都拉斯——“乱邦”中的华侨华人

洪都拉斯共和国（西班牙语：República de Honduras）位于太平洋和加勒比海之间，与危地马拉、萨尔瓦多和尼加拉瓜接壤。国土面积约 11. 2 万平方公里。全境 3/4 以上为山地和高原，沿海有平原。全国人口约有 753. 7 万（2007 年）。首都特古西加尔巴是一座山城。1524 年成为西班牙殖民地。1821 年 9 月 15 日宣布独立。

然而，独立后的洪都拉斯政治极不稳定，政权更迭频繁。据统计，从 1821 年至 1978 年的 157 年中，洪都拉斯共发生 139 次政变，是拉丁美洲政变最频繁的国家之一。最近的一次是 2009 年发生的政变。就在修宪举行公民投票前一小时，风云突变，大约 200 名军人于 6 月 28 日 6 时强行进入总统府，扣押了推动修宪的总统塞拉亚，并把他驱逐至哥斯达黎加。与此同时，委内瑞拉、尼加拉瓜和古巴驻洪都拉斯大使及洪都拉斯外长遭绑架。政变给当时洪都拉斯首都特古西加尔巴的大约 2 000 名华侨华人造成了极大不便。

频频发生的政变使洪都拉斯成为一个名副其实的“乱邦”。“乱邦不入，危邦不居”，包括华侨华人在内的外来移民也因此视移居洪都拉斯为畏途。但是，由于大部分人已经久居于此，他们的基业和亲人也生活于此，他们只能是“乱邦也入，危邦也居”。经历过 2009 年 6 月洪都拉斯政变的旅洪华侨总会副会长赵孟均说，“洪都拉斯原本就是世界上治安最差的国家之一”，持枪抢劫是“家常便饭”，因此不时有华人在洪都拉斯发生一点“小小意外”。由于大量华人在洪都拉斯经营餐馆和商店，如此动荡的局势不可避免地会给华人生意带来影响。本来，这些年华侨华人在洪都拉斯的生意已经越来越难做了，军事政变只会给他们雪上加霜。洪都拉斯的绝大多数华侨华人都是本分的生意人，虽然他们也关心政局，但从内心来说，哪一派执政都不要紧，他们最渴望的，是有一个安全稳定的社会环境。除此以外，还有无时不在、无所不在的社会治安问题。叶慧明说，他曾在一年中遭遇几次抢劫。最可怕的一次是送孩子去学校，刚拔出车钥匙要下车，车门突然被猛地拉开，一支枪抵住他的脖子。面包车被抢走就没有下落了。[①]

政变频发和社会治安恶化应是洪都拉斯华侨华人较少且举步维艰的重要原

① 党琦：《洪都拉斯的华侨华人：生活在没有使馆保护的地方》，《环球》杂志，2007 年 3 月 20 日。

因。另外一个原因是经济发展的滞后。洪都拉斯经济以农业为主，工业基础相当薄弱，经济活动和人口主要集中在首都和圣佩德罗苏拉为中心的中西部，东部人口稀少。工业非常薄弱，仅有不多的食品、林木和服装工业，各种生活用品全部依赖进口。这里的贫富差距又比较大，有钱人可以过上非常优裕的日子，买到世界最好的商品，而穷人的生活就非常简单。如果多数人口穷得没有多少消费能力，对以经商为主要职业的华侨华人来说是不利的，毕竟一个社会商业服务的基本对象不是一小部分富人。

洪都拉斯的华侨是19世纪末作为契约华工从广东来到此处的种植园的，他们最大的"遗产"就是几百名后裔。作为一个中美洲小国，洪都拉斯的华侨一直不多。据统计，1944年，该国有华侨500人，1963年为607人（土生华裔不在统计范围之内），1972年有500人，另有华裔300人，1988年有华侨华人900多人（其中在首都有576人）。[①] 由此不难看出，洪都拉斯华侨华人社会的存在大体上依赖于族内人口的自然增长。华侨华人的居住地也呈高度集中化布局。华侨华人主要居住在工商业大城市（特别是首都）。其他小城市及乡镇华侨华人则寥寥可数。

不过，到20世纪90年代，该国华侨华人的增长突然来了个大起大落。20世纪90年代初，猛增长到约2 500人。到1999年，又猛跌到约1 200人。[②] 有消息说，20世纪90年代初，由于财政收入不好，政府手头紧，就放宽了移民限制，只要有人愿意支付两万美金，就可以移民到洪都拉斯。那几年从世界各地猛然涌入两万多人，让这个国家有些吃不消，随后也就取消了这个政策，但是移民却大量增加了。如果此消息属实，则这期间涌进来的，大多不是华人。因为，若华人真的大量涌进的话，人数肯定不会到1999年只有1 200人。合理的解释只能是，这期间华侨华人不进反退，也可能是，虽然进了一批，但后来有更多的人走了。最主要的原因无疑仍是政局的极度不稳。

从籍贯来看，早期华侨以广东台山人占多数。到20世纪90年代广东籍人约占1/3，其余则是近40年内先后由美国、加拿大、香港、台湾等地移入的。现在洪都拉斯的华侨华人仍然保持广东籍人为主、多地籍并存的格局。

从经营行业来看，20世纪50至70年代，该国华侨多经营杂货生意，饮食业和其他行业很少。20世纪80年代起华人经营的饮食业竟如雨后春笋般后来居上。2000年，首都的华人经营的大小餐馆酒家，已有75家，其中"中国皇宫酒家"

---

① 白俊杰：《洪都拉斯华侨华人概述》，周南京：《华侨华人百科全书》，北京：中国华侨出版社2002年版，第181页。

② 白俊杰：《洪都拉斯华侨华人概述》，周南京：《华侨华人百科全书》，北京：中国华侨出版社2002年版，第181页。

和“岭南酒家”规模较大。就全国范围而言，华人经营的餐馆业共80多家，资本总额约400万美元。此外，华人经营的行业包括杂货零售业、服务业、贸易业及娱乐业等。就其业绩情况分析，以餐馆业及服务业的营运状况为最好。①

这时期作为洪都拉斯华侨华人的标志性商业，资本较雄厚、营业范围较广的商号首推享誉悠久的“建昌隆五金行”，专营各种机器马达配件及各种建筑器材，在首都繁华街区拥有自建的商业大厦。次为经营中西洋酒、罐头，采办、批发中国药材、瓷器、名贵礼品的“新鸿栈公司”。该公司位于首都中央公园对面闹市区，每天顾客如潮。②

另外20世纪70至80年代后华裔后起之秀有萧瑞荣、曹炽佳、叶鹤鸣等。萧瑞荣在首都中心街区开设一间颇具规模的“中国皇宫超级市场”，专营中西日用品批发零售，以及进口餐饮用具、礼品等，生意兴隆。曹炽佳专营进出口货批发及五金生意。叶鹤鸣在华商中最为突出，拥有“红宝石公司”、“叶氏食品公司”、“叶氏五金文具行”、“新世界百货公司”、“东方工艺公司”共5家企业。叶鹤鸣具有现代商业管理知识，营业范围广泛，事业发展较快。这些华商也是当地侨领，热心华人社会公益事业。③

进入21世纪后的最近十来年，洪都拉斯的侨情发生了很大变化。主要表现在，华侨华人人数有了较大增长，来源地更多元化。据洪都拉斯华侨总会副会长叶慧明2009年12月介绍，洪都拉斯全国大概有8 000多名华侨华人，主要集中在首都特古西加尔巴和北部工业重镇圣佩德多苏拉，他们大都来自广东，另外还有一些来自香港、福建、新疆和江浙地区。④ 但是，根据旅洪华侨总会的副会长赵孟均掌握的数字，目前在洪都拉斯约有3 000名华侨华人，半数以上集中在首都特古西加尔巴，其中广东同胞占到95%，台胞占到2%，其余3%为来自福建和其他省市的华侨华人。⑤ 从该国华侨华人人口集中在首都特古西加尔巴（2 000人）的情况来看，洪都拉斯全国华侨华人人数应以3 000人的说法比较可靠。⑥首都特古西加尔巴大约有2 000名华侨华人，基本上可以肯定。其中，首都95%

---

① 白俊杰：《洪都拉斯华侨华人概述》，周南京：《华侨华人百科全书》，北京：中国华侨出版社2002年版，第181～182页。

② 白俊杰：《洪都拉斯华侨华人概述》，周南京：《华侨华人百科全书》，北京：中国华侨出版社2002年版，第182页。

③ 白俊杰：《洪都拉斯华侨华人概述》，周南京：《华侨华人百科全书》，北京：中国华侨出版社2002年版，第182页。

④ 国宇翔、于昕怡：《生活在“邦交真空”环境　洪都拉斯华人：根在中国》，中国新闻网据国际在线，2009年12月9日。

⑤ 许雷：《遭抢“家常便饭”洪都拉斯华人生意越来越难做》，新华网，2009年7月10日。

⑥ 两个数字相差如此之大，应不是统计的原因造成的。“8”可能是“3”的笔误。

的华侨华人是广东人，大多只会说粤语。华侨华人在这里主要是开餐馆和杂货铺，还有的经营超市、印刷厂和文具店。[①]

最近十多年来洪都拉斯的华侨华人，有很多广东来的新移民。好些人来自广州市白云区人和镇鸦湖村。他们之所以来洪都拉斯，大多是因为亲戚关系。因亲戚关系而移民，应是洪都拉斯新移民的一个特点。这也可以解释为什么洪都拉斯的华侨华人至今仍然以广东籍为主。又据陈玉球说，华人在洪都拉斯已逐渐站稳脚跟，有的开大型超市，有的盖5层楼的餐馆，有的开文具店。叶慧明还说洪都拉斯前财政部长和前三军总司令都是华裔。[②] 可见，由于年深日久，一些华人已经深深地融入了当地社会。少数当上高官的，可能已经只剩下一点点华人的脸谱了，身上流的华人血液也越来越少。

洪都拉斯华侨华人开餐馆的最多，可说满城尽是中餐馆。因为对于不懂西班牙语的新来的华人来说，这是一条谋生的捷径。（首都）城里有200多家中餐馆，几乎全是广东菜，它们之间也会有竞争，但基本上没有一家亏本。当地人爱吃中国菜，隔几天就去中餐馆吃一顿，要不就买外卖带回家。对于他们来说，随便哪家中餐馆，只要有一个中国人坐在里面，这家店的中国菜就一定正宗、好吃，于是中餐馆开一家旺一家。特古西加尔巴依山而建的小马路很陡峭，上坡下坡间，不时能看见“京华餐厅”、“中华楼”这样的招牌。[③]

叶鹤鸣是洪都拉斯华侨总会前任会长，也是叶慧明的堂哥。1964年到洪都拉斯后，他白手起家，在43年的时间里创办了自己的“Yip超市” （Yip即“叶”的音译）。他的超市规模很大。两层楼的超市有自动扶梯连接，扶梯上是玻璃屋顶，自然光柔和地洒进来。在超市一层的食品部，年轻妈妈们推着车采购，孩子坐在购物车里左顾右盼。超市里还有一个“水世界”游戏中心。在一个货架前，满眼是“今麦郎”方便面、人参蜂王浆和大白兔奶糖等中国货。然而，1998年“米奇”飓风光顾洪都拉斯时，洪水曾把叶鹤鸣数十年积下的家产毁于一旦。当时在国外的叶鹤鸣心急如焚地赶回特古西加尔巴。大伙儿从泥巴堆里捞出商品，清洗干净之后廉价卖，后来保险公司又赔了2 000万伦皮拉（约合106万美元）。叶鹤鸣借此挽回损失，后又新建电梯，大半年后逐渐走出困境。[④]叶鹤鸣的例子也代表了洪都拉斯华侨华人的拼搏精神。正如赵孟均（祖籍广东台

---

① 陶韵西：《洪都拉斯发生政变，两千华人华侨暂未受影响》，《法制晚报》，2009年6月29日。

② 党琦：《探访洪都拉斯华人：生活在没有使领馆保护的地方》，广东侨网（来源：《环球》杂志），2007年3月21日。

③ 党琦：《探访洪都拉斯华人：生活在没有使领馆保护的地方》，广东侨网（来源：《环球》杂志），2007年3月21日。

④ 党琦：《探访洪都拉斯华人：生活在没有使领馆保护的地方》，广东侨网（来源：《环球》杂志），2007年3月21日。

山的第三代移民）所说，绝大多数在洪华人都是合法经营、诚实劳动的典范，在这里一提到华人，当地人总是会联想到勤劳和质朴。①

目前，洪都拉斯仍与台湾保持着“邦交关系”。在1994年以前，所有在洪都拉斯的华侨都被发给“中华民国护照”，而现在已经有不少华人都持中华人民共和国护照。据说在1994年前，所有到这里的华侨都被发给绿皮的“中华民国护照”，否则无法在这里居留。不过现在已非如此，已没有人要求新来的侨民把中华人民共和国护照换成“中华民国护照”。只是因为洪都拉斯没有中国使领馆，故持中国护照者，要办理相关手续，需向中国驻墨西哥大使馆登记，如此而已。一个很重要的原因是，这些年中国驻外机构更加重视对海外侨胞的工作，服务侨胞，以人为本。据说洪都拉斯的“台湾使馆”很少过问大陆来的新移民的事，但中国驻墨西哥大使馆每隔一年或一年半，会专门来一趟洪都拉斯，处理这边华人关于签证等方面的事。目前，许多华侨都已经加入了洪都拉斯国籍，因此每次回国探亲都要向中国驻周边国家的大使馆申请签证。当然，由于洪都拉斯没有中国使领馆，还是给当地华侨华人带来了诸多不便。一些侨胞希望拿到美国签证，主要是基于从中国来洪都拉斯比较方便来考虑。因为如果没有美国签证的话，来程就很麻烦，可能要从广州飞到北京，或者到莫斯科，再从北京或莫斯科飞到古巴，然后到萨尔瓦多，再到洪都拉斯。但一般来说美国签证很难拿。②

虽然许多华侨都在洪都拉斯娶妻生子，但他们并没有忘记自己是炎黄子孙。2008年，在汶川大地震发生后不久，当地的华侨华人就慷慨解囊，在第一时间向远在万里之外的同胞献出自己的爱心和祝福。叶慧明说，海外的华侨华人永远不会忘记自己是中国人，而对于自己的孩子他们也是这样要求的。他在家里要求孩子讲中文。虽然孩子在这里出生，但是他们的中文讲得非常好。③ 尽管洪都拉斯目前与中国还没有建交，尽管居住在这个国家的华侨华人多是老一辈华侨华人，但随着中国的飞速发展，越来越多的侨胞关心祖国和家乡。很多人每年都要回国探亲。在洪都拉斯，华人不能没有CCTV－4，因为它是了解祖国大陆的唯一窗口。

现在在洪都拉斯老华侨中，持落叶归根观念的人还是有的。如白发苍苍的方老先生，2007年时已经72岁，曾29年漂泊在洪都拉斯，如今老伴儿和女儿都已回广东。他持“中华民国护照”，希望有朝一日换成中华人民共和国护照，早点

---

① 许雷：《遭抢“家常便饭”洪都拉斯华人生意越来越难做》，新华网，2009年7月10日。

② 党琦：《探访洪都拉斯华人：生活在没有使领馆保护的地方》，广东侨网（来源：《环球》杂志），2007年3月21日。

③ 国宇翔、于昕怡：《生活在“邦交真空”环境中的洪都拉斯华侨华人——专访洪都拉斯华侨总会副会长叶慧明》，国际在线，2009年12月8日。

回去，落叶归根。①

汶川大地震深深牵动着广大旅居洪都拉斯侨胞的心，他们踊跃捐款，向灾区人民献爱心。洪都拉斯华侨总会给中国驻墨西哥大使馆写来了慰问信并组织华侨华人及友好人士捐款6.5万余美元汇至驻墨使馆。驻墨西哥大使馆按照侨胞的意愿，即将上述款项转往中国红十字总会。② 又如，2010年4月14日中国青海玉树发生强烈地震后，洪都拉斯华侨华人立即自发行动起来捐款。截至5月26日，洪都拉斯华侨总会向中国驻哥斯达黎加大使馆汇去了1.2万多美元捐款。大使馆通过中国民政部及时如数将广大华侨华人的心意送抵玉树地震灾区。③

洪都拉斯侨胞还保留着深深的中华文化的根。春节是中国最重要的传统节日，而在中美洲国家洪都拉斯，华侨们却通常选择安静地度过除夕。一桌年夜饭，一台春节联欢晚会，一次亲朋好友相聚，便是春节的全部内容。对于老华侨来说，春节就像端午、冬至、中秋一样，早晨会上香祭祖，晚上家人坐下来吃顿饭。洪都拉斯华侨总会会长陈玉珠说，特古西加尔巴的侨胞平时都忙着生意，即使春节也不休息。但华侨总会一般在元旦时组织舞龙舞狮表演，春节时，通常是各家各户吃团圆饭，热闹与否不重要，重要的是团圆。④

位于首都特古西加尔巴的洪都拉斯华侨总会极可能是该国唯一的侨团组织。该会成立于20世纪40年代，其前身是一间极小的华人商会。该商会的发起人是当地拥有最大资本额的建昌隆五金行和东升隆、均益隆两个商号。他们鉴于旅居首都的同胞越来越多，当地却没有一个社团组织，乃于1912年在首都繁华的市中心的一条横街租下会址，成立了全国第一家未正式注册的华人商会，其所需费用由上述三家商号按照其营业牌照费的缴纳多寡来分配认捐，另各商号店员每月需缴月费洪币两元。商会有《中国少年晨报》一份，及当地当日出版的西文报纸多份，供侨胞工余阅读。至1914年，会员锐减，发起人为节省开支，乃退租屋，移商会至建昌隆支店内办公。后因发起人忙于商务，无暇他顾，乃将商会解散，所余款项于1937年中国抗日战争爆发后以全侨名义汇予国民政府作抗战用。虽然商会解散，但侨胞仍时而借机聚会，乡梓氛围甚盛。

在此之前的1932年，洪都拉斯北方的布罗基梳发生排华风潮，祸及邻近各埠及首都。所幸当时洪都拉斯总统卡里亚安地诺对排华事件采取公正态度，迅速

① 党琦：《探访洪都拉斯华人：生活在没有使领馆保护的地方》，广东侨网（来源：《环球》杂志），2007年3月21日。

② 《洪都拉斯华侨华人向四川地震灾区捐款》，中国外交部网站（驻墨西哥使馆供稿），2008年6月6日。

③ 喻虹霞：《哥斯达黎加和洪都拉斯华侨华人为玉树灾区捐款》，湟源新闻网，2010年6月7日。

④ 墨西哥城记者党琦：《洪都拉斯华侨安静过春节》，新华网，2007年2月17日。

予以制止，排华事件终未形成惨祸。而在事件萌发之际，北方各埠已经联合起来，派代表到首都，要求与当地华侨组成统一的华侨社团，但首都华侨因自己的利益考虑而拒绝了。及至排华事件结束，北方代表又联袂抵达首都要求组织全侨社团，仍然遭拒。于是，北方各埠联合自保，向中华民国政府和洪都拉斯政府申请注册，均获批准立案，华侨总会遂于布罗基梳宣告成立，由布罗基梳、德拉、哥尔特和圣彼得苏拉4埠每年轮值总会（会长）一次。后数年，中华民国驻危地马拉总领事朱世全抵达洪都拉斯，经多方面工作，首都华侨终于深明大义，全洪都拉斯的华侨总会遂告正式诞生。继而，北方各埠华侨均认为首都特古西加尔巴为全国政治、经济、文化中心，对发展会务有利，乃将总会由布罗基梳迁至特古西加尔巴，而在布罗基梳埠、德拉和圣彼得苏拉3埠成立分会。今天，时过境迁，旅居洪都拉期的华侨华人飘零，布罗基梳和德拉两分会早已解散，圣彼得苏拉分会至少在20世纪90年代初尚存在。[①]

今天洪都拉斯华侨总会的中国风味很浓：中式的屋檐，一扇对开小门，隐约能看见门廊上方的“中山堂”，四扇圆形格子窗，分别镶着“华侨总会”四个大字，外墙上还斜插着旗杆，逢年过节会升起五星红旗。近500平方米的华侨总会大厅正中挂着孙中山先生的头像，屋顶悬着大红灯笼。靠墙立着一面大鼓，桌上还放有两个舞狮用的巨大“狮子头”。目前，华侨总会的会员已有300余人，他们大多是有着多年在洪都拉斯生活经验的老侨民。华侨总会就是日常沟通华人的一座桥梁，使他们能够相互团结，相互帮扶。[②] 华侨总会不是营利性团体，管理人员从来不拿工资。在洪都拉斯，华侨华人没有中国使领馆的庇护，因而华侨总会便扮演了一个重要的角色。现任华侨总会任会长陈玉球已经在这个任上辛苦了11年。[③]

“宏（洪）京侨校”是该国唯一的一间华侨小学。20世纪70年代起即由台湾派遣教师并赠送各种教学图书、器材及经费。[④] 后续情况待查考。

三、萨尔瓦多——华侨华人社会的零碎画面

萨尔瓦多（西班牙文：El Salvador）位于中美洲北部，该国西北邻接危地马

① 参李文炳：《宏都拉斯华侨概况》，台北：正中书局1991年版，第23~28页。

② 国宇翔、于昕怡：《生活在“邦交真空”环境中的洪都拉斯华侨华人——专访洪都拉斯华侨总会副会长叶慧明》，国际在线，2009年12月8日。

③ 党琦：《探访洪都拉斯华人：生活在没有使领馆保护的地方》，广东侨网（来源：《环球》杂志），2007年3月21日。

④ 白俊杰：《洪都拉斯华侨华人概述》，周南京：《华侨华人百科全书》，北京：中国华侨出版社2002年版，第182页。

拉，东北与洪都拉斯交界，西面濒临太平洋，东南邻近丰塞卡湾（GOLFO DE FONSECA）。首都为圣萨尔瓦多（SAN SALVADOR），为中美洲国际铁路和公路的枢纽。全国面积21 393平方公里，为中美洲面积最小的国家，面积约为台湾的3/5，人口约为台湾的1/4，但却是中美洲人口密度最高的国家，1999年人口为577万。印欧混血种人占90%，白人占9%。官方语言为西班牙语，土著语言有纳华语。

早在1890年以后，即有华侨自美国、墨西哥等国移入萨尔瓦多创业。因当地资源不丰富，土地贫瘠，加上萨尔瓦多对华侨入境及居留都有严格限制，所以华侨人数不多。19世纪末20世纪初，萨尔瓦多的华侨约有300人。到20世纪40年代，据中华民国政府档案“1941—1944年国外华侨人口分布”统计，萨尔瓦多华侨有480人。1975年萨尔瓦多有华侨华人约700人。恰萨尔瓦多1980年爆发武装冲突，至1992年1月方结束。在12年的战乱中，仅有500多万人口的这个中美洲小国就有7.5万人死亡。在这期间，华侨华人只得外出逃避战祸。1992年内战结束，冲突双方签订和平协议。政府开始实施6年社会经济发展计划，华侨华人纷纷返回。1999年华侨华人有1 800人，其中80%为粤籍，来自广东省南海、中山、番禺等地，来自台湾的约有350人。①

华侨华人在萨尔瓦多的生存与发展曾经殊为艰难，曾发生过排华。最严重的一次是20世纪30年代初世界经济危机时期，萨尔瓦多政府下令每个华侨商店交纳200美元营业税。1933年圣萨尔瓦多市长竟下令华侨每月交纳营业费300美元，限8小时内交纳，并下令驱逐华侨，限华侨于7月15日前出境，并将华侨书信、报纸及银行存折一并封锁。直至1954年华侨入境和居留待遇始获改善。②

华侨华人多居住在首都圣萨尔瓦多。他们以经营商业为主，早期多经营苏杭杂货。到20世纪90年代末，有侨营企业约240家，其中杂货与百货商店约120家，资本约5 000万美元。以进口发货方式兼营百货批发零售，货物多从中国大陆和台湾进口。餐馆业约60家，总资本约600万美元，为当地华人的传统行业，并已深受当地居民喜爱。贸易业约35家，营业规模及数量大大超过以往，资本约为1 500万美元。旅游业及娱乐业14家，具有很大的发展潜力。当时华人计算机业在萨尔瓦多创业，由于为新兴产业，发展极快。③

---

① 李安山：《萨尔瓦多华侨华人概述》，周南京：《华侨华人百科全书》，北京：中国华侨出版社2002年版，第414页。

② 李安山：《萨尔瓦多华侨华人概述》，周南京：《华侨华人百科全书》，北京：中国华侨出版社2002年版，第414页。

③ 李安山：《萨尔瓦多华侨华人概述》，周南京：《华侨华人百科全书》，北京：中国华侨出版社2002年版，第414页。

1990 年以来，海峡两岸鼓励发展对外贸易，萨尔瓦多也为促进经济发展颁布一系列优惠政策，如“促进暨保障外国人投资法”、“自由区保税法”及“出口复苏法”等。同时，萨尔瓦多为美国“加勒比海盆地经济振兴方案”之受益国，一些华人成衣商根据加勒比海地区的投资优惠方案，将工厂移至萨尔瓦多，充分利用无限制输出美国的优惠政策，经营上有很大发展。当时华人在此投资有两个主要问题，一是语言障碍造成的工人管理上的困难；二是当地的银行利率相对较高。①

华侨夜校创办于 1943 年，后学生日减，学校于 1948 年停办。1947 年中华青年会又在华侨总会会所设华侨补习夜学班。1967 年改办华侨小学。1970 年，该地有华侨学校 2 所。②

以上只是上世纪结束前有关萨尔瓦多华侨华人的很不全面的信息，有的方面还很零碎。一个十分重要的原因是，中国目前很可能没有多少到该国去的中国新移民，因而无法向外传递出多少有用的现状资讯。该国目前仍为台湾为数不多的“邦交国”之一，台湾是其最大援助地区。因为某种原因该国与中国建交的时间可能延迟。由于过去数十年间中萨两国没有外交关系，长期以来双方也缺乏经济、贸易和文化方面的联系，华侨华人在各方面的发展也受到影响。

可以确定目前萨尔瓦多有以下华人社团：萨尔瓦多中华商会、萨尔瓦多华侨总会、萨尔瓦多中华文化协会、萨尔瓦多台湾商会等。但有关这些社团的详细信息均难进一步查到。

还有一种说法是，在萨尔瓦多的台湾人总共不超过 300 人。这与上面提到的 1999 年左右的台湾 350 人大致相当，今天华侨华人也仍然可能保持 1 800 人左右的总数。是否如此，尚需可靠的资料证明。

但萨尔瓦多华侨华人跟世界上各国侨胞一样，十分关心祖国发生的重大事情，特别是自然灾害，也乐意尽其所能伸出援手。在这方面，他们不分海峡此岸彼岸，不分意识形态，表现了中华民族血浓于水的高尚情怀。最突出的表现是对 2008 年海峡两岸前后发生的两次特大自然灾害的赈灾活动。

2008 年 5 月 12 日，四川汶川地区发生里氏 8 级大地震，造成重大人身伤亡和财产损失。萨尔瓦多华侨华人听闻四川地震灾情后，在中华商会组织下，第一次展开了对中国大陆灾区的捐款赈灾活动，侨胞们纷纷捐款赈灾。引人注目的是，在当地交、汇不便的情况下，萨尔瓦多华侨华人的捐款由该会会长耿耀军自

① 李安山：《萨尔瓦多华侨华人概述》，周南京：《华侨华人百科全书》，北京：中国华侨出版社 2002 年版，第 414 页。

② 李安山：《萨尔瓦多华侨华人概述》，周南京：《华侨华人百科全书》，北京：中国华侨出版社 2002 年版，第 414 页。

费专程将善款送到了北京。[1]

2008 年“莫拉克飓风”引发的“88 水灾”重创南台湾，造成台湾地区近 50 年来最严重灾情，旅居萨尔瓦多的侨胞感同身受，在闻讯后随即由华侨总会、中华文化协会、中华商会及台湾商会共同发起募款赈灾活动，获得侨胞热烈响应，结果募得 2 万多美元赈灾款，由萨尔瓦多各侨团代表于 26 日联袂到台湾驻萨国“大使馆”，请求代为转交赈灾专户，协助台湾莫拉克飓风灾民重建家园。侨团代表一致表示，莫拉克飓风在南台湾造成生命及财产的重大损失，旅居萨尔瓦多的侨胞热烈响应捐款赈灾活动，除了希望协助台湾受灾同胞早日重建家园之外，同时表达对他们的关怀与抚慰之意。此外，许多侨胞都曾在灾害发生的第一时间即通过红十字会、慈济功德会等台湾民间慈善团体，捐款协助赈济灾民。[2]

四、危地马拉——生活在“危地”的华侨华人

危地马拉共和国（西班牙语：República de Guatemala），台湾译为瓜地马拉，位于中美洲北部地区，西濒太平洋，东临加勒比海，陆上同墨西哥、萨尔瓦多、洪都拉斯和伯利兹接壤。全境 2/3 为山地和高原。太平洋岸有狭长的沿海平原。主要城市多分布在南部的山间盆地。今天危地马拉人口 1 400 万（2009 年）中，印第安人占 40%，印欧混血种人占 40%，白人占 16%，另外还有玛雅等 23 种说土语的民族，是中美洲人口最多和土著居民比例最高的国家。该国今天仍受玛雅文化和西班牙文化影响很深。居民 50% ~60% 信奉天主教，40% 信奉基督教新教。首都危地马拉市，是该国最大城市，亦为中美洲最大城市，有“常青之城”的美称。危地马拉至今未与中国建交，与台湾有“邦交”关系。

危地马拉现有华侨华人 1.4 万人，大多是早年由广东省中山、顺德、南海等地移民去的种植园契约华工的后裔。主要居住在危地马拉市及一些海港城市，大部分从事商业活动。现亦有从台、港、澳（门）移民而来的。[3] 中国新移民很少。因此，该国是个比较典型的以传统华人为主的国家。

华侨华人长期生活在动乱中。该国以长期动乱不稳定著称。远的不说，自 1957 年农民组织游击队与一个血腥军人政权对抗算起，内战就一直持续了 36 年之久，一直到 1996 年双方签署《最终和平协议》，才正式宣告结束。在这场战争中，数十万人丧生，上百万人流离失所，其中被杀的有大量玛雅人。危地马拉经

① 《侨爱滚滚，海外侨胞为四川赈灾上演多幕感人故事》，新华网，2008 年 6 月 5 日。
② 《88 水灾/旅萨尔瓦多侨胞捐款赈济台湾风灾灾民》，（台湾）《中央网络报》，2009 年 8 月 28 日。
③ 《南雄珠玑移民的历史与文化》，据广东南雄珠玑巷后裔联谊网。

济因长期内战而停滞不前，《最终和平协议》生效后，危地马拉经济方才恢复间歇式增长。

有关危地马拉华侨华人社团的信息虽然十分稀少，但可以肯定，该国的华侨华人社团数目甚众。据台湾方面20世纪80年代的资料，危地马拉各类华侨团体，如综合团体、同乡团体、宗亲团体、社会团体、职业团体、文教团体等共计80个左右，[①] 当然，其中也应包括了当时国民党在危地马拉的各个支部。比较大的会馆有旅危地马拉华侨总会、危地马拉广东同乡会、危地马拉台侨会馆等。这些会馆经常借其馆址举行各种各样的活动，台湾侨民较为活跃。但也不能不指出，一些社团组织是支持“台独”的，如“全侨民主和平联盟危地马拉支盟”。

中国人可能对危地马拉了解不多，但该国华侨华人却对祖（籍）国十分关心。突出的表现是，近些年中，屡有危地马拉侨胞捐助家乡的报道。例如，2008年5月16日，危地马拉侨胞郦炳耀先生赴广东省侨办捐款1.5万元，省侨办吴锐成主任接受了捐款。[②] 经广东省侨办牵线搭桥，2009年1月9号下午，始兴县马市镇红梨村举行捐款接受仪式，香港林东亮先生、黄汉平以及危地马拉华侨总会、广东同乡会捐助人民币共计22万元，资助红犁村的水利工程建设。[③]

令人欣喜的是，危地马拉青少年一代仍有爱好中华文化者。2007年12月海外华裔青少年中国民族舞蹈及中华武术冬令营活动中，危地马拉华裔青年寻根之旅冬令营团队就访问了广州。其东道主是广东省华侨中专学校。危地马拉团由13名冬令营营员组成，年龄在12～17岁之间，8名营员学习舞蹈，5名营员学习武术。15岁的麦倩仪由于擅长汉语普通话、粤语、西班牙语和英语四种语言而被推举为该团领队。冬令营时间虽短，但营员们收获很多，他们学到了中华武术的基本要领，领略了中华文化的博大精深，还结识了来自世界各国的华裔青少年朋友。离开时，大家意犹未尽，纷纷表示今后会经常回祖（籍）国看看。[④]

中危两国虽然没有建交，危地马拉领事事务归中国驻哥斯达黎加大使馆负责。哥斯达黎加大使馆十分关心危地马拉侨胞的安危。例如，2010年5月底，热带风暴“阿加莎”袭击了危地马拉、萨尔瓦多和洪都拉斯，造成重大灾害，中国驻哥斯达黎加大使馆对此高度重视。5月31日早，大使馆领导即指示有关人员与受灾国家的华侨华人社团联系，请其转达慰问并了解相关灾情，特别是侨胞有无人员伤亡的情况，并告知使馆24小时值班电话，随时保持联系。有关侨团

① 伍根华：《墨西哥、瓜地马拉华侨概况》，台北：正中书局1987年版，第95页。

② 《危地马拉侨胞郦炳耀先生赴省侨办捐款1.5万元》，广东侨网，2008年5月16日。

③ 林溪：《香港林东亮先生、黄汉平先生以及危地马拉华侨总会、广东同乡会捐》，任点网，2009年1月11日。

④ 《危地马拉华裔青年寻根之旅冬令营畅游番禺宝墨园》，广东省华侨中专网站，2007年12月10日。

十分感谢使馆的关心，有的侨团还积极参与当地的赈灾救助活动。[①]

五、伯利兹——云罩雾笼中的华侨华人

伯利兹（Belize），台湾译作贝里斯，是中美洲唯一以英文为官方语言的国家。国土面积22 966平方公里。西北部与墨西哥接壤，西部和南部与危地马拉接壤，东临洪都拉斯湾，与洪都拉斯共和国隔湾相望。伯利兹之名来自该国的河流伯利兹河及最大的城市伯利兹市，该市是伯利兹的原首都，目前新首都为贝尔墨邦。原始居民是玛雅人，16世纪初沦为西班牙殖民地。英国和西班牙对这一地区进行了长期的争夺，至1862年，英国正式宣布伯利兹为其殖民地，定名为英属洪都拉斯。1945年，危地马拉在宪法中将伯利兹划入自己版图。1964年，英国同意伯利兹实行“内部自治”，1973年6月改名伯利兹。1981年3月，伯、英、危三方达成协议，同意伯利兹于年内独立。该国人口32.2万（2008年），居民主要信奉天主教和基督教新教，另有少数伊斯兰教徒。官方语言为英语，近半数以上居民通用西班牙语或克里奥尔语。

伯利兹是一个由移民组成的国度。历史上曾经发生过多次移民潮。每一次移民都有一个主体民族。就第二次世界大战后说起，这期间涌入这里的是印度、巴基斯坦的逃亡人群。随后是1967年以色列阿拉伯战争时，逃过来的黎巴嫩人和叙利亚人，再后来便是20世纪80年代危地马拉、萨尔瓦多和尼加拉瓜内战爆发，大批中美洲移民到来。1981年伯利兹独立，适值中国改革开放初，有一批中国人移居这个国家。他们中以广东人居多。

虽然迄今还很难廓清华侨华人移民伯利兹的图景，但大致可以看到伯利兹是个族裔多元的国家，主要民族为印欧混血种人和克里奥尔人，分别占总人口的34%和25%，其次还有印第安人、玛雅人、印度人、华人和白人。华人当中有不少来自中国台湾、大陆等地的移民。无疑，华人也是该国多元族裔中的一支，虽然是来得比较晚的一支，但从种族和谐的角度来说，伯利兹并不是令人满意的。

就伯利兹的华侨华人人数而言，其实应不算少。一个证据是，几年前，伯利兹发生全国华人集体罢市事件，一名十四岁华裔女学生余婉华（伯利兹土生土长华人，父母是中国移民）惨遭劫匪枪杀，当地华人团体不满政府维持治安不力，在女童丧礼当天，发动全国华人集体罢市，参加的华侨华人就有约1 500名。[②]1 500人只是参加集会的人数，肯定还有不少人没有参加，还有为数难以估算的

① 《热带风暴袭击中美洲 使馆高度关注慰问侨胞情况》，中国外交部网站，2010年6月3日。

② 《少女被杀伯利兹华人罢市》，《香港商报》，2010年8月23日。

"非正常移民"。据说这个小国已成为华人偷渡者的中转站。不过，即使不把"非正常移民"计算在内，伯利兹的华侨华人人数相对于很多拉丁美洲国家特别是小国来说也是不算少的。

此外，伯利兹还有为数不详的中国公干人员（主要是商务人员）。伯利兹1987年2月6日与中国建交，1989年10月11日却又与台湾"建交"，23日，中国中止与伯的外交关系。但在双边经贸关系和经济技术合作方面，中伯仍有合作。中国企业在伯有劳务承包，伯在华有实际投资，两国间也有正常贸易。

伯利兹华人开的餐馆很多，每条街至少三家，仅在伯利兹城就有至少300家。一说华人控制了当地的零售业，尤其是食品业。许多中国台湾人在当地投资衣厂、农场和养殖场。但伯利兹几乎没有工业，旅游业是它的支柱产业。

华侨华人多因勤劳致富，一些人逐渐获得上层经济地位，他们也因而树立了中国人的良好形象。有这样一说，很能证明华人的勤劳：当地人起初将自己的房子以高价租给了华人，因而暗自高兴，但华侨华人很快便因经商而成功。这样一来，也很快招致当地一些人的不满。有克里奥尔人（占伯利兹人口1/4）说："华人把我们从市中心'挤'到了郊区的小破木房子里。①

仔细来看，伯利兹的中国新移民并不多。除了因为该国经济发展的滞后外，一定程度上归因于该国并不太平的社会治安。伯利兹的中国新移民与中美洲其他国家相较，政治稳定算是伯利兹一个特色。自独立以来，历次选举后政权都能"和平移交"。但政治稳定未必可以带来治安稳定。伯利兹治安不靖，常发生谋杀案和街头罪案，当地有不少家庭（包括华人）因为罪案而丧失亲人。上面提到的一个十四岁华裔女学生被害引发的全国华人集体罢市，便是一例。有到过伯利兹的人亲眼看到，开餐馆的华人在操作间前均装有栅栏，中间只留一个能递过商品和钱的小孔。这是害怕种族骚乱的缘故。因为20世纪90年代，伯利兹曾经发生过种族袭击，因此华侨华人多有"一朝被蛇咬，十年怕井绳"的心理。商店有时候会因治安状况不佳而易受攻击，铁丝栏是一种保险措施。

几乎世界上的华侨华人都过春节。伯利兹也不例外，最传统的庆祝方式莫过于舞龙舞狮。春节期间，几乎每一家华人机构、商店和饭馆门前，都会举行热闹的舞龙舞狮表演，并燃放鞭炮。表演之末，商店老板都会出来发放"红包"。②

---

① 此消息据搜狐旅游网站上的一条报道：《60天横穿中美洲四国，激情燃烧的岁月》，2007年12月7日，只供参考。

② 《伯利兹华人迎接中国传统农历新年节庆》，海峡网，2011年2月14日。

第四节　墨西哥

墨西哥合众国（西班牙语：LOS ESTADOS UNIDOS MEXICANOS）地理位置上属于北美洲，从种族、文化、历史上看，则属于拉丁美洲。在拉丁美洲的区域划分上，它常常被划为一个独立的单元。本书也遵循这种划分。

墨西哥北与美国接壤，因此墨在美国的“非法移民”很多，占各国同类人数之首。墨西哥东南与危地马拉、伯利兹相邻，西部是太平洋，东部有墨西哥湾与加勒比海阻隔，国土面积 1 972 550 平方公里。首都墨西哥城，全国人口 1.12 亿（2009 年 7 月），主要民族为印欧混血种，主要宗教为天主教。墨西哥曾是美洲大陆印第安人古老文明中心之一，闻名于世的玛雅文化、托尔特克文化和阿兹特克文化均为墨西哥古印第安人创造。公元前兴建于墨西哥城北的太阳金字塔和月亮金字塔是这一灿烂古老文化的代表。太阳和月亮金字塔所在的特奥蒂瓦坎古城被联合国教科文组织宣布为人类共同遗产。1519 年西班牙殖民者入侵墨西哥，1521 年墨沦为西班牙殖民地，1821 年脱离西班牙独立。

1994 年北美自由贸易区正式建立后，墨西哥与美国的贸易和投资往来增加很快。然而，墨西哥国内治安却持续恶化，虽已重创贩毒集团，但是暴力频生，危害着外国投资者，也对华侨华人的生存发展环境构成严重危害。

墨西哥是拉美地区较早与中国政府发生官方关系的国家之一。早在 1853 年起，清朝官办钱庄就接纳墨国银元为法偿货币，至 1893 年清朝政府与墨西哥签署贸易协定。1904 年，中墨两国正式建交，互派使节。1972 年 2 月 14 日，墨西哥同中华人民共和国建交。数十年来，两国关系发展平稳。在墨西哥城，有一座中国政府纪念碑，是中国政府为纪念墨西哥独立 100 周年赠给墨西哥的。现在，墨西哥已成为中国在拉美地区仅次于巴西和智利的第三大贸易伙伴、第二大出口市场和第三大进口来源国。

一、源远流长的华侨华人移民史

墨西哥的华侨华人移民历史在拉美国家中是最早的。这得益于墨西哥和菲律宾都曾沦为西班牙的殖民地，而前者作为后者的殖民地延伸，致使华侨从菲移民到墨。早在 16 世纪中叶，就有在西班牙船上做船工的部分菲律宾华侨移居墨西哥，在各地造船、经商和做工。因此，16 世纪末，墨西哥城就已存在唐人街。来自中国的医生、裁缝、织工、金银首饰匠、木匠、理发师以及商人已活跃于该城的经济生活中。[①] 但他们在墨西哥的足迹早已湮没在历史的尘埃中，与近代的华侨华人历史难以“接轨”。今天墨西哥城多洛雷斯的唐人街，与16世纪末墨西哥城的唐人街，与其说是空间上的延伸，不如说是精神上的联系。

近代大批华工移入墨西哥则晚于许多拉美国家。其实，华侨华人之所以来到墨西哥，要归因于19世纪下半叶美国的西部大开发。随着美国开发大西部的步伐，广东沿海地区的贫苦农民逐渐成为漂洋求富的外资劳工，其后陆续有少数华工应外商跨国铁路开发公司之召进入墨西哥北部。1864年左右，美国商人承办墨西哥中央铁路，在美国招募华工到墨西哥筑路。1876年至1877年间，又有一些华工受雇于英商，先后由美国南下到美墨边境的恩塞纳达市，做伐木工人和金矿工人。

但在各国移民史上，墨西哥华侨的悲惨遭遇为后人所难忘。“三个枉死城”，便是有力的见证：

第一个“枉死城”是梅里达。1891年至1 898年，墨西哥从香港、澳门等地招募1 800名契约华工，从事采矿业和棉花种植业。其中在尤卡坦半岛梅里达地区开荒的华工因山林瘴疠和水土不服，数月间死亡数百人。

第二个“枉死城”是圣菲利佩煤矿。1896年至1905年，为适应墨西哥经济迅速发展的需要，有9 800名中国大陆劳工先后被招募到墨西哥。1896年许多在圣菲利佩煤矿矿井劳动的华工在塌方事故中被压死。

第三个“枉死城”是赫苏斯卡兰铁路工程。1898年，参加萨利纳克鲁斯——赫苏斯卡兰铁路工程建设的华工大量死亡，仅一次开凿隧道，就有70余人被压死。[②]

尽管有如此多的悲惨记录，但墨西哥华侨在该国开发特别是边境经济发展中所立下的功勋是永垂青史的。据中国有关档案材料记载，许多华工在美墨边境地区的铁路、铜矿、石油公司、种植园当劳工。由于华人聚集，逐渐开发了一些边境城市。特别是如下面还要说到的华侨对下加利福尼亚州首府墨西卡利（MEXICALI）市的开发，将永远成为象征墨西哥华侨历史功勋的一座高耸入云的地标。该地华侨人数在墨西哥也呈众星拱月之势。1919年该市人口近1万，而华侨即有9 000多。[③] 但墨西卡利市与华人在海外建立的其他一些城市比较，应是其中的佼

① 白俊杰：《墨西哥华侨华人概述》，周南京：《华侨华人百科全书》，北京：中国华侨出版社2002年版，第341页。

② 白俊杰：《墨西哥华侨华人概述》，周南京：《华侨华人百科全书》，北京：中国华侨出版社2002年版，第341页。

③ 白俊杰：《墨西哥华侨华人概述》，周南京：《华侨华人百科全书》，北京：中国华侨出版社2002年版，第341页。

佼者。最重要的是，它不仅获得官方和社会各界的承认，还得到市政府的关心和支持。①

上面三个“枉死城”还只是华侨血肉之躯的毁灭，20 世纪 20 年代至“二战”结束墨西哥推行排华政策，华侨受限制，是旅居墨西哥华侨经历的悲惨阶段，当时的墨西哥是华侨灵魂遭受熬煎的炼狱，是一座“精神枉死城”。在此期间，根据中墨两国于 1921 年 9 月签订的《暂行修改中墨 1899 年条约的协定》，中国人不经中墨两国政府批准不得旅居墨西哥。不过因经商者不在此限，故 20 世纪 20 年代旅居墨西哥的华侨继续增加。20 世纪 20 年代末在墨西哥的华侨达 4 万余人。1928 年墨西哥政府单方面宣布中墨条约失效，此后禁止任何华侨入境。1946 年，两国续订友好条约，墨西哥政府又允许原在该国居住的华侨返回居住。② 1957 年至 1959 年墨西哥政府曾一度放宽华侨家属移民墨西哥与家人团聚的条件。今天一些相对年轻的华侨，绝大部分是那时期移居墨西哥的。到 1957 年至 1958 年间，约有 3 000 名华侨持“难民证”从香港去墨西哥。③

1972 年，中墨两国关系正常化。1985 年，中国在蒂华纳市设立总领事馆。墨西哥政府开始允许中国人有条件地到该国定居。20 世纪 90 年代中期，按照墨西哥政府的政策，可以申请入境的中国人有以下几类：一是在墨西哥定居的华侨华人在中国的父母、配偶等亲属，可以在墨西哥定居；二是在墨西哥的中国留学生，可以在当地工作和居住；三是中国人可以到墨西哥探亲访友、观光旅游、经商贸易。此外，近 20 年来，墨西哥政府又采取鼓励引进外来资金、技术和人才的政策，香港、台湾工商企业界人士陆续到墨西哥投资设厂，兴办企业，从而形成了中国人移民墨西哥的新高潮。与此同时，20 世纪 70 年代以来，有相当数量的中国公民以旅游探亲名义到墨西哥，不少人逾期不归，成为“非正常移民”。到 2002 年，该国华侨华人约有 6 万。④

墨西哥华侨华人历史的一个特点是华裔比较多。由于早年的华工及其后代多数娶当地人为妻，繁衍至今，在墨西哥形成了庞大的华裔群体。据不完全统计，墨西哥现有中国血统的华裔超过 40 万，而华侨华人才 8 万，后者中，多数还是近 20 年通过旅游、探亲等途径进入墨国且定居下来的。⑤

墨西哥华侨华人历史的另一个特点是居住地比较集中。一般的说法是，墨西

① 唐书彪（《今日中国》记者）：《欧阳民：致力于中墨文化交流的热心人》，中国网，2011 年 10 月 21 日。

② 国务院侨办侨务干部学校编著：《华侨华人概述》，北京：九州出版社 2005 年版，第 132 页。

③ 白俊杰：《墨西哥华侨华人概述》，周南京：《华侨华人百科全书》，北京：中国华侨出版社 2002 年版，第 341 ~ 342 页。

④ 国务院侨办侨务干部学校编著：《华侨华人概述》，北京：九州出版社 2005 年版，第 132 页。

⑤ 黎静：《墨西哥、厄瓜多尔华人社团的现状》，吕伟雄：《海外华人社会新透视》，广州：岭南美术出版社 2005 年版，第 87 ~ 92 页。

哥西北地区是旅居墨西哥的华侨重要聚居地，华侨华人近 5 万人，占全墨西哥华侨华人总数的 70% 以上，基本来自广东省。若以单个城市论，墨美边界西端下加利福尼亚州的蒂华纳市，是旅墨西哥华侨华人最为集中的地方。又据墨西哥中华会馆的不完全统计，目前居住在墨西哥城的华侨华人约有 2 万人，其中 70% 来自广东省。旅居墨西哥的华侨华人中，90% 以上祖籍为广东省台山、恩平、开平、中山、新会以及广州等地。①

顺便指出，相对于每年去美国的中国人（2005 年的数字约为 20 万人）和去加拿大的中国人（2005 年的数字多达 10 万人）来说，来墨西哥的中国人每年只有约 5 000 人，包括商人、游客、在墨西哥工作的中国人的亲属、来墨西哥访问的代表团等。这在一定程度上也反映了到墨西哥的中国新移民的确比其他发达国家少的事实。毋庸讳言，一些移民是把墨西哥作为跳板的，他们中既有合法身份的，也有非法身份的。相比较而言，非法身份的人更多，他们甘愿冒风险而经过墨西哥去美国或加拿大。②

早年旅居墨西哥的华侨华人修建铁路、开矿淘金、农场劳动，复经营洗衣、饮食、杂货店和咖啡店，再到开中小企业、百货商店和超级市场等，一路走来，从小生产向现代化过渡，从零售、批发到进出口也自成系统，但中小企业仍占主导地位。有关资料表明，2000 年，华侨华人创办的各种商店有 3 000 家，另餐饮、洗浴、洗衣、理发、照相和旅行社等服务业 700 余家；有华人渔业主自购渔船租予当地渔民；有畜牧场、咖啡园、棉花园和茶园数十家，其牧场规模在世界华人圈中名列前茅。华侨华人也开始涉足工业领域，以食品经营加工为主，包括制冰、汽水、面包饼干和糖果等食品加工厂，其中巧克力糖和奶牛加工业最具规模；也经营车辆、机器、电器修理和印刷业；制衣制鞋和玩具因应港台资本的移入而大有发展，产品销往美国。③ 这是一幅百业齐兴的图景。

过去几年间，墨西哥华侨华人的居住环境趋向于恶劣，最重要的原因是受墨西哥“毒品战争”的影响。2006 年始，墨西哥总统卡德隆上任后，因面临美国要他消灭毒品的极大压力，发动了“毒品战争”。美国有九成毒品来自墨西哥。过去，警察向毒贩收钱，毒贩得到警察保护，已成定例，两者“鱼水相依”。“毒品战争”开始后，不信任警察的卡德隆改派军队扫毒，25 000 人组成的扫毒大军在墨西哥境内“南征北伐”，却因此导致意料不到的新问题：尽管毒贩首领被抓，但贩毒市场仍在，新的亡命之徒为抢夺空出的地盘而大开杀戒，加之扫毒

① 许宏治：《凝聚三千华人力量——记墨西哥蒂华纳市华侨协会》，《人民日报》，2004 年 2 月 3 日。
② 《采访墨西哥签证官门多萨先生》，出国在线，2005 年 12 月 19 日。
③ 国务院侨办侨务干部学校编著：《华侨华人概述》，北京：九州出版社 2005 年版，第 133 页。

导致毒品价格飙升，在厚利引诱下，更让杀人越货成为家常便饭。因此“毒品战争”引发的贩毒难题，反使问题更加错综复杂。眼看局势越来越糟，忧心忡忡的墨西哥华侨华人，只得纷纷迁往美国躲避。如1984年来到加州边境号称“观光天堂”蒂华纳的刘可伟经营的“蒂华纳旅行社”便三番四次遭窃遇抢。在加装铁栅与警报器后，歹徒仍“技高一筹”，深更半夜掀开屋瓦从天而降。嚣张的歹徒在行窃时还不忘煮咖啡，做面食，酒足饭饱后方扬长而去，事后现场还不留指纹。从此，刘可伟营业时只得门窗紧闭，散客再也不敢接，只有预约的熟客才敢让他进来。2007年他妻子在光天化日下竟在旅行社门口被抢，弄得头破血流。2008年底，再也受不了的刘可伟终于举家搬到美国，过着日出到墨西哥工作，日落回美国生活的日子。治安恶化，墨币狂贬，加上金融海啸，导致生意大减，刘可伟说2008年蒂华纳仍有176家旅行社，2009年却已有100家倒闭。据说蒂华纳有近万华侨华人，因墨西哥治安恶化，加上美国房屋拍卖激增，每周都有墨西哥华侨华人在美国购屋、定居的消息。同时，贩毒集团利用部分华侨华人贪图小利的弱点以及常以现金进行交易的习惯，诱使他们协助转账，借以达到洗钱的目的。艾尔蒙地与洛杉矶市中心至少已有5家华人商号涉嫌参与贩毒集团的洗钱行动而受到执法机构调查。此外，金融海啸让在美国难以维生的墨西哥人大举返国，因无钱返乡，逗留边境的墨西哥人只能“偷抢拐骗”，被毒贩集团利用。① 上述情况，可能只是西北一地的现象，并非全国都是如此严重，但西北一地却是华侨华人居住最集中之处，且社会治安的恶化肯定会连锁性地波及其他地方，影响到各地的治安、投资和营商环境以及民众心理。当然，民众包括华侨华人肯定希望这种局面尽早结束。

墨西哥华侨华人对祖（籍）国十分关注，遇到祖（籍）国发生灾难，还纷纷伸出援手。下面仅列几例存证。

2005年10月12日，祖国“神六”顺利升空，墨西哥华侨华人社团热烈祝贺，发自内心地热烈祝贺中华民族的这一伟大壮举。在“神六”发射之时，墨西哥华侨华人社团联合总会筹委会成员立即停止正在召开的理事会，通过电视和手机高兴地获悉“神六”发射成功的消息。

墨西哥华侨华人社团联合会于2006年4月1日在墨西哥城举办“心连祖国，情系奥运”为北京2008年奥运会捐款大行动，数百名华侨华人现场慷慨解囊。

2006年广东省受强热带风暴“碧利斯”的影响，形成洪涝灾害，在获悉中国同胞遭受灾害后，墨西哥华侨华人团体积极组织捐款行动，以表达自己的一片爱心。

---

① 《墨西哥扫毒局势恶化，华人遭殃现迁美国》，（美国）《世界日报》，2009年3月15日。

2008 年 8 月 8 日，台风“莫拉克”重创台湾南部地区。墨西哥华人华侨在墨西哥城为台湾受灾同胞举行了一场赈灾募捐活动。墨西哥的众多华人社团代表、驻墨西哥中资机构以及华侨华人悉数到场，踊跃参加捐款，奉献爱心。同时有更多的华侨华人通过汇款的形式进行捐款。

2008 年“5·12”四川汶川大地震发生后，墨西哥华侨华人社团纷纷捐款。在捐款现场，不少华人拿着支票本、墨西哥比索或者美元急匆匆地赶来，又急匆匆地离去。

二、承前启后的华侨华人社团

墨西哥的华人社团创立于 20 世纪初期。当时，墨西哥相继出现了成立华侨社团之风。最早的社团是蒙雷特城的致公堂，创建于 1900 年，它后来曾创办启明书社、启明学校、启明月刊；次有洪门民治党、华侨团体会、中华商会，相继成立于 1914 年，至 1920 年共组合为墨西哥华侨总机关，1922 年又改组为墨京中华商会，为当时最大的华侨社团。此后，在华侨较多的地方还成立了一些地缘与血缘社团，如 1918 年在蒂华纳成立的华人团体会、墨西卡利的中华会馆、海宴公所、中山会馆、南平公所、冈州会馆等。1931 年，墨西哥掀起大排华浪潮，华侨减少，许多社团自动消亡，只有墨西卡利的中华会馆等少数几个社团存留下来。与此同时，为了对付排华浪潮，华侨成立了华侨团体会，该会 1972 年曾一度停止活动，1976 年经重建开展活动至今。此后，一系列地缘性、血缘性与业缘性的社团相继成立（可分全国性与地方性两大类）。[①] 这就是墨西哥华侨华人社团出现的大致“路线图”。墨西哥华侨华人社团的出现，顺应了来自故乡侨胞联谊互助的需求，舒缓了异域谋生游子的思乡情愁和心灵孤苦，每逢社团有活动，自然成为侨胞生活中的大事。

目前墨西哥有华人社团 40 个，[②] 数量虽不算太多，但这里仍然无法检索齐全，特别是较小的县邑籍会馆的材料难以搜集，故这里只能择其要者加以叙述。

先从华侨华人历史最久远、居住最集中的墨西哥西北地区说起。

西北地区最老的社团要算蒂华纳华侨协会。蒂华纳，是墨西哥华侨华人聚居的重要城市，与北面的美国一墙之隔。该地区华人人数目前超过一万，是墨西哥最大的华人聚居地。这里的华侨华人几乎全部来自广东，故广东话是当地华人的

① 国务院侨办侨务干部学校编著：《华侨华人概述》，北京：九州出版社 2005 年版，第 134 页。

② 黎静：《墨西哥、厄瓜多尔华人社团的现状》，吕伟雄：《海外华人社会新透视》，广州：岭南美术出版社 2005 年版，第 87 ~92 页。

主要语言。由于蒂华纳与美国的圣迭哥市间特殊的地理位置，造就了这里特殊的生活环境。当地大部分居民在美国都有亲友，有些还在圣地亚哥及 2 小时车程外的美国洛杉矶市拥有房产。边境线上每天进出关口的汽车排成长龙，上下班高峰时间更是如此。很多墨西哥人早晨到美国打工，晚上再回到墨西哥。蒂华纳也因此成为著名的墨侨侨乡。沿墨西哥下加州海边公路，可以看到很多为美国退休老人修建的别墅区以及墨侨修建的漂亮洋房。当然，这是今天的景象。

华人来到蒂华纳的历史可追溯到 1907 年。最早来到蒂华纳的华人是朱广钜、马杞和朱本宗等，他们因参加修筑 ARISONA 铁路于 1907 年抵达蒂市。据悉，1902 年至 1927 年间通过各种途径先后进入墨西哥边境地区蒂华纳邻市的墨西卡利市短期华人华工聚集人数最高时达 5 万多人，在这荒漠酷热、人烟稀少的边境开发工程中充当苦役并自谋生计。一处名叫“EL CHINERO”的山岗，就是由于当时从三藩市进入墨西哥后途中迷路而渴死在这个山岗的百多名华人而得名。先侨们用惨痛的代价和辛勤的血汗拼写出一段段墨西哥北部边陲开拓史上惊天地，泣鬼神悲壮的华人章节。①

蒂华纳有四大老侨聚葬的大片墓地。刘可伟在该书稿中说：“数千座华文墓碑上的碑文，除反映出家人的哀思和忠实地记录着宗亲族氏的关系外，更重要的是体现在那大部分选择面向太平洋彼岸故土方向默立的墓碑，无不让人深深地受到感染，仿佛在沉默中向世人倾诉着深埋在历史长河中，那种种不为人知的各自悲欢与归宿。鲜为人知的华裔群体在早期形成过程里，背后隐含着多少‘异类’的心酸和孤寂。”

1918 年的蒂华纳小镇已聚居有 40 名华侨及其家眷。在当时各地相继成立华侨社团之风影响下，小镇成立了由吴盛亨（1879 年 10 月 29 日出生于广东中山，1926 年 7 月 18 日仙逝在蒂华纳）为首届主席的“华人团体会”。蒂华纳华侨团体的成立，标志着华人社会迈向成熟阶段重要的开始。由于成立时各乡籍参加人数比例平均，其成立伊始，就以有别于同期和后期所有侨团组织强调宗亲色彩浓厚的特色而屹立百载。

1928 年，华侨团体会更名为华侨工商会，1933 年恢复原名华侨团体会。1936 年华侨团体会正式向当时国民党政府侨务委员会申请立案，按四邑乡音而译成的“酒湾拿华侨协会”被侨务委员会定名。首任理事长乃林乃英先生，中文秘书梁经祥，西文秘书林锦霖。1985 年 8 月，参照中华人民共和国地名标准改

① 刘可伟主笔：《不老的传说：蒂华纳华侨协会百年简史——一部反映墨西哥西北边疆华侨华人近百年变迁的缩影史》（2003 年初稿），据圣地亚哥华文网新闻中心（San Diego Chinese Press），2011 年 9 月 14 日，下同。蒂华纳，华侨华人也译作“提璜纳”。

为蒂华纳华侨协会。在当地政府注册的西班牙语名称 COLONIA CHINA DE TIJUANA. A. C. 沿用至今。①

1938 年，祖国正遭受日本帝国主义铁蹄蹂躏。在决定民族存亡的关键时期，华侨协会一改以往只注重侨胞、社团内部事务的做法，将支持祖国抗战、挽救民族危亡作为工作重点。一个以“华侨救国后援会”的名义，跨党派、跨地区的社团组织在华侨协会鼎力协助下在蒂华纳成立，仅在蒂华纳市，华侨救国后援会的陈松添主席和梁和先生等就筹募和捐集到十几万墨币，充分显示出华侨协会的组织能力和高涨的爱国热情。而这一年正是深受资本主义第三次经济危机严重影响的一年。②

为谋求侨胞福祉，经过 1949 年至 1953 年四年的不懈努力，经侨领们发起，包括其他社团及地区的侨胞合捐筹款，成立以马文业等 39 人组成的华侨协会暨华侨小学礼堂筹建委员会，大家分工合作，分两期工程，终于在 1953 年先后完成占地面积，680 平方米两层楼礼堂 200 平方实建面积的整体大楼和后楼扩建工程，作为华侨协会会址。自此，结束了华侨协会没有固定举办活动场所的历史，成为华侨协会发展史上的一件大事。

长期以来，蒂华纳华侨协会关心与支持中国建设，当祖国有灾难时慷慨捐助（如 1991 年中国华东地区发生水灾蒂华纳华侨共捐款 10 多万美元），支持中国和平统一，促进中墨双边关系友好发展。

蒂华纳市位于墨西哥的下加利福尼亚州，此州位处墨美边界西端。蒂华纳市是旅墨华侨华人最为集中的地方。墨西哥约有华侨华人约 8 000 人，他们中 90% 以上祖籍为广东省台山、恩平、开平、中山、新会以及广州等地。全国华侨华人中 70% 集中在下加州，而蒂华纳市就有 3 000 多人。③

20 世纪 70 至 80 年代间（其中 1978 年是华侨来到蒂华纳的高峰），新华侨华人以更多方法和渠道形式先后从香港、广东及其他一些国家和地区先后抵达蒂华纳，华人社会再现人气渐浓的苗头。他们中，不乏对日后华侨协会的发展和革新带来活力的青年，如梁石狮、梁权暖、黄沃沛等。④

2000 年后又有大批华人来到本地。当地华侨华人目前主要从事餐馆业。130 万人口的蒂华纳城拥有 200 多家中餐厅，中餐已经融入当地人的生活中，吃中餐成为当地墨西哥人的一大生活享受。⑤

---

① 刘可伟主笔之上揭书。

② 刘可伟主笔之上揭书。

③ 许宏治：《凝聚三千华人力量——记墨西哥蒂华纳市华侨协会》，《人民日报》，2004 年 2 月 3 日。

④ 刘可伟主笔之上揭书。

⑤ 《鸿展墨疆业，光耀中国心——蒂华纳的春节》，国际在线，2004 年 1 月 29 日。

蒂华纳华侨协会是蒂华纳最大的华人团体，旗下还设有妇女委员会、青年委员会与中文学校等分支机构。目前协会的主席（第66届）是在墨西哥蒂华纳经营鲍鱼等海鲜批发业的华商黄沃沛，上届主席是恩平籍的梁权暖，现转任副主席。原籍广东台山的黄沃沛此前已多次担任协会的主席或副主席，对社区事务驾轻就熟，贡献良多。新一届华侨协会增设副主席一名，由恩平籍的餐饮连锁店老板吴跃培出任。其余主要职员包括：秘书长刘可伟、监事长马伟行、总务主任甄达荣、交际主任周缵方、文体主任马惠光、核数胡杏光、妇女委员会主任吴清满、青年委员会主任刘可伟（兼）。①

2006年5月，墨西哥蒂华纳华侨协会青年委员会借全球同庆五四青年节之机隆重成立。国内外包括中国侨联青年委员会、广东省人民政府侨务办公室和中国驻蒂华纳总领事馆等机构发来了贺函或贺电表示祝贺。这次青年委员会的成立别开生面，在网上建立自己的网站并接受会员注册登记，这也是墨西哥第一个华人网站。

墨西哥蒂华纳华侨协会青年委员会是蒂华纳市青年华侨的群众性组织，它的宗旨是：紧密联系和团结侨界青年，发扬侨界一贯的爱国爱乡的优良传统，为增进中墨两国青年界的友谊而努力。②

设立青年委员会是由于近年来迁居于蒂华纳的中国新移民中，青少年的比例明显增加。青年委员会是协助他们适应侨居生活，妥善安排业余时间的活动，以利身心健康。据2008年青年委员会研商2008年活动计划时青委会主任刘可伟介绍，针对当地近期罪案较多的情况，他们将组织年轻侨胞参观市政府治安部门的“主要商业与交通监控中心”，了解公共安全资源及报警系统的运作。与此同时，在即将到来的中国农历春节，青年委员会将积极参加侨界联欢晚会的筹备事务，负责台前幕后的组织工作，并以自编自演的歌舞节目娱乐广大侨胞。经由华侨协会与当地中国总领事馆的协助，青年委员会搜集了大批优秀的中国电影与电视剧集DVD光盘，将从春节起向青年及侨胞开放，全部可免费借出。其中由广东省恩平市电视台拍摄的十集电视片《恩平人在墨西哥》，是当地侨胞日常生活的生动写照。刘可伟还表示，青年委员会在原网站的基础上，将新辟“会员便利互动网页”，使之成为年轻侨胞交心怡情、互通讯息的平台。③

蒂华纳市有墨西哥华侨总会，成立于1967年。20世纪60年代后，大批华侨居住在蒂华纳并往返于美墨之间。由于华侨人数增多，遂于1967年正式成立了

---

① 《墨西哥墨西加利中华会馆理事会改选》，（美国）《世界日报》，2008年9月2日。

② 《墨西哥蒂华纳华侨协会青年委员会成立开通网站》，中国侨网据《华声报》墨西哥城消息，2006年5月11日。

③ 《墨西哥边境城市提璜纳中国新移民青少年比例趋增 》，中国侨网据《世界日报》报道，2008年1月30日。

墨西哥华侨总会，亦称蒂华纳华侨总会。其宗旨是团结乡亲，共谋发展。该会自成立以来，致力于积极筹建会馆，并于20世纪80年代末兴建固定活动场所。该社团重视弘扬中华文化，如利用春节、端午节、中秋节、重阳节及国庆等中国节日组织其下属社团开展中国民间舞蹈、音乐、象棋、武术等各种表演活动，以激发会员对中华传统文化的热爱；重视兴办华文学校，经常组织会员义务举办各种华文补习班，让华侨华人子女学习作文；重视兴办公益福利事业，扶助蒂华纳新华侨谋求生计；重视加强与中国大陆的联系，曾多次派代表回国参加国庆活动。①

墨西哥华侨团体会是个老社团，1931年在恩赛纳达市正式成立。其时，华侨华人为开发和发展恩塞纳达市已经作出了重要贡献。然而，就在20世纪30年代初期，恩塞纳达市政府推行排华政策，颁布法令限期要求华侨离开当地。为了维护自身权益，谋求生存与发展，华侨华人遂于1931年在恩赛纳达市正式成立了华侨团体会。该会自成立后，致力于维护华侨生存权益，反对当地政府的种族歧视和排华活动。但后来因内部矛盾，会务停止。1976年在热心侨领的推动下，重振旗鼓，该会又成为恩塞纳达市规模较大、较有影响的华人社团。②

墨西卡利中华会馆在华侨华人中可谓尽人皆知。该会馆成立于20世纪初。墨西卡利（MEXICALI）是墨西哥北下加州首府，毗邻美国加州的帝王县。事实上，墨西卡利作为“边关重镇”的历史地位从其名称就可见分晓。这个城市名是从“墨西哥”与“加利福尼亚”两字各取一半组成的，亦作“墨西加利”，现通译作“墨西卡利”。

该市原为先侨们在1903年于荒漠中开垦出来的一片绿洲，后逐渐发展成为城市。实际上，该市也是墨西哥华侨华人历史的发源地。在过去100多年的历史里，充满了华侨华人的辛酸和成功。当年的墨西卡利一度十分繁华，后来发展渐见迟滞。它作为边境第一要津的地位被交通更便捷、气候更宜人的蒂华纳超越。今天，墨西卡利仍有华裔居民近万人，华人开埠的历史功绩已获墨西哥官方承认。当地中华会馆在市中心拥有不少物业，会馆下设妇女会、青年组、醒狮团与中华学校，理事会每两年改选一次。

据欧阳民教授《沙漠之龙——墨西哥下加州华侨沿革史略》一书考证，1903年第一批中国广东籍华人来到了当时还荒蛮不堪、人烟稀少的墨西卡利。美国“红河开发公司”为开垦这块处女地，雇用了大量华人劳工。墨西卡利终年阳光炙热，天气干燥。当时的中国劳工利用科罗拉多河引水渠开垦棉花地。这些华人劳工生活条件非常简陋，因为没有房子居住，大部分华人晚上只能寄居在地洞

① 据百度百科资料。

② 据互动百科资料。

里。根据欧阳教授早年寻访的100多位劳工得出的统计数据，几乎每开垦10万平方米的棉田，就有一名华人劳工因为恶劣的天气和生活条件死去。[①] 但是华人在这里种植的棉花却由于干燥的气候而质量上乘，墨西卡利也因为棉花的盛产渐渐富裕起来，棉花也成为该市的象征之一。当时的墨西哥这一地区由军人总督埃斯特高·根都统治，对移民采取较为宽容的政策，所以又有来自美国西部的华工络绎迁入。到1918年，墨西卡利几乎成了一座“中国城”，共有华人35 000余人，华人社团26家，当时墨西哥当地居民仅为3 000多人。1919年为统一当地华人组织，中华会馆建馆成立。[②] 可见是由于华工的到来，才促成了墨西卡利的兴起。墨西卡利是一个深深打上中国烙印的城市。

墨西卡利西北部有个地方叫“中国人山”。名曰“山”，实即“坟”。在墨西卡利生活多年的欧阳民告诉人民日报记者，他为写作《沙漠之龙——墨西哥下加州华侨沿革史略》一书，找到当地百岁华人陈福佑，老人给他讲述了一个故事。1908年，一群华工从墨西哥索诺拉州一个码头登船渡过加利福尼亚湾去墨西卡利谋生。在下加利福尼亚州东海岸下船后，向导只大致指了个方向，就撇下他们走了。他们只好自己艰难跋涉。后来，他们在烈日炎炎、黄沙漫漫的荒野中迷了路。绝了粮，断了水，他们一个个倒了下去。他们被葬在库卡帕山，当地人就把此山称为“中国人山”。陈福佑是那群中国人中的幸存者。[③]

1937年，墨西哥颁布法令，宣布收回所有土地，并将外国公司收为国有。红河开发公司被迫关闭，当地的华人开始从农业转向经营餐馆、鞋店、公司等行业。目前，墨西卡利市总人口为100万左右，华人移民人数降至6 800余人，同时有3 000多名华人后代。留在这里的华裔在墨西卡利经营着130多家中餐馆，同时还开办了大型超市、成衣批发中心、中国食品批发中心，也有侨胞经营货币兑换业务以及建筑业、房地产业等。[④]

据墨西卡利市政府提供的数据，华人的企业为当地解决了6 000多个就业岗位。同时每年华人企业向市政府、州政府上交大量的税款，当地侨胞还定期向政府捐赠衣服、被褥、食品等作为当地的救助资源储备。华人的这些贡献得到了当地政府以及墨西哥人的肯定。中华会馆常务顾问甄英伟说，当地政府为他们提供了很多支持，市政的重要活动也一定会邀请华人代表出席。墨西哥人已经完全把

① 陈瑶、万后德：《墨西哥荒漠中的“东方明珠”——墨西卡利市》，墨华网，2009年3月20日。

② 陈瑶、万后德：《墨西哥荒漠中的“东方明珠”——墨西卡利市》，墨华网，2009年3月20日。关于当时的华人数字，另一说为，1919年该市近万名人口中，华人就占了9 000多。当地通用汉语，市内旅馆、酒肆、戏院、钱庄大多为华人开办。参张卫中：《寻访拉美华侨华人的足迹》，《人民日报》，2011年10月17日。

③ 张卫中：《寻访拉美华侨华人的足迹》，《人民日报》，2011年10月17日。

④ 陈瑶、万后德：《墨西哥荒漠中的“东方明珠”——墨西卡利市》，墨华网，2009年3月20日。

华人当成了自家人，同时把中餐也作为传统的墨西卡利美食招待游客。①

墨西卡利中华会馆的宗旨是：团结侨胞，互助互利，共谋生计。会馆办有华文学校，以提高华侨华人子女的华文水平；开设商店，以方便侨胞，及增加会馆的经费收入。② 墨西哥西北地区华侨联合总会会长梁权暖证实，在欧阳民担任主席时，中华会馆首次升起五星红旗。③

据说过去墨西卡利市内通用“唐话”，“唐文票据”可作支票使用。各种华侨社团都自置房屋。该市还有两间中式戏院、茶楼，俨然中国城市，华侨称之“小广州”。华侨在该市成为社会主要成员，其中有些人已有相当雄厚的经济实力。④ 如今，墨西卡利非常繁华。在市中心的大街上，华人商店、餐馆、市场等鳞次栉比。据统计，在墨西卡利安居的华侨华人有 5 000 人（蒂华纳市的华侨华人超过 1 万人，墨西哥华侨华人数量可能近 10 万人）。他们已经融入墨西哥社会，成为中墨友谊的使者。⑤ 现墨西卡利中华会馆大楼在墨西卡利唐人街。会馆二楼是学校和图书馆，三楼是健身房。据欧阳民教授说，墨西卡利中华会馆是拉美最健全的华人会馆。会馆办有一所中华学校，有 1 ~ 6 年级 150 个学生，主要学汉语，已经坚持了 20 多年。中华会馆的历届主席都非常重视海外华人后代的中文教育。在中华会馆建成后，周如超先生创办了中华学校，希望墨西卡利的华人子女不忘中文。在中华学校的学生守则中，第一条便写着热爱祖（籍）国、热爱侨社。每到周末，在中华会馆总能传出 1 ~ 6 年级的学生朗读中文的声音。后来学校的教学内容又从刚开始的中文扩展到数学和音乐。据说，从中华学校毕业的孩子们在墨西哥或者美国学校成绩总是名列前茅。⑥

墨西卡利的华侨华人为自己参与这个城市的开发史乃至整个城市以华人的名义命名而倍感自豪，同样难得的是，这一史实不是华侨华人社区的“孤芳自赏”，它已经获得墨西哥官方与社会各界的承认。正因如此，当地“华人历史博物馆”的筹建工作，得到市政府的关心与支持。墨西卡利中华会馆前主席欧阳民教授称，该市文化局长德菲利克丝已从“贸易街”与“奥夫瑞贡街”口的一座政府物业二楼划出几个房间，供华人社团开办博物馆。欧阳民说，当地华人都对先侨开埠功绩引以为荣，1986 年便成立了“华人历史博物馆筹备处”。欧阳民本

---

① 陈瑶、万后德：《墨西哥荒漠中的“东方明珠”——墨西卡利市》，墨华网，2009 年 3 月 20 日。

② 据百度词条（2006 年更新）。

③ 唐书彪（《今日中国》记者）：《欧阳民：致力于中墨文化交流的热心人》，中国网，2011 年 10 月 21 日。

④ 白俊杰：《墨西哥华侨华人概述》，周南京：《华侨华人百科全书》，北京：中国华侨出版社 2002 年版，第 341 页。

⑤ 张卫中：《寻访拉美华侨华人的足迹》，《人民日报》，2011 年 10 月 17 日。

⑥ 陈瑶、万后德：《墨西哥荒漠中的“东方明珠”——墨西卡利市》，墨华网，2009 年 3 月 20 日。

人更在华人历史著作中不遗余力地收集史料素材，他主持的“下加州中国文化研究中心”就收藏了不少相关的照片、书刊与实物等珍贵历史遗产。①

墨西卡利华侨华人念祖爱乡。在2008年中国汶川地震发生后，这里的侨胞连夜筹集了48 000多美元的善款。同时这些侨胞还常常为在中国的家乡建设出谋划策，为建扶贫学校、医院等出钱出力。②

应该指出的是，从1918年起，墨西卡利出现了华人社团，致公堂、海晏公所、中山会馆、三邑会馆、南平公所、美以美教会等纷纷问世，连中国国民党也在这里设立了支部。这时，当地华人已经近万，而墨西哥本土人反而只有700人左右，墨西卡利俨然成为华侨华人的“大本营”。③

一般的描述把以上几个会馆与墨西卡利中华会馆并列，容易造成这几个会馆与墨西卡利中华会馆为同一“层级”的会馆的误会，甚至产生这几个会馆与墨西卡利中华会馆分处于墨西哥不同地方的误解。这是需要纠正的。实际上，所谓致公堂、海晏公所、中山会馆、三邑会馆、南平公所等会馆，应是华侨早年来到墨西卡利时最先成立的较小范围的地缘会馆，后来才联合而成一个更大范围的墨西卡利中华会馆。于是，这些较小范围地缘会馆便置于墨西卡利中华会馆的统一管理之下。墨西卡利中华会馆管理的26个会馆，应该包括这些较小范围的地缘会馆。但时移岁易，今天，这些较小范围的地缘会馆可能已经很少为人所知。但欧阳民仍称墨西卡利中华会馆是拉美最健全的华人会馆。对他来说，也许人生的浓墨重彩的一笔要写在墨西卡利：在他担任主席时，中华会馆首次升起五星红旗。中华会馆现任主席为罗锡强。④

墨西哥西北地区华商总会是2009年11月3日由来自墨西哥北下加州、南下加州、索诺拉州和奇瓦瓦州的华商代表齐聚蒂华纳共同宣布成立的。该商会由在这一地区投资经商的华裔组成，隶属于墨西哥西北地区华侨联合总会。当天华商总会选出来自墨西卡利的甄英伟为首任会长，蒂华纳侨领刘可伟为常务副会长，黄沃沛、周冠辉、伍若寅等11人为副会长。资深侨领梁权暖和欧阳民应邀出任名誉会长，胡安·李、周朝亮等获聘为顾问。北下加州、蒂华纳市、墨西卡利市等州市政府均派代表出席并致辞。中国驻蒂华纳总领事高守坚到会致辞并预祝华商总会造福边境侨胞。⑤

墨西哥西北地区华侨联合总会暨西北地区中国和平统一促进会于2006年1

① 陈官煊：《墨西加利》，达州广播电视报，www. dzxw. net 2008年6月6日。

② 陈瑶、万后德：《墨西哥荒漠中的“东方明珠”——墨西卡利市》，墨华网，2009年3月20日。

③ 陈官煊：《墨西加利》，达州广播电视报，www. dzxw. net 2008年6月6日。

④ 唐书彪：《欧阳民：致力于中墨文化交流的热心人》，中国网，2011年10月21日。

⑤ 《墨西哥西北华商总会成立，甄英伟当选会长》，人民网，2009年11月6日。

月 18 日在蒂华纳市正式成立。到会的墨西哥西北地区下加州、南下加州、索诺拉州和奇瓦瓦州的华侨代表参加成立大会，并一致通过了《墨西哥西北地区华侨联合总会章程》和《墨西哥西北地区中国和平统一促进会章程》。章程规定，将广泛联合和团结本地区华侨华人社团，高举中国和平统一大旗，共赴祖国促统大业，并积极推动中墨两国政治、经济、文化等领域的交流。全国人大华侨委员会办公室、中国外交部领事司、中国国务院侨办、中国侨联等纷纷发去贺电表示祝贺。①

上面所说的华侨华人社团，虽然是在华侨华人集中居住的地带，但基本上是属于地方性的（墨西哥西北地区）。此外，还有的社团是属于全国性的，这里且综合百度百科等网上资料作一简介。

墨西哥北部边境各埠的华人团体中，历史最悠久者非“中国洪门民治党”各分部莫属。据记载，1914 年便有洪门人士朱昌业、黄寿南、周道锡、李道经等在墨西卡利市开设致公堂堂址，用作议事场所。于是，各国致公堂于 1946 年举行五洲恳亲大会，改组为洪门致公党，总部设在墨西哥城，之后又改称洪门民治党。其宗旨是团结全墨华侨，互助互利，谋求生存与发展。洪门民治党自成立后积极发展分会，最多时在全墨西哥设有 15 个分支机构，会员达数百人。下加利福尼亚州支部设在华侨华人聚居的墨西卡利市，下设墨西卡利、蒂华纳和恩塞纳达 3 个城市分部。1972 年中墨建交后，该党主席李拒南即通电全墨西哥民治党分部，悬挂五星红旗，拥护中华人民共和国。

墨西哥中国同盟会成立于 20 世纪初期。孙中山于 1895 年在日本成立兴中会（后改名为中国同盟会），在世界各地设立许多分会，墨西哥中国同盟会即其中之一。其成立后，积极支持孙中山的革命活动。中国同盟会改组为中国国民党后，1924 年墨西哥中国同盟会也随之更名为中国国民党驻墨西哥总支部。最多时在全墨各地设立 37 个分支部。1934 年总支部撤销，分设 5 个直属支部，下分 33 个分部。1972 年中墨建交后，该组织日益式微。目前关于该组织的后续信息不详。

若说业缘性华侨华人社团组织，要数墨西哥中华商会较早。它成立于 1914 年夏天，其成员以祖籍广东、福建的商业界人士为主体。旨在加强联络，推进商务，共谋发展。该商会自成立以来，致力于为华侨提供出入境方便，协助办理有关手续；为新华侨举办语言（西文）培训班，谋求职业；举办华文学习班，为华侨华人子女提供学习华文的机会。黄宽焯曾任该会主席。

历史较早且较有影响的业缘性组织可举“全国超市与百货业协会”为例。现“李氏超级市场”董事长、祖籍广东中山的第二代华裔胡安·曼努埃尔·李

① 《墨西哥西北地区华联总会暨和统会在蒂华纳市成立》，中国侨网，2006 年 1 月 19 日。

为会长。他六年中三度荣登会长宝座（最近一次是 2008 年）。“李氏超级市场”目前是墨西哥排行第二的连锁超市，在各大城市开设 155 家分店，尤其在中部各州与北部美墨边境的城镇，“Ley”字的招牌随处可见。该协会在墨西哥各地拥有 122 个会员企业，在若干中美洲国家也成立分会，对墨西哥零售市场的影响举足轻重。[①]另一说它是全墨连锁集团中排行第三的，在 43 座城市里拥有 153 家分店。旗下还有大型农场、房地产公司，还有两支职业棒球队，员工超过 22 000 人。

胡安·曼努埃尔·李的祖父母于 1898 年移民墨西哥的马萨特兰，并在那里生下了他的父亲李照开。祖父母在墨西哥住了 6 年后就带着孩子重返故里。李照开 11 岁那年与父亲发生龃龉而离家出走，在某港口混上一艘货轮，竟又漂洋过海回到他的出生地马萨特兰。不懂西班牙语又身无分文的李照开靠挑煤沿街叫卖养活自己。稍长，学得一手厨艺。1922 年到墨军将领奥夫雷贡帐下为伙夫，以美味的中国菜肴博得将军青睐。未几，墨西哥革命爆发，奥夫雷贡平定内乱有功，当选总统。“御厨”李照开谢绝跟随将军到首都之邀，但得允在锡那罗亚州承包军队后勤供应，赚了大钱，成为百万富翁。不久，排华风起，李照开避居邻近的杜兰戈州。他最要好的墨西哥友人拉菲尔·龚萨雷斯劝他将钱财存进银行以策安全，李照开言听计从，不料龚萨雷斯弄计将其财产全部转归自己名下。李照开哑巴吃黄连，被迫从零开始另谋生计。时杜兰戈州发现高质金矿，李照开便搜集采金人丢弃的废渣进行二次淘洗、筛选，竟也从中取得黄金。于是他又逐渐积得钱财，于 1953 年开“李氏杂货店”。从 1953 年到 1967 年，其杂货店从一家增加到三家，愈做愈大，并在锡那罗亚州首府库利亚坎站稳脚步。李照开因劳碌过度，69 岁撒手人寰，由长子胡安·李掌门。胡安·李没有辜负父亲的期望，将“李氏超市”的旗帜插遍墨国北部与中部各州。1999 年以来，集团发展的势头最猛，几乎每年新开 10 家分店，“李氏”已成为许多墨西哥城镇的地标。超市用“就近、完全、适时”为口号，以价廉物美吸引各阶层顾客，终于成为墨国第三大零售巨头。李氏家族传人保留着与政界的传统联系，胡安·李的弟弟李子文一直从政，2006 年出任墨西哥驻中国大使。胡安·李也曾作为墨西哥总统访华代表团的正式成员多次访问北京。[②]

墨西哥华侨救国游艺社是由墨西哥华侨组建的早以落下历史帷幕的文艺团体，约创立于 1937 年中国抗日战争爆发之后。该社以通过文艺活动，发动华侨支援抗日为宗旨。其曾演出话剧、粤剧及歌舞 30 余场次，筹款墨币 7 万余元，汇回祖国救济伤兵难民。中国抗日战争结束后宣告结束。游艺社虽然具有高度的

---

① 《黄沃沛当选墨西哥提璜纳侨协主席》，（美国）《世界日报》，2008 年 1 月 1 日。

② 《墨西哥华裔“李氏超市”成墨国地标》，（美国）《世界日报》，2009 年 2 月 5 日。

“专属性”，存在的时间也短，但它留下的光荣和辉煌将照耀千秋。

墨西哥华侨妇女会是墨西哥华侨总会的团体会员，成立于1977年。其宗旨是团结华侨华人妇女同胞，互助互爱，提高妇女的社会地位和家庭地位。该会自成立以来，经常举行联谊活动，如合唱、跳舞、时装表演等，以增进会员之间的交流，并积极协助华侨总会举办华文班，为华文班义务教学，义务辅导刚移居墨西哥的华侨家属学习西班牙语言。每逢春节、端午节、中秋节、国庆节等中国节日，协助华侨总会举办各种庆祝活动。该会具有“总会”的性质，在华侨华人聚居的地方还设有分会。例如，墨西卡利市便有“墨西卡利华侨妇女会”。此会于20世纪80年代初成立于墨西卡利市，为墨西哥华侨妇女会的团体会员。该会自成立以来，比较重视开展妇女同胞联谊活动，支持侨界女性走向社会谋求生计，提高家庭地位，还常利用中国传统节日开展多种联欢活动。

墨华社团于1980年成立于墨西哥城。主席越崇喜。该社团自成立以来，通过各种喜闻乐见的形式，广泛团结墨西哥华人，传播中华文化，推动华人为增进中墨两国人民的友谊作出努力。

墨西哥中国和平统一促进会是全墨华侨华人“反独促统”的政治组织，2002年1月23日在墨西哥城宣布成立。旅居墨西哥的华侨华人各界代表200多人举行大会，并一致推选伍群洽为促进会会长。来自中南美洲一些国家的中国和平统一促进会代表也出席了这次大会。大会还宣读了《墨西哥中国和平统一促进会宣言》。宣言表示，该促进会将与世界各地的促进会加强联系，共同努力，将“反独促统”工作进行到底。伍群洽会长在会上发言时指出，促进会的成立标志着墨西哥华侨华人爱国力量的凝聚，标志着世界上又多了一支“台独”的送葬队伍。①

2005年6月，“南美洲中国和平统一促进会2005年墨西哥大会暨首届美洲华人墨西哥联谊大会”在墨西哥首都举行。此次大会联合了中南美洲17个国家和地区的华侨华人组织。美洲中国统一促进会联合总会分布在美洲各地的12个统促会派出代表出席。据了解，出席会议的还有中国高级代表团。上海歌舞团特别派出庞大的演出队伍，为与会代表和墨西哥当地市民表演《秦俑魂》、《金舞银饰》及台湾民族舞蹈等。为宣传此次盛会，主办单位邀请当地的广播电视报纸等新闻媒体，跟踪报导大会的活动，并以当地语言向墨西哥政府官员及市民宣传介绍台湾问题的由来，使“台湾是中国的一部分”的观念深入人心。②

值得一提的是，居住着数万华裔的墨西哥边境城市蒂华纳与墨西卡利，2005年同时成立中国和平统一促进会地方分会。青年企业家刘可伟与周冠辉被推举担

① 《墨西哥华侨华人成立“中国和统会”》，中国侨网据《华声报》讯，2002年1月25日。

② 《“南美洲统促会墨西哥大会”在墨西哥市举行》，中国新闻网，2005年6月19日。

任两个分会的会长。两个分会涉及墨美边境4个州（北下加州、南下加州、索诺拉州和奇瓦瓦州）。四州面积占全国总面积近1/4，华侨华人数量占全墨华侨华人总数的70%。两个分会成立大会在蒂华纳“敦煌”酒家举行。两分会将在墨西哥下加州中国和平统一促进会的组织领导下开展各项活动。刘可伟来自广州，毕业于广州外国语学院西班牙语系，时为“蒂华旅行社”董事长，并兼蒂华纳华侨协会秘书长。周冠辉原籍广东省恩平市，为墨西卡利餐饮业者，同时是墨西卡利中华会馆理事。①

如上所述，墨西哥华侨华人社会以传统华人为主，但新移民也为数不少，因此也有类似的以新移民为主体而建立起来的社团。下面是几个以新移民为主体的社团。

一是墨西哥华侨协会，会员以20世纪70年代以来抵达墨西哥的新移民为主体，会址在墨西哥城。以团结侨胞，互助友爱，共谋发展为宗旨。该协会自成立以来，重视维护侨胞权益，兴办公益福利事业，为新移民排忧解难，谋求职业。

二是墨西哥中华企业家协会和墨西哥浙江企业家商会，于2010年6月26日在墨西哥城喜来登酒店正式宣告成立。中墨双方企业家和各界友好人士约200人出席了商会成立仪式。成立大会上，协会主席、商会会长包容林在成立仪式上说，中国和墨西哥同为二十国集团成员，近年来双边贸易发展势头良好。中国如今已成为墨西哥的第二大贸易伙伴，墨西哥也成为中国在拉美的主要目标投资地。成立协会和商会的主要目的是在墨中两国经贸关系蓬勃发展的情况下，更好地促进两国间的相互投资，把更多的中国企业引入墨西哥，与此同时介绍墨西哥知名企业到中国投资，为促进两国间的经贸关系贡献力量。②

将两个协会捆绑在一起的做法，在世界华侨华人社团中还是初见。这当然是现实的需要，也反映出该协会的主体成员是来自浙江的华商。它是在墨的浙江企业家经过长时期酝酿、筹划成立的自己的组织。据悉，在墨浙商大多从事进出口贸易。浙江企业家商会吸纳了在墨西哥的浙商精英以及来墨西哥投资的企业，商会将借助民间友好商会组织优势，推进中墨经贸务实合作和民间友好交往。中国驻墨西哥大使殷恒民出席了当天的成立仪式并致辞，他称赞在墨西哥浙商的奋斗拼搏和创业精神，希望协会努力团结凝聚在墨西哥浙商力量，成为进一步凝聚在墨西哥商户力量的平台，为促进中墨经贸合作与两国友好关系作出贡献。③

三是墨西哥中国华人商会，是2001年2月14日在中国驻墨西哥大使馆商务

① 《墨西哥“统促会”成立下加州两分会》，（美国）《世界日报》，2005年12月24日。

② 于昕怡：《墨西哥中华企业家协会和墨西哥浙江企业家商会成立》，国际在线，2010年6月28日。

③ 曾平（今日中国驻墨西哥记者）：《墨西哥中华企业家协会、浙江企业家商会揭牌》，中国网，2010年6月29日。

处宣布正式成立的。它被称为华侨华人在墨西哥成立的首个具有广泛代表性的非官方组织。墨西哥中国华人商会被中华人民共和国国家外国专家局批准境外培训机构（编号255202）。商会是面向中国对墨西哥的商务活动的：①定期为会员举行商业、文化及法律知识等讲座，组织和举办学术研讨会、大型文化交流和文化联谊等活动；②为来自中国的企业、政府机构的团组提供在农业、林业、水利、汽车制造等各方面的商务考察、项目合作、专业培训、业务咨询、生活接待的服务；③为中国赴墨西哥考察及培训团组设计考察和培训课题内容，并根据团组项目要求，安排墨西哥的专家为团员上课，并安排团组考察墨西哥的政府部门、研究机构和知名企业等。显而易见，商会特别重视从国内的引资招商、商务参展、商务考察和专业培训等活动。从上面的业务可以看出，该商会的主要成员应是新移民。

商会设有培训中心，有固定的办公、培训和活动场所，并且有开展教学培训和学术交流的各种设施。墨西哥华人商会不仅得到了中国驻墨西哥大使馆（各个部门的参赞都是商会的名誉会长）和墨西哥驻中国大使馆的大力支持和帮助，而且也得到了墨西哥政府和科研教育机构友人的大力支持。商会与地方政府的相关部门和科研教育机构以及当地的媒体新闻单位有着良好的密切合作关系，如墨西哥投资委员会、内政部、墨西哥发展建设部、墨西哥经济部、墨西哥能源部、墨西哥国家自治大学、墨西哥理工科大学、墨西哥学院、蒙特雷科技大学、墨西哥国家会计协会、墨西哥演员及艺术家协会等。根据该商会的对外宣传资料，它还有充裕的可供接待来自中国的各式代表团和人物的设备和丰富的接待经验。由此可以判断，接待也是该商会一项重要的业务。实际上，毋庸讳言，中国出访外国的各种各样的官方和非官方访问团，很多是由目的地的华侨华人社团安排的。在一定意义上，这也是海外华侨华人社团作为桥梁和纽带重要的一种体现。而在这方面，近几十年间出去的新移民及其组成的新社团的优势是传统华人和老社团所难以企及的。

最后应提到一个新老侨民兼容的社团——墨西哥华侨华人社团联合总会（简称墨华联，西文名为CONFEDERACION GENERAL DE ASOCIACIONES CHINAS EN MEXICO，A. C.，缩写CACHIMEX）是由华侨华人和其后裔组成的组织。该总会现由墨西哥中国和平统一促进会、墨西哥中国人总商会、墨西哥华人社团、中华会馆（Tampico）、中国团体会（Coahuila）、墨西哥中国学生学者联谊会、墨西哥华夏中文学院、南下加州华侨华人协会、索诺拉华侨协会、墨西卡利中华会馆、瓜达拉哈拉龙鹰华人社团共11个社团组成。既然如此，其成立时间可能是在最近几年，新移民在其中很可能扮演关键性角色。联合会领导集体每两年选举一次，可连选连任。总会规定，所有成员必须在当地合法注册，没有不良记录，按时交纳会费，遵守联合总会章程及积极参加联合总会组织的各项活动，并在联合总会统一协调下在当地或本行业组织活动或宣传，遵守所在国法律法规，加强与当地官方机构的联系和与当地民众的接触与交流，努力争取融入主流社会。该会自成立以来，在促进交流与合作、传达墨政府的法律法规、举办各项活动丰富华人华侨的海外生活、增强华人凝聚力、保护华人利益、传播爱心和平、促进祖国统一大业等方面做了许多工作。

墨西哥华侨华人联合总会旗下有一个艺术团，是一个志在海外弘扬中华文化艺术的业余组织。总监龚其朝。成员有中学生、大学生、老师，还有商人等。由于人员分散，工作紧张，艺术团乃因地制宜，采取分散排练的方式开展工作，即先把任务布置下去，去派一些人做相应的检查。有的较大的集体性节目则约人定时集中排练，周五和周末经常是排练的“黄金”时间。节目内容及风格多种多样，以民族特色的居多，使用乐器也富有民族特色，如葫芦丝、古筝、二胡等。

该艺术团成立的时间不长。2011 年 5 月 29 日，第三届墨西哥城友好文化博览会在墨西哥首都墨西哥城落下帷幕，墨西哥华侨华人联合总会艺术团在博览会艺术中心举办了专场演出，这是该艺术团首次亮相献艺。整场演出 10 多个节目，充分展现了中华文化的博大精深。演出除了京剧外，还包含中国民歌、民族器乐和民族舞蹈等多样元素，令现场观众不停叫好。尤其是一群华人少年表演的抖空竹，更是引起了墨西哥观众的强烈反响。①

三、林林总总的文化盛宴

1.“中华美食”与“中餐文化”：挡不住的诱惑

墨西哥的华侨华人文化可以从“中餐文化”说起。其历史可以上溯到第二次世界大战期间。这也是墨西哥华侨华人时来运转的时候，其转折点是在 1941 年 12 月 7 日日本偷袭珍珠港和美、英、荷在太平洋的各个属地之后。“珍珠港事件”导致包括中、墨在内的同盟国一同向日、德、意宣战。当时美国因战争之需，将圣迭戈军港变成重要的军事物质供应地及后勤保障地。蒂华纳紧靠将圣迭戈，得天时地利之便，变成了一个消费型和周末旅游型城市。于是，华侨华人各行业纷纷进行“经济转型”，即弃农从商，向服务性行业发展，“转型”的结果富有戏剧性：最终几乎一边倒地转向优势独具的中餐馆业，中餐进而发展成一枝独秀的文化产业。因此，该地区的华侨华人遂责无旁贷地负起了推广和根植中餐文化之责。华侨协会更是顺水推舟，积极扶助，每逢元旦、春节、青年节、国庆节、总统寿辰等节日，均举行庆祝与聚会活动，间或放映国产片以助兴。清明拜

① 陈璐、陈寅：《墨西哥华侨华人联合总会艺术团首次献艺》，中评网，2011 年 5 月 30 日。

祭先人仪式更是备受重视。若有来自国内的各种团组到访，必先通知侨胞，热情接待，以尽地主之谊。[①]“中餐文化”遂一路风生水起，至今不衰。据梁权暖说，他 1980 年来墨西哥时，蒂华纳只有 20 多家中餐馆，而现在已经有了 200 多家。华侨华人人数也从 200 多人增加到了现在的 3 000 多人。以前过春节时，他们只能偷偷地在华侨协会里放鞭炮，而现在华侨协会组织的春节联欢晚会，州政府、市政府都要派代表参加。[②]

墨西卡利的“中餐文化”烙印刻得更早更深，不过，这里最早的“中国元素”却是令人毛骨悚然的白骨和骷髅。当年最早到达墨西卡利的中国人是受雇于美国红河开发公司的一批广东籍劳工，他们利用科罗拉多河引水渠引来科罗拉多河水，在墨西卡利开垦棉花地。墨西卡利因为盛产棉花而逐渐富裕起来，棉花成为该市的象征之一。但当时墨西哥北部一带干燥炎热，黄沙滚滚，只有顽强的剑麻与仙人掌才能存活。几乎每开垦 10 万平方米的棉田，就有一名华人劳工死去。渐渐地，随着华侨华人人数的增加，也由于当地经济的转型，墨西卡利的“中国元素”中，才多了带有几分血泪几分温馨的“中餐文化”。到 1918 年，墨西卡利几乎成了一座中国城，在这生活的华侨华人有 35 000 多名，而墨西哥当地人只有 3 000 多人。此后世事变迁，墨西哥调整政策，红河开发公司被迫关闭，当地华侨华人也开始从农业转向经营餐馆以及鞋店、公司等行业。目前，华人在墨西卡利经营 130 多家中餐馆，还开办大型超市、成衣批发中心、中国食品批发中心，也有侨胞经营货币兑换业务以及建筑业、房地产业等。今天的中餐已经成为当地美食，早已没有血泪与艰涩，有的只是浪漫与甜蜜。在诸如龙楼酒家、敦煌酒家等多家中餐馆就餐发现，就餐的多数是当地人。据说，现在的华人企业为当地解决了 6 000 多个就业岗位。[③]

近年来，由于来自祖（籍）国的“美食文化”支持，驰名墨西哥的“中餐文化”更是如虎添翼。据报道，2011 年 10 月，中国国务院侨办中华厨艺美洲团在墨西哥就掀起了一场“中华美食的旋风”。承担中华厨艺美洲团培训表演任务的是被誉为“食在广州第一家”的广州酒家，该酒家选派了 5 名经验丰富的高级厨师，开展以粤菜为主的厨艺培训和表演。

该团先是在墨西哥城举办了第一场活动，接着来到蒂华纳市。据说当时蒂华纳亚洲城餐馆像过节一样热闹，到处张灯结彩，雄狮起舞，乐队奏起了墨西哥和中国民歌，还有美味佳肴和中国名酒，让人流连忘返。当地政府要员、社会名

① 刘可伟主笔之上揭书。
② 许宏治：《凝聚三千华人力量——记墨西哥蒂华纳市华侨协会》，《人民日报》，2004 年 2 月 3 日。
③ 唐书彪：《欧阳民：致力于中墨文化交流的热心人》，中国网，2011 年 10 月 21 日。

流、各国驻该市领事官员和代表、墨西哥各地市侨团主席和负责人及当地新闻媒体记者纷纷前来争相一睹中国厨师的风采。宴会上共出品十一道经典粤菜，包括金玉满华堂四色拼、金牌三色龙虾、八宝冬瓜盅、金鸡展翅、白雪藏龙、麒麟蒸海斑、一品天香、椰林海中宝等经典粤菜，展示了粤菜取料广泛、花样繁多、质味交融、重清求鲜、淡中求美等独特的饮食文化魅力。从第一道菜到最后一道菜，墨西哥贵宾和华侨华人都赞不绝口，在赞叹中国美食的同时，也赞叹广州酒家大厨们的精湛手艺。原定 100 人的宴会增加到 150 人，后又增加到将近 200 人，厨艺表演台前挤满了中外宾客，闪光灯不停闪动，人群中发出一阵阵赞叹之声，墨西哥贵宾一致认为这是一场中国美食的盛宴。紧接着，南狮起舞，墨西哥乐队高奏民歌。蒂华纳市长代表、市经济发展局局长相继发言表示，中国美食文化悠久，能够参加此次盛宴倍感荣幸，希望通过此次活动促进两国经贸往来。蒂华纳华侨协会主席吴耀培致辞时也表示，这是墨西哥建国以来首次在蒂华纳举行的中华厨艺展示，在离祖国这么遥远的地方能吃到那么正宗的粤菜，令人感到非常高兴和振奋。① 其实，除了美食的“色、香、味”享受外，还有一层经济意义是尽在不言中的：全球金融风暴以来，当地的中餐馆生意逐步下滑。这次中华美食盛宴，犹如为当地中餐馆注入了一针“强心剂”，振奋人心，带旺了生意。经济与文化，就是这样相辅相成、相得益彰。这次中华美食盛宴对华侨华人的文化支持与经济支持，也是如此水乳交融、一举两得。

2. 前景美好的华文教育与孔子学院

1941 年 8 月 24 日，蒂华纳华侨协会发起成立了由华侨协会、国民党分部、致公堂、联胜堂成员及学生家长组成的第一届华侨小学校董会。首任校长兼教员为梁经祥，首批小学生有 30 多名。在华侨协会的大力支持和配合下，华侨小学秉承有教无类的办学原则，使所有曾受过中文教育的人受益匪浅。华侨小学也曾数次出现过满堂求学的喜人景象，也曾因生少而停课。但由于地处墨美边境，师资稀缺多变，生源参差不齐，加上多种因素造成华侨小学办学屡有停顿，后劲乏力。传统式的单纯填鸭式母语教授，只能满足侨生语文基础入门的需要，追求以中华文化育人育德的目标未能达到。摆在蒂华纳举办海外华文教育的前景，从一开始就难以依靠华侨协会自身单一的力量所能承担和解决。②

早年的墨西卡利中华会馆里有一所中华学校。中华会馆的历届主席都非常重视海外华人后代的中文教育。它是周如超先生在中华会馆建成后创办的，旨在让墨西卡利的华人子女不忘中文。每当周末，在中华会馆总能传出一至六年级的学

① 李馨：《墨西哥蒂华纳掀起中华美食旋风》，广东侨网，2011 年 10 月 14 日。
② 刘可伟主笔之上揭文。

生朗读中文的声音。后来学校的教学内容又从刚开始的中文扩展到数学和音乐。中华会馆主席周冠辉说，从中华学校毕业的孩子们在墨西哥或者美国学校成绩总是名列前茅，在中华学校的学生守则中，第一条便写着热爱祖（籍）国、热爱侨社。

墨西哥过去的华文教育基本上是靠社团的孤军奋斗，没有华侨华人社会的总动员与高度参与，也没有经济实力作后盾，时而中断，难以持之以恒。这些问题的解决，需要华侨华人社会的积极参与，需要祖国侨办等部门的多方面支持和配合，当然，最重要的是，在中国崛起背景下墨西哥前所未有的华文教育大环境的形成。总的来说，墨西哥华文教育的土壤是肥沃的，华文教育的前景是十分美好的。

1999 年，旅居墨西哥的中国学者及华侨华人创立了墨西哥第一所公益型的中文学校——“华夏中国文化学院”，其主要宗旨是开展汉语教学，推广中华文化。据后来的墨西哥城孔子学院院长周玲燕说，“华夏中国文化学院”起源于“华夏中文学校”，而华夏中文学校原先只是“几个华人妈妈自发把孩子集中在一起，自己当老师教汉语”的所在。华夏中文学校一开始有 30 个孩子，全是华人的子弟。随着中国经济飞速发展，在国际上地位提高，汉语和中国文化逐渐进入墨西哥人的生活，越来越多的墨西哥家长意识到让孩子学中文的好处，就找到了华夏中文学校。华夏中文学校由是生机勃发。接着，学校开设了“华人班”和“墨西哥孩子班”。学校成立 4 年后发现，所开设的这几个班难以满足学生需求，于是，就创办了华夏中国文化学院，教学也更加专业化。① 多年来，在中国驻墨西哥大使馆和中国国家汉语国际推广领导小组办公室的支持下，该校一直积极发展海外华文教育。

墨西哥汉语教育的一个突出之处是当地学生的就学积极性高，入学率高。就华夏中国文化学院来看，其学生除旅墨华侨华人子女外，目前正有越来越多的墨西哥人积极向该校申请入学。华夏中国文化学院的墨西哥裔学生日益增多，并逐渐超过华裔学生人数。而据 2011 年的消息，目前墨西哥约有 15 个州 27 所学校的 2 500 名学生在学习汉语和中国文化，比 3 年前增加了 5 倍。②

2006 年，墨西哥汉语教育迎来了突破性的一年。当年，中国国家汉办推出了孔子学院项目，计划在墨西哥设立孔子学院，周玲燕的华夏中国文化学院成为首选。2006 年 2 月，墨西哥孔子学院由墨西哥城华夏中国文化学院与中国国家汉

① 《传播中国文化的使者——访墨西哥城孔子学院院长周玲燕》，网易（来源：新华网），2011 年 3 月 8 日。

② 《墨华夏中国文化学院举行建院八周年庆典》，新华网，2007 年 6 月 10 日。

办签订合作协议后筹建成立的，由时任国务委员的陈至立授牌，到同年 11 月 22 日由国家汉办主任许琳揭牌。墨西哥城孔子学院一开始便一鸣惊人、非同凡响：它是拉美地区成立的第一所孔子学院。又据报道，2009 年 8 月，墨西哥蒙特雷科技大学与中国国家汉办签约建立孔子学院；2009 年 11 月 22 日，墨西哥华夏中国文化学院、墨西哥国立自治大学和墨西哥奇瓦瓦州自治大学分别与中国国家汉办签约建立孔子学院；2009 年 11 月 24 日，中国国家汉办又与尤卡坦州自治大学签约建立孔子学院。这样，墨西哥就有 5 家孔子学院。①

墨西哥城孔子学院的一个创新之举是在 2007 年 6 月 9 日华夏中国文化学院八周年庆典上，有一个别出心裁之举，即“墨西哥城孔子学院推广会。”到 7 月 23 日，经汉办推荐，墨西哥华夏中国文化学院与北京潞河中学签署了合作开办孔子学院的协议。2007 年 8 月 17 日，孔子学院理事会正式成立，任命了孔子学院院长。2007 年 12 月，孔子学院启动资金到位。孔子学院在 2008 年 9 月起正式招生。据说在第一个学年，墨西哥城孔子学院学生人数便由开始的不到 100 人增加到了 200 人以上，同时在多所著名的墨西哥中小学开设了汉语学习班。② 墨西哥城孔子学院已经从开始时仅有几十个华人孩子的“家庭式”中文讲堂，到目前拥有 1 500 名学生的著名学院。③

同拉美很多国家一样，墨西哥城孔子学院也是该国开展中华文化活动的重要基地和承办者。例如，每年的秋季，墨西哥都举办中国文化节。2011 年的中国文化节，就以“墨西哥华夏中国文化学院暨墨西哥城孔子学院”的名义，在墨西哥城华雷斯区索莱尔兄弟广场隆重举办。墨西哥城孔子学院还编排了丰富多彩的节目。活动得到了中国驻墨西哥大使馆及华雷斯区政府的大力支持。墨西哥城孔子学院师生、旅居墨西哥的侨胞、留学生代表及墨西哥民众共 1 000 余人参加了整个活动。从文艺演出来看，不仅有中国精彩的民族舞蹈，还特别准备了由本地学生编排的墨西哥传统舞蹈，让人清晰地感知到不同的民族文化共性；整场表演，既有机地融入了中华文化元素，又注重娱乐性、可观赏性、互动性和平民性，令人感到新颖独特，印象深刻；中国汉字文化的博大精深，令墨西哥观众为之赞叹；乒乓球、画脸谱、踢毽子、剪纸、舞龙舞狮等来自中国民间的艺术形式，极容易为墨西哥观众所接受，更有爱好者参与其中；太极拳、中国功夫，观众的痴迷程度超乎想象，吸引着众多墨西哥市民；孔子学院教师还展示了中国传统茶道。此外，还播放了很多中国文化宣传片和中国电影。文化节期间，还与中国驻墨西哥大使

① 《推广汉语教学传播中国文化 墨将成立 5 家孔子学院》，中国网，2009 年 11 月 24 日。

② 墨西哥城华夏中国文化学院网站。

③ 《传播中国文化的使者——访墨西哥城孔子学院院长周玲燕》，网易（来源：新华网），2011 年 3 月 8 日。

馆联合举办了《世纪回眸——纪念辛亥革命100周年图片展》。历时3天的文化节，每天都吸引了上千名的墨西哥民众，当地最有影响力的媒体对其进行了报道。[①]

从拉美各国孔子学院的运行情况来看，孔子学院不仅是一所教授中文的语言学校，更是一座传播中国文化的桥梁。具体来说，就是除了搞好汉语教学工作之外，还要承办文化活动，展示中国艺术。就墨西哥城孔子学院来看，至少有两个常态化的文化活动是少不了的：一是春节联欢，让孩子和家长一起参加游戏、包饺子、演节目，提高孩子学汉语的兴趣；二是中秋会，举行秋季文化节，每个班都要表演节目，墨西哥家长们可以看到自己的孩子说中国话，跳中国舞，朗诵中国诗歌等。[②] 2007年，孔子学院有一个大动作，就是和墨西哥中华文化学院、中国商会、中华会馆3个华人社团一起筹建了一个名为“墨西哥中国节日”的机构。在2008年2月组织了一次墨西哥城市中心空前的中国春节花车游行，向墨西哥人介绍中国的传统节日。以后，“墨西哥中国节日”还会组织“粽子节”、“中秋节”，向墨西哥人展现中国的方方面面。[③]

3. 中墨两国科学教育文化交流

墨西哥是拉美国家中与中国文化交流最多的国家之一。2000年9月，《帝王时期的中国：西安王朝》大型文物展在墨西哥数十个州、市举行。2001年《玛雅文明展》在广州、西安、北京、上海展出。2003年4月24日，第二届“中国文化周”开幕式在墨西哥参议院大厦举行。墨西哥参议院议长恩里克·哈克松、墨西哥学院亚非研究中心主任欧亨尼奥·安吉亚诺、中国驻墨西哥大使李金章以及约200名参议员出席了开幕式。随后，哈克松参议长在李金章大使陪同下参观了在参议院展厅里举行的作为本届“中国文化周”内容之一的《20世纪中国最重要的100项考古发现》图片展，以及在展厅里陈列的8套京剧服装。“中国文化周”期间，还举行了关于墨西哥和中国双边关系史、中华人民共和国的政治制度、中国文化、中国对外政策等专题的报告会，并在议会电视台播放了关于中国的录像片。

2003年6月13日下午，墨西哥国立自治大学外语教学中心内，大红灯笼高高挂，如雷掌声阵阵传。第二届“汉语桥”世界大学生中文比赛墨西哥赛区的预赛在这里举行。参加比赛的有来自墨西哥学院、墨西哥国立自治大学外语教学

① 《墨西哥城孔子学院举办第3届秋季中国文化节》，中国新闻网据国家汉办网站消息，2011年10月18日。

② 《传播中国文化的使者——访墨西哥城孔子学院院长周玲燕》，网易（来源：新华网），2011年3月8日。

③ 张蕾：《中国文化走出去，采访墨西哥孔子学院》，环球网，2007年12月21日。

中心等学校的7名选手。学校的领导和中国驻墨西哥大使馆官员等也到场为选手们加油。比赛内容包括汉语语言能力、中国国情知识和中国文化技能等三个方面。汉语语言能力的比赛通过演讲的方式来进行。7位选手在演讲中表达了一个共同的心声：热爱汉语，热爱中国。两国在教育领域的交流很多，不一一列举。

作为两国重要文化交流平台的“墨西哥中国展”，目前已经成为中墨两国拓宽经济文化交流的最重要平台之一。例如，2009年的“墨西哥中国展”由墨西哥华侨华人社团联合总会、墨城业主联盟、墨中科技商会和墨西哥国立自治大学中墨研究中心等联合主办，于11月5日在墨西哥首都墨西哥城世贸中心拉开帷幕。中方参展和观展的单位接近60家，墨西哥方面参展的单位有100多家，共有270个展位①。2011年“墨西哥中国展”由墨西哥华侨华人社团联合总会、墨西哥内政部地方发展总署、墨城业主联盟以及墨西哥国立自治大学墨中研究中心联合主办，一共吸引中墨双方近300家企业和团体参展。参展领域包括旅游、商贸、文化、科技、电信、环保、矿业、渔业、建材、装饰和医化等。为推进亚太地区新兴经济体的多元互动，主办方还特意邀请韩国、菲律宾、泰国、秘鲁等十几个太平洋沿岸国家的场商前来参展，每日参观者超过一万人次。许多第一次来到墨西哥参展的中国企业展台前迎来了大量外国客商采购洽谈，生意兴旺。“环保”是贯穿此次展会的关键词。由北京环境卫生工程集团有限公司展出的两款新型垃圾环卫车不一会工夫就吸引了众多墨西哥官员、企业家和普通百姓前来参观问询。“墨西哥中国展”是为中墨间广泛交流、深入了解搭建的一个具有里程碑意义的平台，意义非比寻常。

4. 庆祝华人节日，弘扬中华文化

传统文化是墨西哥华侨华人最亮丽的名片，而这张名片上最应该绘画上去的文化“地标”，就是墨西卡利市现存的唐人街、中华会馆、中华学校等具有中国文化色彩的机构和建筑。这些机构和建筑不仅是属于华侨华人的，同时也已成为当地社会与文化的组成部分。这一说法现在已经得到当地墨西哥人的认同。该市文化局局长费尔南多·菲利克斯说，中国元素已经融入了这座城市，成为它的一部分。每年10月上旬，墨西卡利都要举办一次全市民众狂欢的太阳节，2011年是第36届。这一年，墨西卡利当局头一次邀请华人社团大规模参加太阳节活动。显然，此举既是对华侨华人在墨西卡利创建与发展过程中的重要贡献的充分肯定，也是墨西卡利多元文化的一个体现。而今，当地人都认同华人是墨西卡利市100多年前最早的拓荒者，对该市的建基和发展做出了艰辛的努力。华人因此受到当地民众的普遍尊重。

---

① 《墨侨团主办“2009墨西哥中国展”11月初举行》，南通新闻网，2010年3月2日。

当地也有越来越多的墨西哥民众学习中国文化。参加2011年太阳节中国展区表演的所有演员，都是在中国文化中心学习的墨西哥学员。他们每天表演两场共20多个节目，包括舞龙舞狮、滑稽戏、火棍舞、杂技、太极拳等，充满浓郁中国文化色彩的节目吸引了大量观者驻足欣赏。太阳节历时16天，他们要演出和表演300多个节目。

通识中墨文化的华侨华人精英也主动融入当地，担负起文化使者的角色。欧阳民是其中杰出的一例。他是墨西哥西北地区华侨联合总会常务副会长，这是他众多头衔中他最看重的一个。1988年，他在墨西哥墨西卡利创办中国文化中心。他笑说他已记不得20多年来中国文化中心总共招收了多少学员。2011年，该中心还有500名学员。他每年都要组织两个旅游团到中国，每个团都是几十个人，他们来自墨西哥当地各行各业。这些学员自然成为欧阳民组织的中国旅游团的基本客源。去过中国的这些墨西哥人，每年要在欧阳民组织下在墨西哥聚会一次，游中国的经历成了他们生命中不可磨灭的共同记忆。这些人又成了新的文化交流使者。如此一个传一个，一群传一群，犹如“接力赛”一般，使者的队伍就越来越大，对两国文化沟通有百利而无一害。此外，为了让更多的人了解中国文化，欧阳民还在当地出资支持或兴办了好几所中华武术学校。欧阳民说，墨西卡利已经开办了5所中华武术学校，学习者都是当地人。相信他们中不少人也不会拒绝文化使者的角色。①

其实，欧阳民本身就是中墨两种文化交融的产物。他出生在中国，父亲当年跟人到墨西哥打工，娶了教他西班牙语的墨西哥姑娘。20世纪30年代，墨西哥排华，他父亲带着夫人和7个儿女回到故乡中山县，后来生下了欧阳民。再后来，他父亲全家到澳门定居。在澳门，欧阳民学习中国画，毕业后留校任教。20世纪60年代墨西哥调整对华政策后，欧阳民一家和其他一些早年受迫害而离去的华人一样，陆续返回墨西哥定居。此后，欧阳民又接受西洋画教育，他融汇中西画艺术，逐渐形成自己的画风，尤以画马见长。他在当地乃至全墨西哥画坛的名气越来越大，终于有一天，被下加州州立美术学校聘为校长。他先后在墨西哥多个城市以及洛杉矶、台北等地举办画展，每次都引起轰动。墨西卡利公证员阿尔图罗·洛佩斯·科莱亚（ARTURO L PEZ CORELLA）认为，欧阳民是保持墨西卡利华人社区活力必不可少的因素。他多年来一直不遗余力地举办各种文化活动，这为推动墨西卡利的中国人以及有中国血统的家庭更好地融入到当地社会作出了重要贡献，是推动墨西卡利中西文化交流融合的“加速剂”。

移居墨西哥50年，欧阳民已经成为墨西卡利的文化名人，当地州长夫人、

① 唐书彪：《欧阳民：致力于中墨文化交流的热心人》，中国网，2011年10月21日。

市长母亲和文化局长都是他的学生。但欧阳民念念不忘的却是对华人移民史的研究，他出版的西文专著《沙漠之龙——墨西哥下加州华侨沿革史略》，成为墨西哥华人后代缅怀先辈的重要史料。他使用的电脑已经相当过时，但舍不得去旧换新，却愿意把钱财用来收集整理当年华人劳工的生产生活用品。这些东西在今天已经成为文物。欧阳民经常抽空带着自己的几个儿女一起整理那些堆满屋子的旧物件。他始终怀有一个强烈的愿望，就是要两年内在下加州自治大学建成一个“华裔移民博物馆”，帮助世界各地更多的人了解华人在墨西卡利历史上作出的伟大贡献。①

5. 年复一年的中华节日，聚拢着越来越多的当地人

近几年来，重要的中华节日，愈益成为墨西哥华侨华人传播中华文化、加深中墨两个民族的了解和友谊的窗口。节日期间，墨西哥各界华侨华人会以各种各样的形式如举办联欢晚会，舞狮舞龙等，“华洋”同欢。有时还举办诸如推介中国旅游的资料展示窗、中国美食、中国工艺品展销特区等活动，吸引墨西哥人对中国文化的关注。不过，冷静地看，这些年的这类活动仍然是属于启蒙性的，墨西哥第一所专门研究中国问题和中墨关系的中墨研究中心主任恩里克·杜塞尔带着妻子和女儿参加了下列一次联欢活动后说，墨西哥对中国的了解还停留在“初级阶段”，很多人对中国的认识一知半解。2008 年的北京奥运会无疑是一个宣传中国的好机会，中国在墨西哥的机构和华人社团应该多多举办这样的活动，构架起一座墨西哥人和中国人理解和沟通的桥梁。

姑允在诸多此类活动中摄取以下数个镜头：

其一，2006 年 10 月 1 日在首都墨西哥城举行各种趣味体育比赛，既让人们观看中国传统文化表演，同时又宣传了 2008 年北京奥运会，是一次成功的文化活动。据报道，这是主办方墨西哥华侨华人社团联合总会第一次将国庆庆祝的地点搬到室外，并且将活动的主题与北京奥运会紧密联系在一起。在墨西哥城被称作“城市之肺”的查普尔特佩克公园的一角，2008 年北京奥运会的各种宣传画和福娃的形象把公园装点得别有风味，热闹喜庆的气氛也吸引了很多在公园游玩的人。联欢活动持续了近 5 个小时。华侨华人和墨西哥友人饶有兴致地观看了舞龙舞狮表演，主办方准备的拔河、乒乓球、跳绳比赛，以及家庭游戏等活动吸引了众多参与者。②

其二，2008 年 2 月 16 日，墨西哥中华文化学院、墨西哥中国华夏文化学院

① 唐书彪：《欧阳民：致力于中墨文化交流的热心人》，中国网，2011 年 10 月 21 日。

② 《庆国庆，墨西哥华侨华人举行趣味体育比赛》，中国侨网据《华声报》墨西哥城消息，2006 年 10 月 2 日。

暨孔子学院、墨西哥华人华侨联合总会和墨西哥中会馆等单位联合主办了“2008年春节花车游行”，共有20辆花车、27个队伍以及两千余人参加游行活动，每辆花车都有自己的一个主题，包括“锦绣河山”、“万里长城”和“奥运福娃”等。这是一次大规模的以中国文化为主体的花车游行，据称在墨西哥乃至整个拉美地区都是第一次。花车游行的主题是：友谊、爱与和平。目的是：在庆祝春节的同时，展现中墨两国友谊，促进居住在墨西哥之华人和华裔与墨西哥社会和谐共处。游行活动从当天上午10点开始，以墨西哥城著名的改革大道上的天使纪念碑为起点，持续了3个小时。与此同时，在墨西哥城市中心的宪法广场，从16日11时开始将有一场长达5个多小时的精彩的文艺演出。数以万计的人观看了游行及文艺演出活动。[①] 演出以中国传统文艺节目为主，包括“十二生肖大拜年”、“龙的传人”、“老鼠娶亲”、“中国牌楼”、“中国万里长城与墨西哥金字塔”、“孔子”、“奥运福娃”、“嫦娥奔月”等15辆造型精美的花车，以及舞龙、舞狮、高跷、扇舞、武术等精彩表演，中国元素十足，让墨西哥观众大开眼界，博得观众阵阵掌声。[②] 参加表演的20个团体中，既有墨西哥城华侨华人社区组织，也有来自墨西哥、泰国、日本、英国等国的演出团体。现场还放飞了大量红色气球，象征中国春节红火、热闹的喜庆气氛。

其三，2010年，蒂华纳文化中心第一次与外国侨民组织了一次春节联欢活动，吸引了许多观众。活动现场始终洋溢着喜庆、热闹的节日气氛。由墨西哥中华武术馆表演了舞狮和中华武术，美国圣地亚哥华人东方舞蹈队进行歌舞文艺表演等。独具浓郁中国传统文化特色的文艺表演，将春天的气息和中国春节的气氛带给了蒂华纳市民。当地观众非常高兴在蒂华纳看到中国春节庆典活动，看得津津有味，并给予表演者以热烈的掌声。蒂华纳文化中心项目部主任利尔亚纳·里约斯说，这表明大家对中国的兴趣，更重要的是中国飞速发展产生的影响。[③]

其四，为隆重庆祝中华人民共和国60周年，墨西哥蒂华纳华侨协会经当地市政当局批准，在该市中心最繁华的“革命大街”封街搭台，举行一整天的欢庆活动。期间，大街禁止车辆通行，街道两旁将设立近百个零售摊位，供商家租用，售卖中墨两国美食与各式礼品，或提供财务、旅行、文化交流等信息服务。庆祝活动从9月19日上午开始到晚间结束，蒂华纳与墨西卡利等城市的华人社团，组织了形式多样的演出、舞狮舞龙，为节日添彩。[④]

---

① 《墨西哥华人社团将举办“2008中国春节花车游行”》，国际在线，2008年2月7日。

② 刘健：《中国春节花车游墨城：友谊、爱与和平》，新华网，2008年2月7日。

③ 《驻蒂华纳总领事高守坚参加当地举行中国春节庆祝活动》，中国外交部网站，2010年2月16日。

④ 《华社获市府批准，墨西哥小镇封路搭台庆中国国庆》，中国新闻网据美国《世界日报》报道，2009年9月9日。

2012 年是墨西哥和中华人民共和国建交 40 周年。自 2 月份起，一系列隆重的庆祝活动就纷纷在墨西哥和西北部边界各地举行。例如，2 月 25 日，墨西卡利市文化艺术局和墨西北地区华商总会联合举办的庆祝中墨建交 40 周年暨美食节开幕。整个美食节持续了两天，5 000 多民众参加了活动；4 月 9 日，中国驻墨西哥大使馆、新华社墨西哥分社和墨西哥城高等法院共同举办的纪念中国与墨西哥建交 40 周年图片展在墨西哥首都墨西哥城高等法院开幕，图片展将持续一个月；4 月 21 日和 22 日两天，罗萨里托市为庆祝中墨建交 40 周年举办的墨中文化节，分别在市政公园和罗莎瑞托海滩酒店海滩公园举行庆祝活动。中心舞台上墨中歌舞团的舞龙、舞狮、武术、擂鼓、歌舞等文艺表演精彩纷呈，吸引了不少热情的观众。除文艺表演外，活动现场还专辟了《中国西藏》、《中国百姓生活面面观》图片展览。介绍中墨美食、中墨礼品、中墨旅游的摊位摆满了两个活动现场，盛况不亚于嘉年华游园会。据作为承办并牵头组织活动的当地主要侨领之一的中国侨联海外委员、墨西哥西北地区中国和平统一促进会会长刘可伟介绍，未来的隆重庆祝活动还将移师恩西纳达市，最后一站为 5 月 28 日在蒂华纳国家文化艺术中心举行的闭幕式，届时将由多个加州，包括洛杉矶、圣地亚哥和墨西哥的文艺团体同台联袂表演精彩的歌舞武术等节目。① 相关庆祝的活动还不止于此。所有这些，足可表明中华文化在墨西哥弘扬发展的良好前景。

---

① 海黛：《近邻快讯：中墨建交四十周年系列庆祝活动拉开帷幕》，美国华裔教授专家网，2012 年 4 月 24 日。

第二章　大安的列斯群岛

西印度群岛是拉丁美洲的一个大地理区域，包括三大群岛：大安的列斯群岛、小安的列斯群岛和巴哈马群岛。但华侨华人的分布极其不均匀，不同群岛里的不同国家（属地）人数相差殊异，巴哈马群岛（只有巴哈马一个国家）的华侨华人人数甚至只有区区数百人。本章专述大安的列斯群岛，小安的列斯群岛和巴哈马群岛则合为一章，放在下一章叙述。

大安的列斯群岛为西印度群岛中的主要岛群，位于加勒比海北缘，有古巴、牙买加、多米尼加共和国、海地 4 个独立国家。美属波多黎各岛和英属开曼群岛尚未独立。地理上，大安的列斯群岛由古巴、伊斯帕尼奥拉（海地）、波多黎各、牙买加 4 个大岛，以及开曼群岛和众多小岛组成，面积约 21 万平方公里，人口 2 727.3 万（1985 年估计数），占西印度群岛总面积和总人口近 9/10。除古巴岛以平原为主外，各岛均多崎岖山地。

第一节　古　巴

古巴（Cuba）是中国人熟知的拉美国家，古巴华侨史也是最多中国人知道的拉美国别华侨史。至于这个岛国是第一个同中国建交的拉美国家（1960 年 9 月 28 日就与中国建交），中古现代关系的一系列曲折过程，就更不用说了。但是，细心的人们可能很容易察觉，尽管中古现代关系几经峰回路转，但基本上是国家间的双边关系作为主线外加若干条多边支线的交集，古巴华侨却没有被卷进来。当然，这是在中国这一边的观察，而站在古巴那一边，情况就不一样了，生活在岛国上的华侨曾几经风雨洗礼。

古巴的正式名称为古巴共和国（República de Cuba），面积约 11 万平方公里，是加勒比海第一大岛。古巴最早只有印第安原住民。1492 年 10 月，哥伦布发现了古巴。从 16 世纪起，古巴沦为西班牙殖民地。古巴盛产蔗糖，在 16～17 世纪，西班牙庄园主都是靠从非洲买进黑奴从事甘蔗园和糖厂劳动，古巴遂成为整个美洲的黑奴集散地，人口约 1 180 万，66% 为白种人、12% 为黑人、22% 多为混血人种。官方语言为西班牙语，主要宗教为天主教。

一、华侨华人移民与其定居发展

在2007年纪念华人抵达古巴160周年的理论研讨会上，来自古巴华人团体、中国对外友协和加拿大、法国等地的200余名代表纷纷发言。他们就中国侨民和结社方式，社团和社团特征的维护，海外华人社团在经济、政治和社会方面的活动，社团的共同发展等问题进行了广泛交流后一致认为，在华人侨居古巴的160年中，从农业到工业、从科技到文化、从餐饮到娱乐，华人对古巴各领域的发展作出了重要贡献，产生了深远影响。[①] 这个结论较为准确地解释古巴华侨华人的历史。

1.“桑哈”唐人街：古巴华侨历史的“地标”

1847年6月3日，206名“契约华工”搭乘西班牙货船抵达哈瓦那港，从此开创了华人在古巴的历史。他们是从厦门乘船，经130多天航行抵达哈瓦那港的。这些“契约华工”抵达古巴后，随后被转卖至各大庄园从事甘蔗、水稻、薯类和蔬菜的种植，在甘蔗、烟草和咖啡种植园内当苦工，过着牛马不如的奴隶生活，不少人受尽折磨甚至惨遭屠杀，埋骨异国。另还有不少人在途中被虐待致死。

中国“契约华工”的到来源于19世纪初英国率先发起的废奴行动，西班牙在英国压力下只好停止买卖奴隶。为弥补劳动力空缺，西班牙人接受英国建议，开始从亚洲移民。在此后的几十年里，来古巴的华工不断增多。在哈瓦那博物馆里，至今还保存着当年华工的卖身契，“契约”期限为8年。据史料记载，自1847年6月至1874年期间，古巴有14.1万名华人，占当时古巴人口的1/10。[②]

1886年古巴废除了奴隶制。多数契约华工成为自由人，除了从事农业外，相当一部分人逐渐转入城镇经营商行、杂货、洗衣、旅馆、小作坊等。很多华人在这一时期把他们的整个家庭都带到加勒比海的这个岛国。20世纪初，古巴华人社区全盛时期人数达3万名，他们中的大多数人居住在哈瓦那，第二大华人社区是古巴东部的圣地亚哥城。[③] 随着时间的推移，旅古华人中的少数人从故土择偶，其余的则同当地的黑人或混血人通婚。旅古华侨带来的中华文化也成为古巴文化的重要组成部分。他们的辛勤劳动、艰苦创业为繁荣古巴经济发挥着重要的作用。

---

① 《古巴华人在哈瓦那举行隆重仪式纪念抵古160周年》，中国侨网，2007年5月31日。

② 《古巴革命战争》，据百度百科资料。

③ 周莉：《古巴华社掠影 》，《侨务工作研究》2004年第5期。

慢慢地，在哈瓦那老城哈桑街一带形成了中国人的聚集区。中国人在此开餐馆、杂货店等店铺，此外还有好几家电影院、戏院和麻将馆。华人区建立了中文学校、医院和养老院，并在哈瓦那国家公墓买下了墓地——中华总义山。哈瓦那华人区成了美洲最大、最繁荣的唐人街之一。它最兴旺时占了哈瓦那市中心44个街区，连它附近的街区都布满了华人的餐馆、戏院、书店、赌场、珠宝行等。20世纪40年代，在哈瓦那和其他地区共有3万～4万华人，绝大部分集中在“中国城”里。他们经营的商店里陈列着中国的土特产和工艺品，颇受当地人欢迎。[①] 而今，虽然当年的盛况不再，但300多米长的“桑哈”街道两旁挤满大大小小的中餐馆和各种各样的中国店铺，周围居住着近万名华侨、华人和华裔，以华裔为主。[②] 许多门店前大红灯笼高挂，中文招牌、幌子风中飘曳，不管是中国人的面孔还是古巴人的长相的女服务员都身着色彩艳丽的旗袍招待宾客。[③]“桑哈”，成了古巴华侨历史的永恒“地标”。1989年，古巴政府出资修复扩建了哈瓦那唐人街，当时古巴领导人卡斯特罗还在中国驻古巴大使的陪同下，亲自到华人区进行实地考察。在一家即将竣工的中国餐馆里，卡斯特罗逗留了近一个小时，向随行的电视台等新闻单位记者畅谈古中友谊。[④]

古巴政府对华侨华人历史很重视，表现在立机构、置高官、设班子、定编制、给经费、常活动等方面。具体来说就是专门设立了一个“华区促进会”管理华侨华人事务，由古巴历史学家办公室直接领导（此机构的负责人是古共中央一名政治局委员）。促进会领导班子也由政府任命，其工作人员均领取政府人员工薪，政府每年还拨给一定的活动经费。从这个格局来看，就保证了华区促进会在政府中享有较高的地位和权限，当然其活动也得到政府积极支持，由政府直接掌握。由一国政府出面关注华侨历史，这不仅在拉美地区，甚至在全世界都是独一而二的。华区促进会的政府背景和权限，良好的经济条件和政府待遇，也使它及其工作人员无形中拥有某种优越感，曾造成他们与唐人街其他社团存在一定矛盾。这当然不好，但换个角度来看，也源于政府对华侨华人工作的重视。这样，华区促进会积极开展各种形式、各种类型的大型活动弘扬中华文化。华区促进会还办有武术学校、舞狮队、粤剧班、中国商业一条街和一所华文学校。据说华区促进会曾计划对老唐人街中华会馆属下面临倒闭的医院、报纸等有关部门进行接管和扶持，改造老唐人街，将老唐人街和华区促进会所属的新唐人街两块地方连

---

① 吴德明：《拉丁美洲民族问题研究》，北京：世界知识出版社2004年版，第319页。

② 孙光英：《华人在古巴》，《炎黄春秋》2004年第10期 。

③ 《国际视野：寻访拉美华侨华人的足迹》，《人民日报》，2011年10月17日。

④ 张玲：《古巴华人出了三位将军》，世界财富网，2008年11月9日。

成一片，建成一条繁华的“中华步行街”。[1] 尚不知道其后续结果如何。

2. 拉美华侨史中独一无二的红色之页：华人对古巴革命的贡献

1868年和1895年，古巴爆发了两次反对西班牙殖民主义者的独立战争。战争期间，数千华侨留着辫子投身革命洪流。当时有数支部队全由华人组成。这批由广东人、客家人组成的华人军队，骁勇善战，不怕难，不畏死，英名远扬古巴全岛。不少华工智勇双全，战功卓著，成为起义军的中坚力量和指挥官。为了缅怀和悼念在古巴独立战争中牺牲的中华英烈，根据著名爱国者盖萨达的提议，1931年10月，在哈瓦那贝达多区利内亚街和L街交汇处的小广场上，树立了一座用高8米、粗2米多的黑色圆柱形大理石建成的华人记功碑（亦称了中古纪念碑）。纪念碑正面镌刻着“旅古华侨协助古巴独立记功碑”13个大字。碑座上镶嵌着一块铜牌，上面用西班牙文刻着古巴民族英雄何塞·马蒂的战友盖萨达将军的名言：“没有一个古巴华人是逃兵，没有一个古巴华人是叛徒。”这段历史，经常为古巴华侨华人历史研究者所引用。2011年10月11日，古巴华侨华人代表、古巴中华总会馆、中国驻古巴大使馆和中国在古巴移民与存在研究室有关人员参加了中古纪念碑建成80周年庆典活动。显然，由于在古巴革命历史的各个时期都有华人的重大贡献，加上20世纪90年代以来中古关系日益改善，以及中国在古巴困难时期给予了大量无私的援助，同时也因为中国人在那里历来就有良好的口碑，故古巴人对华侨华人和中国有良好印象，而这种良好印象中的很重要一部分则源于华侨华人。

美国左翼记者玛丽·艾丽斯·华特斯（MARY-ALICE WATERS）以数年时间深入古巴采访，出版了一部关于三个有华人血统的古巴将领故事的书——《我们仍在写历史：古巴革命中三位古巴华人将领的故事》（Our History Is Still Being Written：The Story of Three Chinese-Cuban General in the Cuban Revolution）。20世纪50年代末，加勒比海古巴岛上的卡斯特罗兄弟和切·格瓦拉等人领导一批游击队，挑战古巴独裁者巴蒂斯塔政权。数百名华人响应卡斯特罗的革命号召，参与武装斗争，其中有3名华裔因战功彪炳，革命成功后皆晋升为准将。他们是阿曼都·蔡（ARMANDO CHOY）、戈斯达沃·徐（GUSTAVO CHUI）和摩西斯·王（MOISES SIO WONG）。

蔡氏1934年生于古巴，其父1918年由广东来到古巴，母亲为古巴白人。蔡氏是古巴近代革命史上有名的“7·26运动”（卡斯特罗于1953年7月26日造反失败）的元老，也是古巴共产党创党人之一。1961年4月美国中情局策动古巴反共流亡人士登陆猪湾，企图推翻卡斯特罗政府，这千名流亡人士在海滩遭到

---

① 周莉：《古巴华社掠影》，《侨务工作研究》2004年第5期。

古巴军队痛惩，绝大多数被俘。蔡氏以营长身份率军围剿有功，1976 年晋升准将，后曾做过大使。

徐氏 1938 年出生，母亲是古巴黑人，家境清贫，16 岁即加入游击队跟随卡斯特罗，在打过猪湾之后，1980 年升至准将。徐氏曾率古巴军队远征非洲安哥拉、埃塞俄比亚和莫桑比克，并做过古巴驻安哥拉军副参谋长。

王氏 1938 年出生，其父 1895 年移居古巴，母亲为华人，姐夫曾经是中国国民党古巴支部书记长，是个富商。王氏读高中时，即参与反政府行动，是"7・26运动"元老。1957 年投身革命，负责成立宪兵部队。王氏与卡斯特罗兄弟和格瓦拉的关系颇密切，曾做过劳尔・卡斯特罗的副官。1976 年晋升准将，现为古中友好协会会长。①

莫伊赛斯・邵・黄也是一位杰出的华人代表。他的中文名字叫邵正和，父亲姓邵，母亲姓黄，在古巴，人们都称他邵黄将军。邵黄祖籍广东增城，其父 1895 年就离乡背井来到古巴。其父一共生有 13 个孩子，邵黄排行十二。邵黄上中学时就参加了卡斯特罗领导的"7・26 运动"青年组织的革命活动，参加反对巴蒂斯塔独裁政权的斗争。1957 年 7 月，邵黄离开首都哈瓦那跟随卡斯特罗在山上打游击，在起义军总部负责后勤给养工作。在山上，他结识了著名的游击英雄格瓦拉，后来参加了格瓦拉领导的解放中部城市圣克拉拉的战役，并荣立战功。

1959 年 1 月古巴革命胜利后，邵黄在劳尔・卡斯特罗的直接领导下工作，担任国家物资贮备局局长，负责国家的物资储备和军队后勤保障，并被授予少将军衔。② 1992 年后，他开始担任古中友协主席。他热爱中国，为加强古中友好，增进两国人民的友谊不辞辛劳地工作。在古巴的中国人凡有了难以解决的困难都去找他，他会热情地想办法帮助解决。2005 年左右，在他的推动下，成立了华区促进会，这是一个隶属哈瓦那市，由华裔青年组成的政府机构，旨在推动古巴华人区的复兴和发展。③ 邵黄 2010 年 2 月 11 日因病医治无效逝世，享年 72 岁。古巴政府以"古巴革命老战士"的荣誉规格为他举行了葬礼。

上述几人可以说是参加古巴革命和为古中友谊作出贡献的最杰出的华人代表。代表的榜样和垂范作用是无穷的，特别是他们可歌可泣的英雄业绩更增加了这种榜样作用的长久性。今天年轻一代古巴华侨华人，今天的中国人，今天的中古关系，其实都沾染着他们英雄业绩所发散的辉泽。

---

① 《出了三位将军：记者出书记录华人对古巴革命贡献》，中国新闻网据香港《亚洲周刊》报道，2007 年 8 月 29 日。

② 孙光英：《华人在古巴》，《炎黄春秋》2004 年第 10 期。

③ 孙光英：《华人在古巴》，《炎黄春秋》2004 年第 10 期。

3. 渔歌唱晚与东方日出：老一辈华人的凋零与中国新移民的到来

古巴华侨华人的历史不应止于此。实事求是地看，古巴革命胜利后古巴华侨华人人数呈下降趋势。一是革命胜利后，华侨富商和许多华侨移居美国和加拿大等地；二是1968年古巴实行国有化，将城市中小企业、商店一律收归国有，一些华侨转为国家职工，也再次出现了华人移居别处的移民潮；三是从20世纪60年代中后期至20世纪80年代中后期的近20年，中古关系处于困难时期，华侨华人在古巴社会中受到不同程度的歧视。由于古巴长期被美国封锁，且实行严格的计划经济，不允许市场经济和私营企业发展，整个国家经济较困难，基本上没有华侨华人移民前去。

1979年中国改革开放后，大量的中国人移居世界各地谋求发展。但古巴是个例外，它是极少数没有中国新移民的国家之一。据古巴官方1999年统计，目前在古华侨华人不足1 000人，混血华裔约2万人。他们主要居住在首都哈瓦那，少数人仍居住在圣地亚哥。① 不能说古巴政府不欢迎中国新移民，而是因为中国新移民一段时期内不愿意移往古巴，说到底，是因为那里没有较好的适合新移民生存和发展的条件。这种状况是历史原因造成的。

因此，在过去很长一段时期中，古巴华侨华人社会便存在着严重的“吐故”而不“纳新”现象。老一辈古巴华侨都已年迈体弱，只能等待无情的命运归宿。而前来补充华侨华人社会血液的新一代移民却寥寥无几。老一辈华人丧失经济活动能力，经济来源只靠领取当地政府退休金、抚恤金、总会补助或靠国外亲友接济，生活艰难，也有少数人经营中餐馆。其余一些人为教师、公职人员、小商小贩、清洁工人、军人、学生等。据2011年的资料，70岁以上的老人有166名，多数没有生活来源。为保证老人们的生活有所依靠，华人社团成立了“老人之家”、“民治党公所”和“龙岗公所”3家福利院，为没有生活能力的老人提供衣食和住宿。②

很长时间以来，古巴侨务也面临许多困难。首先是一些重要侨团面临领导层老化，侨领年龄大都在60岁以上，多数文化水准低，西班牙文差，与居住国当局及广大华裔很难交往。现领导层的年龄、语言、文化结构与2/3为华裔青年的会员现状极不协调。另外唯一的中文报纸——《光华报》报社人员青黄不接，设备陈旧，急需寻找青年人接班，并寻找资金，更新排版印刷设备。现在的唐人街正在经济不景气中挣扎，唐人街的“医疗室”缺少药品，医疗设施简单，如

① 周莉：《古巴华社掠影》，《侨务工作研究》2004年第5期。
② 张泳、殷永建：《古巴华侨华人喜迎新年》，华龙网，2011年12月27日。

理疗仪、针灸用具等。唐人街上的中华药店无货可供。[①] 不过，也不能说今天的古巴只有少数风烛残年的老华人，年轻一代华裔中也有佼佼者。他们的表现令人刮目相看。李荣富是其中一位。李荣富的岳父就是下面要说的哈瓦那老城“天坛饭店”老板、原上海交通大学美术教师陶锦荣。但李荣富却是土生土长的华裔古巴人，目前为古巴武术学校校长，能讲一口流利的北京普通话。他致力于中国传统武术在古巴的推广和传播。古巴武术学校位于哈瓦那中国城，经过多年辛苦经营，目前在学校学习过和正在学习的学生共8 000多人，学生大多是古巴人，来自社会各个阶层。李荣富说2012年1月1日将和徒弟们一起在中华总会馆进行迎新年武术表演。1月21日晚，他将率领古巴弟子在古巴国家体育场进行大型太极拳及中国武术表演，以此庆祝春节。[②] 李荣富还在中国城组织了一支醒狮队，每逢周末都要在哈瓦那人面前露一手。3年前，李荣富每周还会去电视台介绍中华武术。[③]

但总的来说情况不容乐观。目前整个古巴华人小区还能说母语（广东话或客家话）的只有300人左右。[④] 因此，难免有人忧心忡忡，古巴华人社区也是一个迅速消失中的族群和文化丛。文化人类学家和华人移民史专家如果未能及时抢救古巴华人历史文物和进行口述历史工作，可能再过几年，古巴华人历史将从此随风而逝了。这或许是杞人忧天，因为至少还有华裔在继续老一辈的历史。但是，如果把现在业已烛影摇曳中的古巴老华人社区看作是拉美华侨华人历史的最后的“传统版”的话，则上述这番话显然是事实。

最后的“传统版”的古巴华侨华人历史即将消失不是危言耸听，也不必太忧伤。令人欣慰的是，近些年来，来自中国的新移民也开始出现，越来越多中国人来到古巴，或是探亲访友，或是寻求商机，或是旅游享受加勒比海的阳光和沙滩，不一而足。虽然来得晚了一些，但可以看作是“传统版”的古巴华侨华人历史将可能获得一次凤凰涅槃式的新生。

留学者来此是因为古巴社会风气和治安良好，实行免费教育，生活费不高，古巴人对中国人又很友好，再加上国内近几年西班牙语越来越热，因而中国来古巴留学的学生也越来越多。

中国人经商者中最容易切入角色的仍然要数餐馆行当。中国菜本来在古巴就久负盛名。据说古巴人非常喜欢吃中餐，当然大多数中餐馆也迎合了拉美人喜欢

---

① 周莉：《古巴华社掠影》，《侨务工作研究》，2004年第5期。

② 张泳、殷永建：《古巴华侨华人喜迎新年》，华龙网，2011年12月27日。

③ 张卫中：《古巴改革开放富了华人》，《环球时报》，2006年8月13日。

④《出了三位将军 记者出书记录华人对古巴革命贡献》，中国新闻网据香港《亚洲周刊》报道，2007年8月29日。

甜食的口味，菜多是甜的。中餐馆内的陈设大多是古色古香的中国特色。虽说古巴人收入比较低，很少下饭馆，但是中餐馆的生意还是不错的。[①] 在哈瓦那，“双龙”中餐馆很有名。经营者是陈秀祯和陈秀莲姐妹。它所吸引的对象，首先还是中国留学生。

陶锦荣就是来古巴创业的中国新移民之一。1995 年一次偶然的机会，在上海交通大学教美术的陶先生留在了哈瓦那，从此告别了讲坛。他在哈瓦那老城区的中国城开了一家中餐馆，取名“天坛饭店”，据说生意挺不错。陶先生说，古巴人不知道怎么点中国菜，8 个客人能点上 8 份古老肉。每遇此情况，他总要介绍中国饮食文化。古巴法律规定，个人餐馆最多可以同时接待 12 名客人，一般只有 5 张小桌，客人坐不下时就排队等候。可他的饭店却远远不只这些，这是因为他的饭店有了名气，常有重要客人来就餐，政府也就睁一只眼闭一只眼了。他说，在这里经营最大的好处是房子由政府提供，不交租金，但开业一天得向哈瓦那历史学家办公室交 110 美元。[②] 这里描述的是一幅餐馆经营画的一个截面，具有暂时性，肯定不可能保持长久。但透过对这个画面的定格，便不难感悟到中华文化的长久魅力。

总的来说，目前华人与古巴社会融合得非常好，与当地人通婚的也很多，所从事的工作也从以前的饭馆、洗衣店、水果店等扩大到古巴的各行各业。以前的古巴华侨华人史所展现的是一片苍凉和凝重，如今，古巴华侨华人史嵌进了越来越多的新移民片断画面，便多了几分暖色和朝晖。

当外界的人说起这个遥远的国度时，似乎总觉得华侨的历史就是华侨华人问题的全部。这种理解当然是以偏概全。但人们会问，新移民如何？华侨华人现状如何？客观地说，我们现在对这两个问题的研究都很薄弱。众所周知，新移民去得比较晚，在一个经济基础薄弱的国度里难以有像其他很多国家那样大、那样快的斩获，因此他们的现状也就少为人关注。古巴华侨华人问题最吸引人眼球的“现状”，还是老一辈华人夕阳西下的“现状”。但是，时间会流走，老一辈华人有朝一日会故去，年轻一代华裔和新移民问题迟早会凸显。但愿那时他们之所以凸显，不是因为只剩下他们站在这个世界上，而是伴随着他们的经济成就、传承与弘扬民族文化的业绩，以及融入当地社会后所带来的能量与影响。不能不看到，古巴老一辈华人有着厚实的中华文化底蕴，年轻的华裔未必能与之比肩，而来自中国的当代新移民，现在还很难谈得上可以全面继承和发扬古巴老一辈华人的精神遗产。从这个角度来看，未来的形势是严峻的。

---

① 张玲：《古巴华人出了三位将军》，世界财富网，2007 年 8 月 29 日。

② 张卫中：《古巴改革开放富了华人》，《环球时报》，2006 年 8 月 13 日。

二、具有强烈谋福利色彩的华人社团

为维护自身利益和生存需要，旅居古巴的华人很早就相继成立了各种宗亲会、同乡会。拉美地区最早的华侨社团即成立于古巴的哈瓦那。在哈瓦那的侨团中以中华总会馆为首，总会馆下辖 13 个侨团，且都有自己的会所，这些会所主要集中在老唐人街。老唐人街上的楼宇为早年老华侨所购买。据中华总会馆 2004 年左右统计，加入总会馆和各分会馆的华侨、华人、华裔共 2 806 人，其中华侨华人 292 人，持中国护照者 144 人，他们中 98% 以上居住在哈瓦那市和哈瓦那、圣地亚哥两省。①

中华总会馆是古巴华侨全国性最高机构。于 1893 年 5 月成立于哈瓦那，1959 年会员最多时曾达到 3.5 万人。目前有会员 2 000 多人，其中 60% 居住在哈瓦那。② 它是旅居古巴华侨的最大社团组织，也是中美洲国家中历史最久、规模最大的侨团之一。20 世纪初古巴独立后，在中华总会馆的影响下，各类华侨组织纷纷出现。

中华总会馆最初集资 4.6 万余美元购置馆址和修建两幢楼房作为会馆产业和会员活动场所。总会馆在古巴各省设有分会馆。其总理（后改称主席）、书记等职员，均由各侨团、各商号代表选举。中华总会馆早期由中国国民党和中国洪门民治党驻古巴支部管理，致力于华侨慈善、福利、文化和教育事业。③

中华总会馆曾经有过爱国爱乡的光荣历史。早在抗日战争时期，旅居古巴的爱国侨胞就在中华总会馆的领导下，积极捐钱捐物和购买爱国公债，支持祖国抗战。抗战胜利的消息传到古巴后，中华总会馆同其他侨团一道，举行了盛大的庆祝活动，舞狮舞龙，敲锣打鼓，手持彩旗游行，整个华区一片欢腾。1959 年，卡斯特罗领导的古巴革命取得胜利，推翻了巴蒂斯塔军事独裁政权。中华总会馆选出新的领导机构。1960 年，古巴与中国建交，旅居古巴华侨社团的事业也进入了一个新阶段。中华总会馆的主要作用转移到为华侨同胞谋取福利和华侨文化事业方面。它先后承办了侨胞向国内亲属的侨汇工作，开设了“中华药店”，扩建了赡养老侨的“中华颐侨院”，整修了华侨公墓“中华总义山”。④

“夕阳事业”是古巴中华总会馆的一大特色。一是它属下的“颐侨院”，所谓颐侨院，实际上就是集体看护社区里年纪最大而经济最为穷困的老人，要借此

---

① 周莉：《古巴华社掠影》，《侨务工作研究》2004 年第 5 期。
② 刘彤：《古巴华侨华人纪念古巴革命胜利 51 周年》，凤凰网，2010 年 1 月 2 日。
③ 周莉：《古巴华社掠影》，《侨务工作研究》2004 年第 5 期。
④ 周莉：《古巴华社掠影》，《侨务工作研究》2004 年第 5 期。

表达对前辈的尊敬，这本身就是华侨华人的文化和传统。今天，主要从哈瓦那中心区的居民身上，还可以看到古巴的华侨华人传统。庆幸的是，“颐侨院”得到政府的资助，一家华人餐馆每天为老人们提供免费的三餐。“颐侨院”已交由古巴政府管理，在政府管理下，“颐侨院”接受无亲人照看的老侨入院养老。每年春节前，中华总会馆代表陪同中国驻古巴大使馆人员前往慰问侨胞。二是养老送终事项。中华总会馆尽力管理好华侨公墓“总义山”，安排为华侨送终。古巴华侨已形成习惯，凡老侨亡故，无亲属者，所属侨团均负责安葬，并在《光华报》刊登讣告。三是侨胞福利事业。中华总会馆多年来一直坚持为会员配发中成药和一定数量清凉油、味精和酱油。另外，会馆还聘请了华裔在会馆设立医疗室，每星期六上午为会员免费看病。①

1990 年代初苏联解体、东欧剧变后，经济上严重依赖苏联的古巴失去了糖的出口市场和绝大部分必需品的进口来源，加上美国又加强了对古巴的封锁，古巴经济陷入严重危机，国家进入了“特殊时期”。在这个时期里，尤其是最初阶段，生产几乎瘫痪，物资奇缺，尤其是食品和生活必需品的供应十分紧张。中华总会馆在极其困难的条件下坚持开展工作，为华人区居民解决了不少生活困难。“桑哈”街上有好几家电影院，中华总会馆经常从中国驻古巴大使馆文化处借来国内的影片和录像带，免费向侨胞放映。②

综上可见，中华总会馆带领华侨华人渡过漫长的困难时期，其作用功不可没。伍迎创认为，这些华人社团利用自己的资产，经营中餐馆、商店等，用挣到的钱为华侨华人提供公共服务，如给予困难家庭经济救济、为孤寡老人设立敬老院等，同时还坚持办中文报纸，组织过春节等中国传统节日活动，努力维系他们与祖（籍）国的文化纽带。③

2004 年左右的领导班子是由古巴各侨团主席组成的 17 人执委会，平均年龄很大。主席周一飞任职多年，其弟周卓明任会馆中西文秘书。周家两兄弟热爱中国，热心公益，是侨界既能说粤语又能讲普通话，并懂得居住国语言的难得人才，在侨胞中有较高威望，受到广大华裔的拥戴，在古巴官员中也有良好的口碑。每逢古中两国重大节日，总会馆均举行庆祝活动，平时负责处理侨务，领导中华药店、中华书店、《光华报》，管理中华义山和办理华侨回国及各种福利事务。④ 现主席伍迎创，1953 年年仅 13 岁的他从广东台山来到了古巴。

除了中华总会馆外，古巴洪门民治党（又称古巴致公堂），是中国洪门民治

① 周莉：《古巴华社掠影 》，《侨务工作研究》2004 年第 5 期。

② 孙光英：《华人在古巴》，《炎黄春秋》2004 年第 10 期 。

③ 刘彤：《古巴中华总会馆主席：古巴华人社区迎来新生机》，新华网，2010 年 2 月 16 日。

④ 周莉：《古巴华社掠影 》，《侨务工作研究》2004 年第 5 期。

党驻古巴总支部，也是古巴第二大侨团。古巴洪门民治党总部设在哈瓦那，另在圣地亚哥、关塔那摩和谢戈德阿维拉市设有分部。古巴洪门民治党重视兴办公益福利事业，并致力于团结古巴华侨华人，维护其合法权益，促进古巴与中国的友好关系。目前共有会员 300 多人，主席李生。“民治党”开设有老人食堂，每天为困难者免费提供早午两餐，已坚持数年。①

古巴华侨社会主义同盟是古巴第三大侨团，是有一定影响的社会团体之一。1928 年，在中国北伐战争影响下，由进步华侨创建于哈瓦那。领导人有黄淘白、路易斯·李等。该社团曾创办《工农呼声》，宣传民族民主革命思想，在团结华侨参加古巴的反帝民主斗争方面做了不少工作。古巴海拉尔多·马查多（GERARDO MACHADO，1871—1939 年）政府与国民党政府相勾结，对之进行迫害，该组织被迫转入地下。

1929 年，该盟领导人之一路易斯·李等 4 名华侨以“共产党”的罪名被遣送回国。翌年 5 月 29 日，黄淘白与古巴共产党的若干领导人同时被捕。同年 8 月 12 日，黄淘白在狱中惨遭杀害。虽然组织遭到很大破坏，但它仍在圣地亚哥、西恩富戈斯、关塔那摩等地展开活动。在中国抗战时期，苏子龙等领导人决定在哈瓦那恢复公开活动，并改名为古巴华侨救国大同盟，出版《救国报》，致力于团结华侨支援祖国抗战。抗战胜利后，该盟改名为古巴华侨拥护民主大同盟，并在圣地亚哥出版《光华报》。中华人民共和国成立后，该盟及其机关报《光华报》于 1951 年被台湾当局勾结古巴政府加以取缔。1959 年古巴革命成功后，该盟重新向古巴政府登记为华侨社团，并改名古巴华侨社会主义同盟，《光华报》亦在哈瓦那复刊。1960 年，董必武为该报题写了报名。1990 年有盟员 200 余人。现地址在哈瓦那华人区东口，经营有一家中餐馆。②

其余社团如“黄江夏堂”、“李陇西公所”、“九江公会”、“龙岗公所”、“余风彩堂”、“安定堂”、“朔源堂”、“至德堂”、“陈颖川堂”和“中山自治所”等。其中龙岗公所办有老人食堂，免费为困难老人提供午餐，已有十几年。除总会馆和九江公会外，其余侨团都经营着中餐馆，作为社团发展的经济来源。③

从上述情况来看，古巴的华侨华人社团基本上是传统社团，大部分社团为华侨华人谋福利的性质很明显。它们的谋福利工作，既是优秀中华传统文化的体现，也部分地填补了政府在华侨华人事务上的空缺，某种程度上也减轻了政府的负担。至于新移民中有没有社团一类组织，目前还没有这方面的信息。

---

① 周莉：《古巴华社掠影 》，《侨务工作研究》2004 年第 5 期。

② 《美洲（古巴）华侨拥护工农革命大同盟》，百度百科全书资料。

③ 周莉：《古巴华社掠影 》，《侨务工作研究》2004 年第 5 期。

三、老骥伏枥：华人与中华文化的传承

今天老一辈古巴华人仍然执着地维系中华文化，也十分珍惜中华文化在古巴的影响力。跟别的国家一样，今天几万华裔中，大多数年轻人已经不会讲华语，而只讲西班牙语，对中华文化的认同也越来越淡薄。老侨们对此十分忧虑，担心中华文化在古巴断了血脉。为了恢复年轻一代对祖先语言文化的兴趣，他们便开办华文班，教年轻人讲华语，读华文。

中华总会馆有一所开办八年的华文学校，由一位曾在中国留学五年的古巴人执教，约有 30 名学生，多为华侨华裔子女，免交学费，每周上课三个学时。但只有一间教室，设备极其简陋。教材是老师自己从中国带来的“初级汉语”。该校主要困难是缺乏中文教师，其次是缺少经费。另外，春华赌场开办了华文班，每个星期六上课。不仅如此，这家俱乐部还开办太极拳和针灸课程。①

中华总会馆还开办了汉语普通话学习班、太极拳和其他拳类的武术班，每当中国重大节日来临或国内有重要代表团来华人区参观，会馆都要举行舞龙舞狮和武术表演，“桑哈”街上总是热闹非凡。华人区每年都要举行武术比赛，参加者从中小学生到白发苍苍的老人，比赛的内容有各种拳类和擒拿格斗，也有老人参加的“导引养生功”表演。②

中华总会馆除了配合中国大使馆组织欢迎和接待中国访古的各种团组外，每年的国庆、元旦和春节等重大节日，都组织庆祝和娱乐联谊活动，以发扬和继承中华民族优良传统。近年来，华裔艺术家在首都各区举办了多次绘画展览。每周两次在会馆组织太极拳、武术爱好者来此习武练拳。③

会馆办有古巴唯一一家华文报纸《光华报》，报社社址在哈瓦那中心地带的唐人街上。该报自创建以来，一直是古巴华侨华人了解世界、了解古巴和中国大事的窗口，为团结华侨华人、传播中华文化和古巴革命的胜利作出了贡献。《光华报》在 1928 年创立时是日报，由于条件困难，据 2004 年的资料，已只剩四页的周报，由原来的每周一期改为两至三周一期，发行量 500 份。其消息来源于新华社、中新社和古巴当地报纸，也有他们自己撰写的文章和华区消息。编辑部在低矮昏暗的阁楼上，除一张总编辑用的旧办公桌外别无他物。两位年逾七旬的老侨身兼记者、编辑和社论撰稿人数职。楼下的印刷车间用的是 20 世纪 20 年代一

① 周莉：《古巴华社掠影 》，《侨务工作研究》2004 年第 5 期。
② 孙光英：《华人在古巴》，《炎黄春秋》2004 年第 10 期 。
③ 周莉：《古巴华社掠影 》，《侨务工作研究》2004 年第 5 期。

台老掉牙的印刷机和残缺不全的铅字，低劣的纸张由古政府定期提供。他们最担心的是老侨年事已高，没有合适的接班人，将来断了中华文化的血脉。[①] 对于上述消息，笔者也在电视上看过数遍，看后不胜感慨，也不禁为之动容，窃思在今天世界上已难以见到对中华文化如此执著者。这样一幅画面也许难以让人振奋起来，且它今天的情况如何还不得而知，但将这一幅画面定格下来，也就可以让老华侨们在极为艰苦的条件下仍坚持办报弘扬传播中华文化的历史传之久远。多年后人们还不会忘记他们。2008 年 4 月 10 日，古巴华侨华人欢聚一堂，纪念《光华报》创建 80 周年。[②]

每年 5 月的第二个星期日为母亲节。一年一度的母亲节在很多有这个节日的国家可能平淡无奇，但在古巴华侨华人中还有一层别样的意义。这一天，各界华侨华人都会通过集会形式，向为华侨华人的生存发展作出了巨大的贡献的华侨华人母亲致敬，同时表明侨居这里的华夏子孙更加思念祖国母亲。[③]

上面所提到的是很多年前几段带有“蒙太奇”特色的片断描写。那么，目前的情况如何？2010 年，古巴中华总会馆主席伍迎创发表了关于古巴华人社区未来发展的看法，他很乐观地说，最近几年，随着经济环境的改善、古巴政府对华侨华人关怀的增加，华人社区正迎来新的生机。过去，我们有能力做的事情较少，只是逢年过节举办一些庆祝活动；现在，为了继承和弘扬中华文化，还开办了汉语普通话学习班、太极拳和武术班，在喜庆节日时举行各种文化活动。他表示，古巴华侨华人现在要做的最重要的事，就是让中华文化在这里发扬光大。[④] 这无疑是令人欣慰的。

就拿近些年人们视为海外中华文化最具象征性意义的春节来说，古巴也是“光景依然”。每年的新年，中华总会馆都要举办新年联欢会，生活在哈瓦那的华侨华人都要团聚在这里。居住在古巴的华侨华人受美国多年经济封锁影响，生活并不富裕，但他们迎接新年的热情依然很高，每年每家都会拿出一道菜和大家一起品尝。在古巴，“新年一到，家庭团聚”，依然是每个老华侨心里装着的头等大事。[⑤]

纵览相关材料，不难看到，古巴华侨华人数十年来弘扬中华文化取得成效的一个显著标志，莫过于其对当地民族的深远影响，以及当地人民对中华文化的深刻认同。这一点可能是别的地方难以比拟的，且举两个方面的事例：其一，饮食

---

① 周莉：《古巴华社掠影 》，《侨务工作研究》2004 年第 5 期。

② 殷永建：《古巴华侨华人纪念〈光华报〉创建 80 周年》，新华网，2008 年 4 月 11 日。

③ 殷永建：《古巴华侨华人庆祝母亲节》，新华网，2008 年 5 月 10 日。

④ 刘彤：《古巴中华总会馆主席：古巴华人社区迎来新生机》，新华网，2010 年 2 月 16 日。

⑤ 张泳、殷永建：《古巴华侨华人喜迎新年》，新华网，2011 年 12 月 26 日。

方面，中国人的生活和饮食习惯也被古巴民众逐渐熟悉并接纳。华人在哈瓦那曾开辟水渠，引水灌溉蔬菜。水渠所在位置后来发展成为街道，被命名为“水渠大街”。由于华人的到来，古巴人开始养成食用蔬菜的习惯，据说生菜、白菜、柿子椒、韭菜、生姜等多种蔬菜都是中国人引进古巴的。中国调料也成为古巴人餐桌上必不可少的食品，一些超市里都可以买到中国酱油。其二，音乐方面，中国民族音乐对古巴有很大影响，梆子、唢呐、鼓等乐器被融入当地音乐，许多古巴作曲家都在自己的作品中使用了这些中国元素。

最具标志性的场面要算 2007 年华人抵达古巴 160 周年纪念活动时的场面。160 年来，华人的足迹遍及甘蔗种植园、工厂、农村、独立战争战场以及古巴革命前沿等各个角落，他们用汗水和鲜血铸就了光荣和辉煌，同古巴人民建立起友好和睦的关系。跟别的国家一样，恰逢这样一个大庆之年，对华侨华人和中华文化的弘扬则是个良好契机。古巴华侨华人没有错失这一机会。当年 5 月 30 日至 6 月 3 日，中国传统艺术馆和哈瓦那大学古巴华侨研究中心联合举办了第十届海外华人艺术节以及其他活动，隆重纪念这一历史事件。

5 月 30 日，雄壮的中古两国国歌在哈瓦那华人区奏响，为纪念活动拉开帷幕。开幕式上，华人后裔的舞狮表演格外引人注目，活灵活现的“狮子”翻腾跳跃，引来众多古巴民众驻足观看。从 6 月 3 日开始，纪念活动逐渐进入高潮，各方代表参观了位于雷格拉湾的哈瓦那港。稍有历史感的人们不难联想到：当年，首批华工就是从这里踏足古巴的土地。而今，漫步在哈瓦那港，抚今追昔，华人经过 160 周年的艰苦奋斗，终于根植古巴，融入古巴，成为古巴人民中的一员。这一段历史既短暂又漫长。纪念活动中还放映了由古巴著名华裔导演安赫尔拍摄、反映古巴华人历史的纪录片《根植古巴》，并举办了华裔艺术家绘画和雕塑展览。

古巴武术学校的学员个个身手不凡，一招一式，尽显功力，特别是儿童拳术表演，令人赞不绝口。华人乐团演奏了《茉莉花》等中国经典民乐，优美的旋律在哈瓦那上空回荡，使华人区的喜庆氛围愈浓厚。由吉林、四川、重庆和北京四省市代表组成的中国对外友协代表团的到来更增添了纪念活动的喜庆色彩。尽管古巴华裔多数只能讲西班牙语，但语言不通并未阻碍双方进行热情交流。①

纪念活动期间还举办了别开生面的麻将比赛。中国传统艺术馆馆长伍碧玉女士介绍说，麻将在中国具有悠久的历史，是中国文化的一个组成部分。举办麻将比赛的目的在于弘扬中国文化，让古巴华裔后代更加了解这一具有中国特色的娱乐形式。麻将具有丰富的内涵，娱乐过程中可以锻炼人的思维，也可以增加人们

① 《古巴华人在哈瓦那举行隆重仪式纪念抵古 160 周年》，国务院侨办网站，2007 年 6 月 1 日 。

的相互了解。参赛者中还有一些古巴人，他们大多是在与华人朋友的交往中喜爱上了麻将，并亲切地称其为“中国的多米诺骨牌”。[①] 麻将与多米诺骨牌除了都是长方体外形这一点外，在文化内涵上当然风马牛不相及。颇令人好奇的是，它在一个遥远的岛国还得到厚爱，且被赋予高尚的情操。

以笔者看来，在拉丁美洲地区各国为纪念华人抵达本国而举行的逢五逢十的大小庆典中，古巴的 160 年国庆更具深厚的历史文化内涵，客观全面，意蕴悠长，能够引发人们的共鸣，产生历史的回音，激起时代的浪花。虽然这一纪念比其他国家或蕴涵着更多的国家关系色彩，但对于华侨华人来说，则是应该得到的心灵慰籍和精神补偿。古巴中华会馆会长、古巴革命战士联合会副会长、华裔退役将军古斯塔沃·崔在发表讲话时，有一句话说得很好：“160 年来，华人已成为古巴历史不可分割的一部分。”

第二节　牙买加

牙买加（JAMAICA）的名称起源于印第安语，意为“林水之乡”，是加勒比海中面积仅次于古巴和海地的第三大岛。牙买加位于加勒比海西北部，北距古巴约 140 公里。1494 年哥伦布来到此地，1509 年沦为西班牙殖民地。1655 年被英国占领。1866 年成为英直辖殖民地。1962 年 8 月 6 日宣告独立，为英联邦成员国。官方语言为英语。该国面积 10 991 平方公里，首都金斯敦（KINGSTON）。全国人口 2 731 832 人（2005 年），其中非洲黑人奴隶的后裔占国民 75% 左右，其余则是欧洲白人、黑白混血人、印度人、华人、叙利亚人和黎巴嫩人等。居民以信奉基督教者居多，少数人信奉犹太教。自 1972 年 11 月 21 日中牙建交以来，两国关系不断发展。2005 年 2 月中牙宣布建立“共同发展的友好伙伴关系”，并在牙买加共同举办中国—加勒比经贸合作论坛首届部长级会议。

一、华侨华人移民史粗略扫描

从 1854 年开始至 19 世纪 80 年代，为华工苦力移民阶段。先后有 3 批华工到牙买加。

1854 年巴拿马政府将修筑地峡铁路后幸存的 472 名华工送往牙买加。这批华工在巴拿马时多已染疾，到牙买加后又因待遇不良和水土不服，大部相继死去。

① 《古巴华人在哈瓦那举行隆重仪式纪念抵古 160 周年》，国务院侨办网站，2007 年 6 月 1 日 。

唯陈八、张旺、凌三等少数华工幸存，他们逐渐发达，为该岛华社奠定了基础。①

1864 年约有 200 多名原在特立尼达和圭亚那种植甘蔗的华工，受雇于美国农垦公司，转到牙买加从事垦殖劳动。这批华工在该岛 3 年契约期满后，有的继续受雇于种植园或糖厂，有的则自谋生路经营小商店。② 显然，这一次移民潮后，已经开始出现华商。

1884 年牙买加蔗园主请香港辅政司代募的 680 名（其中男工 501 名，女工 105 名，男童 54 名，女童 17 名，婴孩 3 名）契约华工从澳门登船，辗转到达牙买加。他们除 20 余人属广东四邑人外，余者多属广东的东莞、惠阳、宝安 3 县的客家人。抵牙后，初为种植园或糖厂劳工，后逐渐改营零售商业及各种服务行业。③ 这一次是 19 世纪发生的第三次也是最后一次较大的华侨移民潮。此后华商越来越多了。

到 1945 年，牙买加华侨华人共约 8 000 人。战后初期中国出现出国热潮时，牙买加华侨华人人数曾急剧增加。1965 年，据查牙买加华侨华人共 20 974 人，其中 2/3 以上系在当地出生的华裔。④

1972 年以后，由于牙买加一度推行民主社会主义的企业国有化政策，政局动荡，经济困难，不少华侨华人移居美国、加拿大等国。至 20 世纪 80 年代初，牙买加仅有华侨 100 人，华人（裔）8 000 人左右。20 世纪 80 年代牙买加政府改变政策，其政治经济形势和社会秩序有所好转，华侨华人人口亦有增加。⑤ 到 1999 年，牙买加华侨有数百人（属中国改革开放以后牙买加华侨华人在广东的亲属或同乡移居牙买加者），华人约 2. 5 万人。他们祖籍多为广东东莞、惠阳、宝安 3 县，几乎全为客家人。有近万人聚居首都金斯顿，另有 1 万人居住在安东尼奥港，余则散居各地。⑥ 据钟伟廷介绍，如今，在首都金斯敦当地华人最集中的唐人街，东莞人特别是凤岗人，就占了整个华人街人口 90% ，大都从事销售

---

① 白俊杰：《牙买加华侨华人概述》，周南京：《华侨华人百科全书》，北京：中国华侨出版社 2002 年版，第 541 页。

② 白俊杰：《牙买加华侨华人概述》，周南京：《华侨华人百科全书》，北京：中国华侨出版社 2002 年版，第 541 页。一说这 200 名华人来牙买加时间在 19 世纪 50 年代到 19 世纪 70 年代之间。之后，从 1864 年到 1870 年，大约又有 200 名中国契约劳工从其他加勒比岛屿来到牙买加。

③ 白俊杰：《牙买加华侨华人概述》，周南京：《华侨华人百科全书》，北京：中国华侨出版社 2002 年版，第 541 页。

④ 白俊杰：《牙买加华侨华人概述》，周南京：《华侨华人百科全书》，北京：中国华侨出版社 2002 年版，第 541 页。

⑤ 白俊杰：《牙买加华侨华人概述》，周南京：《华侨华人百科全书》，北京：中国华侨出版社 2002 年版，第 541 页。

⑥ 白俊杰：《牙买加华侨华人概述》，周南京：《华侨华人百科全书》，北京：中国华侨出版社 2002 年版，第 541 页。

日用品或零售业，并且做得比较成功。①

华人绝大部分的商业活动都集中在零售业。除了零售业和批发业外，华人在其他行业也有所发展，如食品制造业和轻工业（面包业、冰淇淋生产和肥皂业等）以及食品进口业等。面包业几乎全部为华人所控制。除从事商业和制造业外，华人还积极参与其他社会活动。宗教活动是他们融入主流社会的另一条途径，绝大多数的华人精英或皈依罗马天主教，或皈依基督教圣公会。

牙买加政府对华侨华人并无歧视政策，也很少有限制，华侨华人在当地谋生不难，生活比较富裕。不知从什么时候起，华人多被当地人称为“Mr. Chin”、“Miss Chin”，尤其容易成为街边小贩和乞丐吆喝的对象。有人乍到该地，不明其意，便以为叫他（她）“秦先生”、“秦小姐”。② 这大概是后来华人比较富裕的反映。

华人与当地民族的通婚早就出现。例如，在20世纪50年代，金斯敦郊外农村教区有相当大的“混合华人”出现。与农村地区不同，这些教区具有作为华人认同中心的小“唐人街”地位。③ 即使在那些存在很多华人的城市里，华人中的异族通婚也在逐步增加。华人社区卷入本地社会的过程变得越来越明显，无论这种融合是有意识还是无意识的。当然，华人与异族通婚的现象，在所有早年有华侨华人移民或者说后来有华裔的国家和地区都会出现，并不只是牙买加一国的独特现象。

与此同时，一些华人精英也在逐步进入牙买加上流社会。这也是所有有华侨华人移民的国家和地区的一种必然趋势，不同的只是时间迟早、规模大小、形式差别而已。这里根据李安山教授的分析，指出牙买加融合的两种主要形式。首先，大部分著名的华人或皈依了罗马天主教，或皈依了基督教圣公会。其次，那些急于为牙买加社会接受的华人试图通过参与或表明自己参与各种活动（包括体育休闲活动）来增加自己融入当地社会的可能性。在华侨定居的早期历史中，华人对牙买加社会并没有太大兴趣，这部分是由于语言障碍和对当地政治不感兴趣的传统所致。“二战”后，特别是20世纪50年代，这种情况有了很大改变。牙买加华人变得越来越关注当地社会与他们自己的联系。显而易见，在牙买加出生的华裔正在逐步融入牙买加后殖民时代的社会环境之中。他们掌握了语言，理解牙买加人的价值观并且已经掌握了处理社会政治事务的能力和方法。更重要的是，他们已经拥有为获得公平待遇而斗争的勇气。融合是一种双向的过程，除了

① 《华侨异国打拼三十载，被誉“牙买加日用品大王”》，东莞归国华侨联合会网站，2010年7月15日。

② 《中国人在牙买加都姓“秦”》，《环球时报》，2011年2月21日。

③ 李安山：《生存、适应与融合：牙买加华人社区的形成与发展》，《华侨华人历史研究》2005年第1期。

牙买加人改变他们对于华人社区、组织和机构的态度之外，华人也正在改变他们的会员政策，使其更加具有包容性。①

这里顺便简单地讨论一下关于华侨华人移民血统的衰退以及后果问题，实际上也就是随着时间的流逝造成的华侨华人血统的“水土流失”问题。毋庸置疑，如果华人一方保持一代代地与异族通婚的话，华侨华人血统的“水土流失”是不可避免的。一代代华人的血脉会1/2、1/4、1/8地衰减下去。所以，防止血统“水土流失”的唯一办法是同族通婚，这就需要足够数量的华人妇女。这对于上百年前出洋的华侨华人男性来说是一道难题，因为中国传统上只有男性出洋，女性要留守家中伺候公婆，出洋女性极少，偶然有的话，也如天外来客一般稀罕。对于远在天边交通条件极为不便的南美与加勒比海群岛一带的华侨华人来说更是如此，这一带几乎找不到华侨华人妇女的身影，因此这里的男性找“番婆”的情况更加普遍，也就是说，这一带华侨华人血统的“水土流失”的问题更为严重。在邻近中国的东南亚地区，华侨华人血统“水土流失”问题，是靠20世纪三四十年代后中国本土妇女的大量出洋而得以解决的。在出洋妇女的数量达到一般比例（最好性比例达到大致平衡）的情况下，便基本上可以“一劳永逸”地解决这个问题，因为过去的华侨华人男性只要在自己族群内部找到异性，一般都不会到族群外去找“番婆”作为配偶。但这种情况对于南美加勒比海地区来说难以出现，因为这一带很难出现华侨华人妇女大量前来的现象。因此，这一带华侨华人血统“水土流失”的速度特别快，也就是说，华裔的比例特别高。如果一个国家的华侨华人移民潮络绎不绝，大量前来的男性移民人数暂时或会“冲淡”“唐”与“番”两者间的比例，但随着这些新移民不断地续娶“番婆”（尽管他们家有妻室），一代代华裔的人数还是很快增加。当然，这是历史上的情况。今天，这个问题已经不是问题了。

过去华侨华人血统与华侨华人文化是直接相关的，一般来说，血统越少，对中华传统文化的兴趣会越低。但不同地区的情况是大有差异的。在拉丁美洲地区，有很多华裔（即使是自身华人血统很低的华裔）对中华文化的热情一样很高。这个问题在别处还要谈到，这里暂且搁下。

另一个重要方面，也是各国华侨华人移民史上的重要问题，即华人在牙买加社会的政治参与。这也需要华人与当地社会两个方面的双向适应。华人的适应在先，开始得比较早。早在20世纪40年代，华人精英就步入政治参与的进程。对于华人移民来说，特别是在他们移民的早期，在客居国保持低姿态是非常普遍的

---

① 李安山：《生存、适应与融合：牙买加华人社区的形成与发展》，《华侨华人历史研究》2005年第1期。

事情。牙买加的华人在20世纪50年代开始努力改变这种状况，他们希望充分利用当地政治为华人社区的利益服务。这仅仅是华人精英迈出的第一步，要使绝大部分华人都开始将牙买加看作是“吾国吾家”，还需要一段时间，与此同时还要等待当地社会适应，且华人的适应也与当地人对华人的态度紧密相关，两者的适应是个相辅相成的过程。而当地社会的适应则比较晚。牙买加社会在很长一段时间里就不愿意接纳华人进入牙买加议会。这一状况直到20世纪50年代后期才发生改变。戴丁贵于1959年被提名为一院制议会委员。当牙买加于1962年获得独立的时候，陈英豪成为新国会的议员。在他的事业生涯中，他对华人社区和牙买加都作出了巨大贡献。① 据说牙买加众议院议长德尔罗伊·卓也是祖籍广东的华裔。② 牙买加的华人跟其他国家的华人一样，都经历了从外来者到国家公民这样一个漫长而又艰难的过程。

中国人已在牙买加生存了150多年。有些华人家庭在此地已有五代之久，华人和此地的土人同舟共济，而很多大企业都有华人投入的资金或者华人在这些企业中拥有控制权。牙买加的华裔成功人士仍在相继出现。李秦是一个例子。他的祖先来自中国，母亲是当地人。他是加拿大最富有的17名亿万富翁中唯一的华裔，拥有著名的私人互惠基金公司——利基投资顾问公司（AICLimited）。他靠金融冒险起家，以10亿美元的资产，登上《福布斯》杂志的全球富豪排行榜第490名。他于1951年出生在牙买加一个中低阶层的家庭，是9个兄弟姊妹中的大哥。③

对于新移民中的成功人士来说，特别是对于那些从事与中国有关的行业的人士来说，他们还得益于中国的开放政策。钟伟廷是这样一个例子。他1958年出生于东莞凤岗镇三联村洋稠尾村小组，到了1976年，年仅18岁的钟伟廷迫于生计，从小学四年级辍学后，只身漂洋过海来到牙买加，开始了自己的打工生涯。打工60天后，钟伟廷意外收到父亲从凤岗寄来的信件，信中父亲只写了四句诗给予鼓励：男儿壮志出乡关，事若不成誓不还，葬身何须枯祖地，人生到处有青山。钟伟廷深受鼓舞，更加发奋图强工作。3年后，积累了一定资金的钟伟廷自主创业，开始经营自己的店铺。他从小小的店铺开始，一步一个脚印地发展。钟伟廷从中国进口日用品到牙买加销售，30多年来，几乎涉足了所有的日用品销售。事业有成后，钟伟廷不忘家乡人民，先后介绍凤岗镇106名家乡人到牙买加就业或投资发展。此外，他还曾担当牙买加东莞同乡会会长，经常帮助华人维护

---

① 李安山：《生存、适应与融合：牙买加华人社区的形成与发展》，《华侨华人历史研究》2005年第1期。

② 《中国人在牙买加都姓“秦”》，《环球时报》，2011年02月21日。

③ 《中国人在牙买加都姓“秦”》，《环球时报》，2011年02月21日。

其合法权益，大力协助侨胞投资发展。2010年6月，钟伟廷应市旅游局和外事侨务局的邀请，在参加“2010华侨华人畅游东莞”活动之余回到家乡凤岗观光。如今，东莞籍的华侨，特别是凤岗籍的华侨在牙买加不仅站稳了脚跟，而且还成了当地最大的日用品销售群体。[①]

毋庸讳言，不久之前的牙买加还是一个政局动荡、暴乱频仍的国家。今天，人们还不能将“河清海晏、天下升平”一类颂语赠送给牙买加，即使没有街头骚乱，没有示威游行，牙买加社会深处潜藏的暗流仍在涌动，民族关系还谈不上和谐。例如，2010年5月，牙买加当局为了搜捕被美国通缉的大毒枭科克，连日来和科克的支持者爆发激烈枪战，造成超过60人死亡。首都金斯敦沦为战场，并发生骚乱，有华人商铺遭受冲击。在牙买加，90%的人口是黑人和混血儿，其他的是华人、白人和印度人。牙买加是加勒比地区华人最集中的地方，尽管华侨华人刻苦努力，在经济上占有一定优势，但在政治上没有力量，在政府和国会里还没有位置，故常常成为实施暴力的对象。牙买加华侨华人在努力融入当地社会的同时，对自己的人身和财产安全仍需时时警惕，处处留神，对自己的合法权益还要积极维护。

二、华侨华人社团历史刍览

牙买加华侨华人社团曾有过不平凡的一页，在帮助华人立足创业、济困扶穷、维护华人合法权益上贡献良多。不过，现在所能查到的，多是历史上已经成立的社团，出现于重要场合的，也都是它们领袖的身影。虽然以新移民为主体的社团也已经出现，但目前在华侨华人社会中比较活跃的，还是有悠久历史的老社团。当然，老社团也适应了时代的变化，与时俱进，继续为侨胞服务。应该说明的是，有关牙买加历史上的传统华人社团，李安山教授已经作了较为详尽的描述，笔者没有进行更多的补充，故以下关于这一部分内容多据李安山《生存、适应与融合：牙买加华人社区的形成与发展》一文辑录和编撰。

在牙买加所有华人社团中，最重要的无疑是中华会馆。它是华人在牙买加建立的唯一一个为全体华人移民服务的组织。据说，最初有两个中华会馆，后来一个自行解散，另一个留存至今。后者由陈八、张胜（伯）、黄昌（一说还包括陈东高——笔者注）等人于1891年成立于首都金斯敦。馆内奉祀关帝神位，以求福荫。成立初，该会拥有约500名会员。会馆的维持与运转是由周期性的捐赠和诸如征收的赌博费等特殊收入支持。从那时起，中华会馆既在华人社区内部发挥

---

① 《华侨异国打拼三十载　被誉“牙买加日用品大王”》，东莞归国华侨联合会网站，2010年7月15日。

了广泛的作用，又成为华人社区与当地政府的桥梁。[①] 它的基本功能有：致力于华侨教育、公益、慈善、赈济、卫生事业以及对外交涉、保护侨胞权益、调解侨界纠纷、救国事业等。

关于中华会馆的领袖及其沿革应该提一提。据百度百科资料，它的首任总理（主席）为陈东高。1895 年正式向牙买加政府注册登记，正式注册名称为中华会馆有限公司，华侨简称公司。1904—1916 年，林丙控制馆务，因“仗势欺人”，一部分华侨遂于 1905 年另立牙买加如意堂，以相抗衡。林丙死后，馆务停顿数年。1921 年恢复馆务，实行总理制，由陈昌朋任总理。1921 年会员达 3 618 人，组织强大。1930 年改为委员制，叶俊万等先后当选为主席。1957 年通过新章程，定名为中华会馆。其宗旨是对外代表全体华侨，对内排难解纷，推进侨务，发展文化事业及举办慈善公益。

中华会馆在其鼎盛期的下属组织曾有“五个一”：一所学校、一家医院、一家养老院、一块墓地和一份报纸。一所学校即华侨公立学校，其前身由致公堂于 1920 年创办，后也被称为新民学校，1928 年被中华会馆接管后重新定名为“华侨公立学校”，并迁往由中华会馆花费 2 300 英镑购买的校址。第二次世界大战后期，华文学校在牙买加各地出现，但随着新一代华人的英文化倾向，抗止不了衰落之势。一家医院即由中华会馆 1923 年 5 月正式建立的华侨留医所（即华侨医院或住院部门）。一家养老院即华侨颐老院（又称老人房），相当于华侨养老院，建立于 1877 年，20 世纪 60 年代早期中华会馆决定重建华侨颐老院。一块墓地即“中华义山”，为 1904 年 4 月华人社区领袖陈连高、张胜等人在金斯敦的心平·阿西里路购买 12 英亩土地建立的华人公墓，1927 年有六位华人领袖号召华人社区捐助进行了第一次修葺，历时约两年，1957 年进行了第二次修葺。一份报纸即《中华商报》，由郑永康于 1930 年 10 月 18 日创立。1931 年郑永康将它出售给李谭仁和郑维玉。中华会馆于 1935 年接收了这份报纸并改名《华侨公报》。此后《华侨公报》成为中华会馆乃至整个华人社区的主要代言人，在社区生活中发挥了非常重要的作用。1956 年 10 月报纸停止发行，1975 年重新发行。总的来说，随着时间的推移，华人逐渐适应了牙买加社会。身为华裔的年青一代开始视自己为牙买加人而不是中国人。曾经在华人社区扮演了重要角色的中华会馆也逐步走向衰落。

早年牙买加中华会馆是全侨的总机关，在华侨华人中的号召力和影响力比较大，当年所有旅居牙买加的数万华侨，都曾是中华会馆的成员，由此可见一斑。

---

① 李安山：《生存、适应与融合：牙买加华人社区的形成与发展》，《华侨华人历史研究》2005 年第 1 期。

之所以如此，一个重要原因是，牙买加的老一辈华侨，几乎全都是惠东来的客家人，大家不分彼此，容易团结一致，也没有派生出更小的地缘性组织。

牙买加侨联社于1955年成立于牙买加金斯敦。会员多为中老年华侨华人约30人。其宗旨是联络感情，宣扬祖国文化与传统道德，协助侨胞开展福利事业。该社自成立以来热心为侨民服务，注意开展联谊活动。每逢春节、中秋节以及中国国庆该社都举行庆祝活动，还经常接待中国访牙团组。

牙买加最早的政治性团体是1884年成立的致公堂分部，也是牙买加第一个正式的华人组织，其主要成员为原来的种植园工人。它在各个方面为华人社区作出了贡献，例如建立华侨学校、组织为老年人捐款以及为中华会馆购买办公室等。中国国民党牙买加支部也是一个政治性团体，1945年4月13日建立。但由于华人社区对中国政治冲突越来越不感兴趣，因此国民党对此也逐渐失去影响力。

在牙买加华人社团历史上，娱乐性社团组织是不可忽略的。所谓娱乐性组织，包括戏剧协会、舞蹈剧团、文学俱乐部和篮球队等，都是由出生于牙买加的华裔所建。建立这些组织的原因是多方面的。首先，这是摆脱老一辈人控制的需要；其次，因出生于牙买加的华人被排除在牙买加中层和上层阶级的圈子之外，因此，他们决定建立自己的组织；还有就是在抗日战争期间，中华会馆采取了不同的措施来动员华人社区，戏剧和舞蹈是常见的形式之一，这也刺激了人们对娱乐活动的兴趣。第二点原因尤其值得注意。在牙买加华侨华人历史上，有一个十分有趣的现象，就是有一定社会地位的人特别是名人喜欢自我陈述自己喜爱的娱乐活动来抬高自己的地位，据说每个华人至少有一种特别喜爱的休闲活动。缘因于他们多来自中国农村，而中国农民是无暇也没有兴趣进行娱乐休闲活动的，在来到牙买加后一段很长的时期内仍然如此，因为养家糊口是他们的“第一要务”。华侨华人在积蓄了一定的财富后，便产生了与他们的社会地位相称的欲望。而社会地位最明白、最简捷、最显眼的标志，便是被视为富人专利的娱乐休闲活动。这类活动很多，不需要很多技巧的大众运动如游泳、散步以及听音乐等；需要更加专业的运动如网球、跳舞，以至所有户外活动等。最好的办法，是参加某个或某些娱乐休闲组织，便可水到渠成地达到显示自己社会地位的目的。这可能是牙买加娱乐休闲组织大量出现的主要原因。华侨华人参加娱乐休闲组织还可派生出加快融入当地社会的效果。这类组织不少，不具列。

商会是所有华人社团中最不可忽略的一类。牙买加在1938年曾发生过反华骚乱。在骚乱之后，华人建立了商业行会和贸易协会来保护自己的利益。在第二次世界大战期间，还有其他一些组织为了相同的目的而建立，其中包括华侨零沽商会（1942年）和雪糕餐馆商会（1943年）。这些组织为华侨商业的发展作出了巨大贡献。其中由叶运生建立的华侨零沽商会最受欢迎。它努力保护成员的利益，并在华商与殖民政府之间发挥了重要的桥梁作用。零沽商会被人们称为“华侨商业之堡垒”。

在牙买加华人社团历史上，20 世纪 30 至 40 年代出现的抗日团体曾经在居住国为动员、宣传抗战作出过卓越的贡献，在历史上留下了辉煌的一页。牙买加华侨抗日救国会就是当时牙买加华侨的抗日组织，虽然它已经完成了历史使命，但人们永远不会忘记。

历史已经翻过新的一页，今天，牙买加最大的华侨华人社团仍然是中华会馆，主席 WILSON LOOK KIN（应是陆金），次有华人协会，主席黄炳苏。此外，有牙中友协，以及中资机构和中国援牙中文教师等。他们常出席中国大使馆主办的重要中国节日庆典。

但是，今天新移民社团也已开始登上牙买加华侨华人社会的历史舞台。广东东莞是牙买加华侨华人的重要来源地之一。居住在牙买加的东莞同胞于 2010 年 5 月份成立了同乡会。同乡会成立时，牙买加共计 800 多名东莞籍华侨，其中，凤岗籍的华侨就有 600 多人。领导层中，凤岗镇三联籍的钟伟廷荣任会长、居委籍的卓勇伟、竹塘籍的张力坚等任副会长。① 又据 2011 年的信息，东莞同乡会有会员 200 多人，张力坚任会长。② 张力坚出生于凤岗镇竹塘村。1978 年，他远离家乡，移民到香港发展，与父亲一起经营农场。1985 年，他携刚结婚一年的太太到牙买加创业，在异国他乡欲谋求一片新天地。

同乡会自成立以来，以热情服务牙买加的东莞籍乡亲、加强牙买加与东莞的交流合作为宗旨，积极推介东莞的投资环境和帮助东莞企业开拓海外市场，同时，还为两地的经贸合作和商贸往来作出积极贡献。目前牙买加东莞同乡会已经与苏里南东莞同乡会、皆因东莞同乡会联合在东莞成立了经贸联络处。

三、华侨华人文化活动片段

有关牙买加华侨华人文化活动的资料不多，但可以肯定该国华侨华人在这方面的活动开展得有声有色，且不是“自娱自乐”，而是融进当地的文化活动中。一个例子是“牙买加日”。

“牙买加日”是该国设立的一个以青少年为对象的全国性节日，自 2001 年起，每年都举办一次主题庆祝活动，旨在增强牙买加青少年对牙买加历史和文化

① 《牙买加东莞同乡会成立》，凤岗网，2010 年 5 月 11 日。

② 《牙买加东莞同乡会侨领张力坚先生来访市侨联》，东莞市侨联网，2011 年 8 月 31 日。

的了解，提升民族自豪感，更好地致力于国家建设。显然，“牙买加日”本来只是一个当地民族的节日，但后来中华文化的元素也被嵌了进来，最明显的例子是2004年。这一年，“牙买加日”的主题是“龙的传人”，从题目来看已经是百分之百地“中国元素化”了。从活动安排来看也是如此，先看中华会馆，活动前就得到精心布置，充满节日气氛。五星红旗和牙买加三色国旗在广场上飘扬。大厅内，大红灯笼高高挂，民乐欢快绕梁。总之，会馆内外洋溢着中华文化的浓郁气息，场面隆重热烈。再看活动内容，活动期间，举行了文艺表演，赏心悦目，精彩纷呈。中国武术、舞狮和民族歌舞等中华文化传统保留节目，自然是一个也不能少，师生们也看得如醉如痴。此外，大使馆还应邀在现场举办了“将目光投向中国”图片展、中国工艺品展和中国服饰展，放映了介绍中国风光和文化艺术的纪录片。

此次活动，由牙买加教育青年文化部与牙买加中华会馆共同主办，地点在中华会馆总部，牙买加2 500名师生代表参加了上述活动。2004年11月19日，中国驻牙买加大使赵振宇应邀出席了庆祝活动并发表演讲，他感谢牙方将“龙的传人”作为今年“牙买加日”活动的主题，并以龙为引子全面介绍了博大精深的中华文化。他希望此次活动能增进牙买加青少年对中国和中华文化的了解。牙买加教育青年文化部长威尔森在致辞中也对赵大使作为特别嘉宾到场介绍中华文化表示衷心的感谢，同时高度评价牙买加华人150年来对牙买加社会和经济发展所作的突出贡献，认为华人身上所代表的中华文化给牙买加民族文化提供了丰富的养料，增添了新的活力。①

2011年10月29日至11月4日，中国人民解放军海军“和平方舟”号医院船访问牙买加首都金斯敦，为牙买加民众开展人道主义医疗服务，作为全球性人道主义使命的一部分，中国海军医务船派出很多医生和护士，尽其所能地为牙买加的穷苦民众提供实实在在的有效诊断和治疗。其实，这也是一次中华文化的传播活动，是中国政府对牙买加华侨华人开展文化活动的外围支持。

长178米的“和平方舟”号，是一所浮动医院，成立于2008年，搭载100多名医疗志愿者。这次是它的第二次国外之旅。在牙买加停留期间，“和平方舟”号医院船共为1 500余名牙买加民众和在牙买加中资机构、华侨华人提供医疗服务，实施手术29例，住院治疗18人。医院船还派出医疗分队，前往金斯敦公立医院、奥林匹克花园医疗中心进行义诊。医院船上的文化联谊分队还前往两

---

① 《驻牙买加大使赵振宇出席以“龙的传人”为主题的2004年“牙买加日”活动并发表演讲》，中国外交部网站（驻牙买加大使馆供稿），2004年11月21日。

所小学进行文艺表演，介绍卫生常识，并赠送文体用品。[①] 官兵和医务人员忘我的工作态度和精湛的医疗技术赢得了牙买加民众的广泛赞誉和高度评价，不仅在当地民众中引起很大反响，美联社、《集锦报》、《观察家报》、金斯敦电台等国外媒体也纷纷对这一活动给予充分报道和积极评价。[②]

牙买加的华文教育也已薪火重燃。过去很长一段时间以来，牙买加的华文教育环境不佳。由于华侨日常用语是英文，华侨华人子女少有学习和应用中文的机会。华侨华人子女生于当地长于当地，耳濡目染，都是西方文化。当地虽也有华文教育，但不是必修科目，一般都只是课余供选择学习的语言而已。再者，家长忙于工作，没有时间为子女找寻华文教育的机会，很多家长也只能无奈地接受子女不愿意学华文只愿学英文的现状。凡此种种，使牙买加华侨华人子女学习中文的风气越来越薄弱，更不用说推广与普及了。结果是，多年以来，华文学校逐渐消失。有鉴于此，在新千年后，中华会馆试图在华侨华人中重建华文教育。作为一个已经在牙买加存在了120余年、一向以推广中文教育为宗旨的中华会馆，在广大华侨华人义工的支持下，终于使华文教育有了重生的机会。[③]

今天，由于中国国际地位的不断提高和中华文明的博大精深，越来越多的牙买加人对中国和中华文化抱有浓厚兴趣，牙中友好合作关系具有广泛的社会基础。相信经过旅牙华侨华人的不懈努力，中华文化在当地传承弘扬与交流的前景是美好的。

第三节　多米尼加

多米尼加位于加勒比海伊斯帕尼奥拉岛东部，西接海地，南临加勒比海，北濒大西洋，东隔莫纳海峡同波多黎各相望。多米尼加于1844年脱离海地管治，真正宣布独立。1865年，击退西班牙入侵。首都位于圣多明各，国土面积48 734平方公里。全国人口1 009万（2009年估计），主要人种为印欧混血人、白人和黑人，分别占73%、16%和11%。主要宗教为天主教。该国承认台湾，并在台湾设有“大使馆”，但中国在多米尼加驻有贸易发展办事处。

---

① 《驻牙买加使馆成功接待中国海军医院船“和平方舟”号访牙》，中国外交部网站，2011年11月6日。

② 肖中仁：《“和平方舟”圆满完成对牙买加的友好访问和医疗服务》，国际在线，2011年11月5日。

③ 王玉妹：《牙买加华侨子女之中文教育去向》，提交2003年世界华侨华人社团联谊大会，据中国侨网。

一、另一个恩平传统华人居住国的移民历史斑影

多米尼加是拉丁美洲比较典型的移民“吞吐国”之一，但又与别的移民“吞吐国”稍有不同。别的移民“吞吐国”的“吞”或“吐”主要起过境作用，随时都在“吞”，随时都在“吐”，没有一个很明确的时间分野。而多米尼加的“吞”与“吐”的时间分野很明显：

“吞”主要发生在20世纪上半期，除中国人（主要为广东人）外，还有中东人（主要为黎巴嫩和叙利亚），另有日本人和少许韩国人也移民多米尼加。他们主要从事农业和商业活动。多米尼加也有来自加勒比海其他岛国上的移民，从事蔗田和港口货物搬运相关的工作，多数定居在北部银港市和南部的圣彼德市。粗计这些岛国的移民人数大约为28 000人。中东地区目前大约有3 400人在多国，日本人大约有1 900名，主要从事农业和商业方面，韩国人大约为500人。①

“吐”主要发生在20世纪中期后，由于政治和经济方面的原因，多米尼加人大批移民国外，主要是美国。该国人移民美国的人数在拉丁美洲国家之中，仅次于墨西哥、波多黎各和古巴。数以万计的人为了寻求更好的生活而非法偷渡。大部分是从该国东边靠海的小镇 Miches 雇船，横渡波多黎各，然后在波多黎各使用伪造的身份证搭机到美国。2008年12月还发生过轰动一时的49名没有证件的非法移民从多米尼加前往波多黎各的途中遇难事件。大多数人移民美国后，又回过头汇款资助其在多米尼加的亲人。这种情况，颇类似于墨西哥在美国的移民，也颇类似于中国沿海地方一些移美民众。当然，在“吐”的时期，一些原居住在多米尼加的华人也是以这样的方式移往美国的。

把眼光放远一点看，华侨华人移民多米尼加已经有150多年历史。早期多米尼加华侨多来自广东恩平等市县，其中吴姓人士最多。“二战”前该国约有华侨2 000人。20世纪中期，曾有大量中国人移民到多米尼加岛上，多数做矿工和铁路工人。到20世纪70年代，还居住在多米尼加的华人约700名，他们多来自广东和台湾，主要居住在首都圣多明各城附近。1982年该国有华侨300人，华人700人。1984年华侨华人共5 800人。至1998年华侨华人增至18 000人。其中，75%来自中国大陆，15%来自台湾，6%来自香港。他们分布于首都圣多明各市、圣地亚哥市、那罗曼拉市、波多巴拉市和巴拉安那市等地。②

---

① 据百度百科资料。

② 白俊杰：《牙买加华侨华人概述》，周南京：《华侨华人百科全书》，北京：中国华侨出版社2002年版，第541页。

至于今天居住在多米尼加的华侨华人人数，则说法不一，有说15 000多人（吴玫瑰于2006年11月21日在广东海交会所说）；有说2万人，其中95%是广东恩平人；[①] 有说3万~5万人（当地华人）。几者相差很大，可能是对华人或华裔的标准把握松紧不一的缘故。第一、二种说法比较谨慎，第三种说法比较随意，但并非毫不靠谱。说多米尼加华人中恩平籍人比例高达95%，显然是老皇历了。至少在20世纪80年代下半期，多米尼加华侨华人中，已有来自台湾者（约占10%）、来自香港者（约占5%），还有来自湖南、江西、山东、河北、河南等省的各有三五家。[②] 不过，直到今天，大多数多米尼加华侨华人（主要是传统华人）的祖籍地仍然为广东恩平，则可肯定。而这里的恩平华侨华人，则为吴、何、岑、梁等大姓氏。如果说委内瑞拉是一个以恩平新移民居绝大多数的国家，则多米尼加便是一个以恩平传统移民占绝大多数的国家。至于目前的新华侨华人，一说大多来自广东、广西，他们主要从事美容服务、餐饮和进出口贸易。

顺便指出，据2007年资料，多米尼加尚有500~600名比较“正统”的华裔人士，他们是自父辈从中国来多后，华人之间或华人与当地人通婚后的第一代华人后裔，均不会讲汉语和广东话，目前多年龄较大，但多从事教师、医生、律师、作家、研究员、经济学家、商人等知识界工作，在多国社会中处于中上层，具有一定的社会地位和影响。[③]

该国华侨华人主要经营商业和服务业，其次为工农业。20世纪90年代以后，由于港台和中国大陆新移民先后带来了资金、技术和新观念，给当地华营商业注入了活力。杂货店是该国早期华侨的传统行业，20世纪90年代末仍约有70家杂货店。首都圣多明各规模最大、资本最雄厚的“公主超级市场”，是华人方焕棠经营的。他还生产酱油、沙拉、豆瓣酱、草菇等供应全国的超市、杂货店。多米尼加华营企业以旅店数目最多，利润也大，20世纪90年代末，在首都圣多明各有90家，圣地亚哥8家，其他城市3家，规模较大的有首都的“大使观光酒店”等。华营钟表业在多米尼加同行业中占95%，约近80家，许多华侨华人修理并经销钟表，修表技术深得当地人好评。中餐馆较出名的有“大使酒店翠园餐厅”、“长城”、“美味”、“龙楼”、“海鲜楼”、“南亚”、“叙香园”等。有的从港台高薪聘请厨师。各餐馆分别以海鲜、烧腊、小吃、海南鸡饭、马来食品等为特色，招徕顾客。仅首都就有华营餐馆85家左右。华营商业还有进出口贸易行17家，照相馆7家。华营工业属小型轻工业工厂，有电器厂、家具厂、化工厂

① 《林琳会见多米尼加洪门致公总堂和中多联合总商会团》，广东侨网，2008年11月17日。

② 梁贤继编著：《多明尼加、海地共和国华侨概况》，台北：正中书局1988年版，第27页。

③ 《多米尼加华裔人士设晚宴欢迎中国驻多贸易处官员》，中国侨网据中国外交部网站消息，2007年8月31日。

等，资本额不等。华营农业则包括小型养鸡场、果园、种植水稻、蔬菜、杂粮等。还有数家大型种植场专门从事雪豆、芥蓝的生产，空运美国。[①]

在多米尼加华人精英中，吴玫瑰是杰出代表。她祖籍广东恩平，出生于多米尼加，在多米尼加是第二代华人。几十年前，其父吴福水离开故乡恩平，漂洋过海前往多米尼加谋生，并在当地定居下来，娶当地女子为妻，生下了她。吴玫瑰曾任该国矿业部副部长、技术部副部长、总统顾问。2011 年 5 月 19 日起出任多米尼加驻中国贸易发展办事处（简称“多米尼加驻华贸发处”）首任代表。在与中国没有正式建交的情况下，此职也算是多米尼加驻中国的最高代表了。在她就任多米尼加驻华贸发处首任代表后，2011 年 6 月，广东省侨办主任吴锐成、省政协外侨委主任吕伟雄，以及家乡恩平、江门两地的代表，到北京祝贺她上任。她上任后，着力开展宣传，促使更多中国人去多米尼加投资、旅游，也让多米尼加人认识中国，把产品销往中国。

吴玫瑰虽然长着典型的中国女子脸孔，但一口快速的西班牙语，丰富生动的表情，表现出双重文化的烙印。她始终记得父亲临终前紧握着她的手说的话：“要记住，你的父亲生于中国恩平乌石村。我多么渴望与兄弟团圆，你将来一定要回到中国，要圆我不能圆的回乡梦啊！”因此，从 2005 年到 2007 年，她连续 3 年访问家乡恩平，任首任代表后又一次回乡。她第一次去恩平，见到 90 多岁的叔叔，他告诉她关于家族的历史。那次，她还带儿子去认祖归宗，让他们对中国多一点了解。[②]

多米尼加华侨华人对自己的移民、生存和发展历史非常重视，认为构思和撰写《多米尼加华人移民史》对于增强旅居多米尼加的华人及其后代对中华民族的认同感、弘扬中华文化传统、推动多米尼加和谐侨社的建设、增进中多两国人民间的友谊和交往具有十分重要的意义。由吴玫瑰、JOSE CHEZ CHECO 和 MUKIEN SANG BEN 等发起和承担的历史书籍《多米尼加华人移民史》项目已于 2008 年启动。2008 年 1 月 8 日，中国驻多米尼加贸易发展办事处代表王卫华会见上述人士，向其递交资助支票。[③] 这一举措是非常值得赞赏的，应该说，是源于他们对本国华侨华人的挚爱，源于他们对祖先筚路蓝缕的奋斗生涯的珍惜，源于他们对后代发展路向与文化底蕴的期盼，从根本上来说，是源于他们对以中华文化为底色的当地华侨华人基本价值观的认同。实际上，不少国家的华侨华人都

---

① 白俊杰：《牙买加华侨华人概述》，周南京：《华侨华人百科全书》，北京：中国华侨出版社 2002 年版，第 541 页。

② 《吴玫瑰：“我是中多两国关系的推动者”》，广东侨网，2011 年 9 月 7 日。

③ 《中国驻多米尼加贸易发展办事处资助〈多米尼加华人移民史〉项目》，中国外交部网站（驻多米尼加商代处供稿），2008 年 1 月 9 日。

有撰写本国同胞移民史的愿望，但由于各种各样的原因，付诸行动的还不多。多米尼加华侨华人的这一举措，无疑是值得各国华社学习的。

二、华侨华人社团侧观

多米尼加是一个华人移民历史悠久的国家，华人社团出现的时间也比较早。可惜有关多米尼加华侨华人社团的信息非常短缺，现在还难以检索到有价值的资料。经常在传媒上出现的社团虽然不多，但比较集中。例如，在中国驻多机构举办的重要宴会上，经常出现的社团有：多米尼加华侨总会、三益堂、洪门致公堂、至德堂、七姓堂、中多联合总商会、青年会、鲜花基金会等，出席的侨领常常上百名，说明该国的华侨华人社团还是颇具规模的。即使上面这个社团清单还不齐全，但可以相信它们是目前多米尼加最重要的华人社团。它们中有很多历史十分悠久，相信其经历也十分曲折。但目前它们都爱国爱乡，团结合作，和谐共存，诚心诚意为华侨华人办实事。① 由于它们的资料不多，这里就不一一赘述了。但有一点应该指出，在多米尼加的传统社团中，宗亲社团比较突出，如上面的三益堂，便是何氏的宗亲社团；至德堂，则是由吴姓、曹姓、方姓、蔡姓等联合组成的。此外，还有吴氏宗亲会等。之所以如此，应是与该国传统华人中几乎是清一色的恩平籍人有关。在恩平传统社会中，大姓的地位是十分显赫的。多米尼加历史上还有华侨青年会，20 世纪 80 年代曾十分活跃，只可惜后来情况不详。

以上社团中，要数鲜花基金会比较年轻。鲜花基金会，全称“花儿赠与所有的人基金会”，成立于 2000 年，是吴玫瑰在多米尼加总统的支持下发起成立的。吴玫瑰至今一直担任该基金会主席，政府也投入巨资支持该基金会运作。据说基金会的名字取自智利一位诺贝尔文学奖获得者经常说的一句问候语，非常好听。该基金的运作主要从三方面展开：在首都圣多明戈建设一个中国城、成立文化中心；开办孔子学院；建立一所中医药服务机构。②

这里值得一提的是 2009 年 2 月 5 日在圣多明各丽晶大酒楼正式成立的多米尼加“中国同学会”。首届理事会成员和 30 多名会员参加了成立仪式和餐会，中国驻多米尼加贸易发展办事处代表王卫华和副代表赵培先、多中友协主席桑达纳、国务部长梅希亚代表玛尔塔、鲜花基金会主席吴玫瑰等嘉宾应邀出席。同学会候任秘书长路易斯・冈萨雷斯宣读了同学会章程和首届理事会组成名单，首届理事会全体成员举行了庄严的宣誓仪式，首任同学会主席、旅游部副部长路易

---

① 《多米尼加侨社办晚宴欢迎中国驻多贸易办事处官员》，中国侨网，2007 年 7 月 19 日。

② 《吴玫瑰：“我是中多两国关系的推动者”》，广东侨网，2011 年 9 月 7 日。

斯·西莫发表讲话。“中国同学会”成立的背景是：近年来，中国政府每年均邀请一些多米尼加政府官员、专业人士和学术界人士去中国参加各种类型的培训班、讲习班等。到多米尼加同学会成立时，这类人士累计已达50余人。访问中，他们不仅与中国同行在其专业领域进行了交流、切磋，而且亲身感受了中国的发展和进步，领略了中国的文化和风光，结识了许多中国朋友。很多人非常激动和兴奋，回来后专门到中国驻多米尼加贸易发展办事处表示感谢，希望继续保持联系。一些人由此产生成立“中国同学会”的想法。经过以旅游部副部长西莫为首的团队几个月的努力，这一想法终于即将变成现实。正如中国驻多米尼加贸易发展办事处代表王卫华所说，成立“中国同学会”是一个有利于增进两国人民间相互了解、交流和友谊的新鲜而重要的尝试，它不仅可以为应邀去华参加培训活动的多米尼加各界人士提供一个开展相互交流的平台，使他们可以不断加深和更新对中国的认识，追踪中国今后的发展、变化，而且也可以利用自身的优势开展促进中多两国间友好交往的工作，意义非常深远。① 虽然“中国同学会”是个由多米尼加政府官员、专业人士和学术界人士组成的团体（不排除他们之中现在或将来会出现华裔人士），但由于他们与当地华侨华人社团的亲密关系，对华侨华人进一步在两国间发挥桥梁和纽带作用是有积极意义的。

多米尼加侨胞与华侨华人社团也十分关注祖国发生的重大事件，比如自然灾害，并为此而奉献出爱心。例如，2010年5月7日和10日，旅多侨团七姓堂和华侨总会的代表分别来到中国驻多米尼加商代处，递交了当地华侨华人为支援玉树人民抗震救灾募集的捐款，其中华侨总会30 600美元，七姓堂20 000美元。商代处代表李东以灾区人民的名义向华侨总会代主席冯赐权、洪门致公总堂主席岑高峰、中多联合总商会主席何明达以及七姓堂公关部长朱翼忠等侨领表示感谢。② 对一个与中国还没有邦交的国家的华侨华人来说，他们的善举尤显得难能可贵。

三、华侨华人文化一瞥

1. 圣多明各中国城：多米尼加华侨华人社会的新“地标”

多米尼加华人历史悠久，当年华人从其家乡带过去的节日与风俗民情肯定很多，百十年来，薪火相传，源源不断。但也应明白，民俗风情随着时间的流逝而

① 《多米尼加“中国同学会”成立》，中国外交部网站（驻多米尼加商代处供稿），2009年2月7日。

② 《旅居多米尼加华侨华人向青海玉树人民捐款》，中国外交部网站（驻多米尼加商代处供稿），2010年5月11日。

渐渐弱化，这是正常现象。不过，同样由于资料短缺的原因，现在还难以对过去该国华侨华人的文化活动进行详尽的勾勒，姑留待贤者考实。

然而，要说多米尼加华侨华人最近弘扬中华文化的大举措，当为“圣多明各中国城”项目莫属。该项目是多米尼加第二代华裔吴玫瑰多年来一直不遗余力地推动的结果，目的是促进当地华侨社会的和谐与团结，以及中华文化在当地的发扬光大。①

该项目的创意来自吴玫瑰在美国三藩市唐人街的旅游。她觉得三藩市的唐人街既有中国民族风情，又有商业和旅游价值。回到多米尼加之后，她便利用自己担任的鲜花基金会主席的便利，倡导在多米尼加建设一个三藩市式的中国城。大体来说，要对原华人商铺比较集中的老城区进行大面积改造，修建中国牌楼、孔子广场、步行街、绿化带等公共场所，更新照明、通讯、道路设施，翻建各华侨社团会馆，尔后还将兴建图书馆、中文学校等。②

按照设计，建成后的中国城显然是个集文化与商业于一体的宏大建设项目。在文化方面，4 万多平方米的中国城中设置两个广场，放置中国名人雕像，不仅可以让多米尼加的华裔有身份和文化上的认同感，还可让更多的多米尼加人去认识中国的文化和历史；在商业方面，有广东裔为主体的华人在中国城的商铺中销售食品、茶叶、水果等，市面将变得十分活跃。中国城也将带旺这一片的经济。周六周日，所有的中餐馆将告满座。中国城里的 7 个超市，华人和当地人都会愿意去那里购物。市场上销售的鲜鱼活虾，可让本来吃惯了冰冻海鲜的当地人也颇感新鲜。那里还会有当地罕见的商品，如龙眼、荔枝、小白菜、芦笋、糯米鸡等。多米尼加人开始了解中国菜和点心的做法，因而推进了中国饮食文化的传播。中国城落成之后，中国和多米尼加之间的联系将更加紧密，更多中国商人也到这边来（当时多米尼加国内已有超过 500 家企业和中国广东有经贸往来）。③由于该项目的实施，原已走向衰落的当地小区重新焕发了生机，房地产价格回升，许多已经撤走的华人和当地商家纷纷回迁。④ 中国城将不仅是海外一个国家的华侨华人社会的空间，也将是一个多元文化的空间，把更多别的族裔的人群带到这里。

在项目建设过程中，多米尼加政府极为支持，广大旅居多米尼加的华侨华人

---

① 《吴玫瑰：“我是中多两国关系的推动者”》，广东侨网，2011 年 9 月 7 日。

② 《多米尼加总统华裔顾问吴玫瑰：热情推动中华文化》，网易（来源：中国新闻网），2007 年 11 月 27 日。

③ 《多米尼加总统华裔顾问：敬佩爷爷、爸爸移民勇气》，中国新闻网，2011 年 9 月 7 日。

④ 《多米尼加总统华裔顾问吴玫瑰：热情推动中华文化》，网易新闻（来源：中国新闻网），2007 年 11 月 27 日。

积极捐款。中国贸易发展办事处也十分重视，通过国务院侨办率先捐赠一对石狮子。据说中国政府有关部门也资助圣多明各市“中国城”项目。在2008年举行的工程落成典礼上，总统费尔南德斯夫妇，以及公共工程部长、高教科技部长阿玛达，圣多明各市长均出席剪彩。① 据悉，圣多明各中国城落成后，将成为全球第八大“唐人街”。② 虽然此话未必已经是现实，但可以反映出圣多明各中国城的规模和当代华侨华人的自信。

在目前世界上主要华人居住国的旧唐人街日渐衰落，乃至越来越成为旅游景点和历史陈迹的情况下，圣多明各中国城——一座现代版新唐人街的诞生给人耳目一新的感觉。毋庸置疑，像美国等发达国家的旧唐人街的衰落，有其经济发展与社会变化的必然性。随着老一辈华人的相继故去，第二三代华裔在经济上、事业上的崛起并搬离他们祖先居住过的家园，旧唐人街逐渐走向空壳化，是十分正常的现象。好在美国等发达国家一般不轻易进行城市拆迁，因而老的唐人街还可以保留下来。虽然昨日的华裔已经人去楼空，今天居住在里面的多已不是华人，但作为历史“古迹”被保留下来，已是幸事。然而，这种只是作为华人历史象征的甚似“遗址”一般的唐人街，跟真正有人居住的唐人街还是有很大区别的：前者只是一个符号，能够保存华人文化以免其迅速“风化”就不错了；后者则是一个有华侨华人居住的文化城堡，它会一刻不停地“生产”出新的文化，进行华人文化的创新实践，提供当代华人文化的“范本”。从这个角度来说，当代华侨华人社会还真的少不了“真”的唐人街。毕竟，新唐人街不是老唐人街，人不能同时踏进两条河，时代不同了，当代华人文化需要当代的唐人街去哺育、

---

① 《多米尼加总统华裔顾问：敬佩爷爷、爸爸移民勇气》，中国新闻网，2011年9月7日 。

② 目前世界上比较认同的八大唐人街是：其一，新加坡唐人街，曾经是第一批在新加坡定居的华人的聚集区。现在在这里有文化遗产总新、美食街和夜市，都保留了中华文化，还有一些地区被指定为国家遗址。其二，墨尔本唐人街，是1854年维多利亚“淘金热”时期修建的，大概是世界上最古老的唐人街了。全世界最长的中国龙 Millennium Dai Loong Dragon，舞起来足有100米长。每年中国新年大游行时，大约需要200个人来舞。其三，吉隆坡唐人街，建于19世纪50年代，由中国矿工建立。此地唐人街在当地又被称为“Petaling Street”或“Jalan Petaling”，以美食小摊和夜市出名。其四，槟榔屿乔治城，是世界上最大、保存最为完好的唐人街，每日所听所见都会让人想起来中国的小城市。这里的多数居民的祖先都是殖民时期从中国移民到这里的。随后，他们做贸易和开商店积累了财富。许多的原始商店在今天还保存完好。其五，多伦多唐人街，在这个最为多样化的城市里，一共有7座唐人街。其中最主要的一个唐人街是在1960年代末修建的。从1980年代开始，大多伦多地区的华人社区就已经转移到了SCARBOROUGH，MISSISSAUGA，RICHMOND HILL，MARKHAM 和 NORTH YORK 的郊区了。其六，纽约唐人街，19世纪晚期，纽约的首批中国移民从西海岸来到了曼哈顿的下东区。1980年代，这里逐渐成为了亚洲之外最大的唐人街。事实上，发展起来后的唐人街在面积上已经超过了曼哈顿。其七，温哥华唐人街，开始形成于20世纪早期。这里有许多中餐馆被认为是香港以外的最好中餐馆。其八，旧金山唐人街，这里最早的住所大约修建于19世纪50年代，是那些随着“淘金热”和修建铁路大潮而来的人们所修建的。这里的大部分唐人街在1906年大地震被损毁。这里是世界上最为有名的中国人聚集点。从19世纪60年代开始，一年一度的旧金山新年大游行是亚洲以外的最大亚洲文化庆典活动。

去孵化。圣多明各中国城能否担任起这一特殊使命，历史将会证明。

2. 一次中华文化巡礼：2011 年中华厨艺团多米尼加行

目前的多米尼加仍然是个以传统广东华人为主体的华侨华人社会（其中又以恩平华人为主）。他们所承传的，仍然以传统中华文化为主。广东传统文化中，"美食"文化包括蕴涵其中的养生文化等，占了重要位置。为此，2011 年，中国国务院侨办举办"文化中国·中华美食"美洲团（中华厨艺团），其中一站便是多米尼加。这可以说是对该国华人传统文化的一次巡礼。笔者相信中国侨办选择多米尼加作为"文化中国·中华美食"的一个停泊站，不是没有经过深思熟虑的。

作为这一年第一个抵达这里的国家级代表团，中华厨艺团在各地均受到热烈欢迎。10 月 17 日，中华厨艺团最后一站来到圣多明各。18 日晚，中华厨艺美洲团在圣多明各著名的中餐馆"中国海鲜城"拉开了厨艺展示活动的序幕，中国驻多米尼加贸易发展办事处代表李东及全体工作人员、华侨总会、洪门致公总堂、中多联合总商会等各大侨团负责人、华侨华人及当地多家媒体的 12 位记者约 100 人出席了此次活动，由此可见中华厨艺团此行的重要影响。19 日下午，应多米尼加驻中国商代处代表吴玫瑰的邀请，厨艺团在中国城举办了一场面对多米尼加政府官员及社会名流的厨艺展示活动，中国驻多米尼加贸易发展办事处代表李东、多米尼加旅游部副部长、海关总局文化遗产基金会副主席、多米尼加餐饮协会会长及华侨总会、中多联合总商会等侨领出席了活动。吴玫瑰的鲜花基金会还为广州酒家的大厨们颁发奖牌及证书，感谢他们对宣传中华美食文化所作出的努力。

在几天时间里，圣多明各中国城的街道上贴满了厨艺团到来的海报和厨师们的大幅照片。厨艺团在多米尼加首都圣多明各举行了两场厨艺培训，参加培训的有 60 多人，除当地中餐馆的厨师外，一些在西餐馆工作的外国厨师也参加了此次培训，多米尼加餐饮协会会长也慕名而来。除现场传授了粤菜的烹饪、点心制作及食物雕刻等技艺外，还结合当地的虾蟹较多的特点，传授了"金蒜美极焗大虾"这一菜式的制作工艺。参加培训的厨师对制作的菜肴赞不绝口，甚至有人将剩下的菜肴打包带走。有的侨胞连续参加了两场培训。厨艺团还向参加培训的侨胞颁发了证书。[①] 中华厨艺团此行，不仅促进了多米尼加政要和民众对中国美食文化的了解，更重要的效果是，提高了当地华侨华人特别是餐饮界在当地的声望，有助于他们日后与当地民族的餐饮文化交流乃至更广泛意义上的文化往来。

多米尼加是个华侨华人来源地高度集中的国家，也曾是一个被很多华侨华人

① 《中华厨艺美洲团在多米尼加受欢迎，交流活动结束》，广东侨网，2011 年 10 月 21 日。

当作“驿站”的国家，他们飘来飘去，自然不会减少这个国家华侨华人的“存量”，因为既有去者，也会有来者，华侨华人总会在该国保持一个量上的大致平衡。但华侨华人飘来飘去的结果，肯定造成两个方面的“水土流失”：第一个方面是经济上的。由于没有安居立业的打算，也就没有经济发展的长远计划，华侨华人经济规模就难以做大。第二个方面是文化上的。这方面的流失可能更严重。文化的基础是人才，而飘来飘去的华侨华人，一般多是文化人才。“飘”的频率越高，文化人才的流失就越严重。

由于多米尼加华侨华人来源地的高度集中化，华侨华人带给多米尼加的，是高度集中的小传统文化。今天，在谈到文化的重建和传承时，当地华侨华人可能要面临着两重艰巨任务，一是小传统文化的恢复，二是小传统文化与大传统文化的对接与磨合。两重任务同时进行，凸显着在这个岛国中华文化复兴过程的艰难。不过，话说回来，这里的中华文化还保持比较高的纯净度，还没有像一些发达国家那样受到西方文化的“高压”，还可以与当地民族文化进行从容的交汇磨合，因而，这里的文化环境又是相当不错的。

第四节　海地、美属波多黎各与英属开曼群岛

一、海地——一个海隅之地的华侨华人现状窥豹

海地位于加勒比海北部，印第安语意为“多山的地方”，是加勒比海上的一个岛国，也是世界上最贫困的国家之一。国土面积 27 797 平方公里，全国人口 1 003.3 万（2009 年）。该国的黑人占 95%，黑白混血人种和白人后裔只占 5%，因此有“黑人共和国”之称。居民多信奉天主教，首都是太子港（Port au-Prince），海地 1804 年 1 月 1 日宣告独立，是世界上第一个独立的黑人国家。

海地与中华人民共和国尚未建交，是台湾的“邦交国”。但中国有“驻海地贸易发展办事处”，部分地负担起维护中国侨民安全及保护其合法权益等方面的工作。此外，中国在海地还有数家中资公司，台湾则派有农耕队等。但关于这些两岸“外派”人员与当地华侨华人的关系，则一无所知。

令人颇感尴尬的是，有关海地华侨华人的一点信息是通过 2010 年海地大地震透露出来的。据中国驻海地经贸代表处代表王书平说，2010 年 1 月海地地震发生时，身处太子港的中国人约有 230 名。其中包括 6 名中国驻海地贸易发展办事处工作人员、122 名中国驻海地维和警察防暴队员（总数 125 人）、16 名民事警察（总数 17 名）、2 名中国公安部海地维和工作组人员（总数 6 名）、11 名中兴

公司驻海地办事处员工、2名清华同方公司员工、5名温岭宏远交通工程公司海地分公司员工，以及所有地震前曾与贸易发展办事处保持联系的华侨。[①] 这可以理解为其时中国在海地各类人员（包括华侨华人）的一份不完整的清单。其中，贸易发展办事处、驻海地维和警察防暴队、民事警察和公安部海地维和工作组都是中国政府派出的，或者是应联合国相关机构的请求由中国政府派出的。浙江温岭宏远交通工程公司，是一家从事公路工程施工总承包的民营企业，2009年上半年在海地设立了分公司。此外，在海地的中资公司还有中兴公司、清华同方公司等。当时中兴、清华同方与浙江温岭三家中资公司的职员合计共18人。他们的属员都是中国公民，在海地的逗留时间都是有限的。但跟其他国家不同，中国这些派出机构及其人员与当地华侨的联系不多，甚至根本无法联系，原因就是一些华侨的身份属于“非正常移民”。也许可以说，要不是海地发生了这场大地震，中国在海地的上述机构（主要是贸易发展办事处）跟那些“非正常移民”中的一部分还没有办法取得联系。

根据地震时传来的消息，海地现有台胞80至100人，另有一两家大陆人开的中餐馆。[②] 另一说是，海地的中餐馆只有两家，一家叫“吴家园”，一家叫“中国城”，都开在首都太子港的富人区贝松镇。“吴家园”在台湾算得上是老字号，已经在海地经营了4年时间，经营得很好。除了餐馆，中国人还零星经营鞋店。[③] 依笔者之见，说海地的中餐馆只有“吴家园”和“中国城”两家不准确，应该加上大陆人开的一家中餐馆，才比较接近总数。

一种说法是，海地最多的华人群体，是以“非正常移民”的形式存在的。他们的准确人数，两岸在海地的管理机构都不知道。关于海地的更多资讯还需要加上来自海地外围的信息，例如，据美国林则徐基金会主席黄克锵在2010年海地大地震后对《中国新闻周刊》说：“海地从上世纪90年代起就成为中国偷渡客前往美国的跳板，我估计目前滞留在海地等待去美国的闽籍偷渡客至少有数百人，他们受蛇头限制，居住条件恶劣，活动范围小。”[④] 这些人来自福州、长乐、马尾、连江等地。有些人因在海地等待很久了，被派往太子港打工。上述说法还只是一家之言，有待继续求证。不过，也可以作一个较为大胆的推测：如果来自中国大陆的“非正常移民”超过来自台湾同胞的人数（这是完全可能的），则目前在海地的来自两岸的华侨华人总数应该不少于二三百人。

由于没有关于台湾同胞是否存在华侨华人社团的信息，目前还不好断言海地

---

① 《温岭5人今日撤离海地，中资机构尚无伤亡报告》，浙江在线，2010年1月17日。
② 张冬冬：《海地尚无华侨华人伤亡消息，国侨办关注侨胞状况》，中新社，2010年1月14日。
③ 陈君、王艳：《寻找海地的中国人》，中国新闻周刊，2010年1月20日。
④ 陈君、王艳：《寻找海地的中国人》，中国新闻周刊，2010年1月20日。

不存在华侨华人社团（但“非正常移民”群体中不可能存在正规的社团）。还有一点应注意，“非正常移民”的居留是十分不稳定的，偷渡集团先把偷渡者安排在海地等小国家等待时机，然后再用小艇和小飞机把他们运进美国等地。

连年的战乱，包括中国在内的各国维和部队在这个岛国的维和行动，特别是2010年海地发生强烈地震，让全世界的目光都在关注这个贫穷的岛国。各国华侨华人团体纷纷伸出援救之手，向其提供物质援助。但是，却无丝毫有关该国华侨华人及其社团开展自救的消息。海地华侨华人的这种非正常状态，相信终究会改变。

二、美属波多黎各——一个历史久远的袖珍型华侨华人社会侧观

波多黎各，位于大安的列斯群岛东部，全称波多黎各自由邦。包括波多黎各岛及别克斯、库莱布拉等小岛。北临大西洋，南濒加勒比海，东与美属、英属维尔京群岛隔海相望，西隔莫纳海峡同多米尼加共和国为邻。该国全部人口399.4万（2007年），国土面积9 104平方公里，首府圣胡安。按照美国国会通过的法律，出生在波多黎各、关岛、美属维尔京群岛、北马里亚纳群岛等美国属地的人，也自动成为美国公民。虽然波多黎各是美国领地，但必须有绿卡或有效美国签证才能入境（做此限制的用意可能是防止外国公民非法移民美国本土）。

有关波多黎各华侨华人的信息十分稀少，且往往语焉不详。但可以肯定这里有不少华侨华人居住，而且可以相信波多黎各的华侨华人历史不短，波多黎各有波多黎各洪门致公总堂，便可证明。各国华侨华人中的洪门致公堂成立的时间都比较早，早则19世纪初，晚则20世纪三四十年代。因此也可以推定波多黎各的华侨华人中有相当大一部分是华裔。但必须有美国绿卡或有效美国签证才能进入波多黎各的规定显然也限制了中国合法的新移民到此创业。

长期以来，旅居波多黎各的侨胞遵守当地法律，与当地人民和睦相处，为波多黎各社会发展和经济繁荣作出了贡献。同时，他们积极支持祖（籍）国发展建设、促进祖国和平统一，在促进中国人民与波多黎各人民友谊等方面发挥了积极作用。2008年他们踊跃为四川地震灾区捐款，这一举动体现了炎黄子孙之间的骨肉深情。

另外，波多黎各还有大量中国公民。2010年9月13日至14日，驻休斯敦总领馆人员在为波多黎各中国公民提供证件服务的人数就有150多名。[①] 没有进一

① 《驻休斯敦总领事高燕平访问美国联邦领地波多黎各受到华人华侨热烈欢迎》，中国外交部网站，2010年9月17日。

步的信息说明这些中国公民在波多黎各的详情。总的来说，在波多黎各，无论是华侨华人，还是中国公民的人数都不多，目前两者加起来，人数可能仅在三五百人左右，其中包括来自台湾的同胞。当然，这是就有正常居住身份的人而言。

2011 年 10 月前后，波多黎各连续发生华侨华人被抢劫案件。对此，中国驻休斯敦总领事馆高度关注，并采取措施，从美联邦政府到波多黎各地方政府、警察局等多层面做美方工作，要求美方采取切实措施，保障中国公民人身财产安全。11 月 8 日，驻休斯敦副总领事张传兵率总领馆工作组专程前往波多黎各，实地走访、看望多位受害华侨华人，详细了解当地社会治安情况及侨胞受损状况。11 月 9 日下午，张传兵率工作组成员和当地侨胞代表约见波多黎各州务卿麦克林托克、司法局长索莫查和警察局长迪亚兹—科隆等，希望波多黎各政府采取切实措施，保护旅居波多黎各侨胞的生命财产安全，早日将凶犯缉拿归案，确保此类事件不再发生。波州务卿麦克林托克对张传兵反映的情况表示高度重视。会后，张传兵向旅居波多黎各的侨胞通报了会见情况并进行了领事保护知识宣传，提醒侨胞提高警惕，加强自我保护意识，采取不露富、不随身携带和在家存放大量现金、加固门窗、安装安全预警系统等安保措施。① 以上情况说明波多黎各的社会治安状况欠佳之外，还说明华侨华人应是相对富裕的一群。

波多黎各的主要社团是波多黎各洪门致公总堂和中国和平统一促进会。根据 2010 年的资料，洪门致公总堂总理和中国和平统一促进会会长都是何永强。2010 年 9 月 13 日，驻休斯敦总领事高燕平到访美国联邦领地波多黎各，在机场受到当地华侨华人的热烈欢迎。当晚，高燕平一行还应邀出席波多黎各洪门致公总堂组织的侨界欢迎晚宴。驻休斯敦总领事馆储开旻、王敏、武燕、周海波领事和各界侨胞代表等 30 多人在座。何永强代表当地侨胞致辞热烈欢迎高总一行访问波多黎各。

波多黎各不仅是旅游胜地，也是医药制造业中心。波多黎各制造业和服务业分别占 GDP 的 42% 和 40%。波多黎各不仅是一大出口经济体，也是加勒比的最大的进口市场。2006 年 7 月 30 日至 8 月 7 日，波多黎各州务卿费尔南多 · 波尼亚及经济发展和商务部部长里卡多 · 卡尔多纳率由该州前美国联邦议员、州务部、商务部高级官员及企业和行业协会的代表组成的该州经贸代表团一行 21 人访问了北京、上海和广东。8 月 1 日，中国贸促会和波多黎各政府在北京共同举办了一个名为“中国与波多黎各：全球经济发展中的合作伙伴”的推介会。波多黎各发展公司主任伯利斯 · 哈斯基尔说，中国企业选址波多黎各开设分销或加

① 《驻休斯敦副总领事张传兵一行赴波多黎各探望被抢华侨华人并会见波政府官员》，中国外交部网站（驻休斯敦总领事馆供稿），2011 年 11 月 14 日。

工工厂，可以利用波训练有素、精通英语和西班牙语的双语劳动力，享受低至0% ~7% 的优惠税率，并通过自由贸易协定免关税进入美国大陆和其他南北美洲的主要经济体。① 显然，该代表团是希望此行能招揽更多大陆华商到波多黎各投资经商。形势发展顺利的话，未来来自台湾海峡两岸的中国商业机构和公民可望继续移民波多黎各。这或将有利于改变人数稀少的波多黎各华侨华人的社会生态。

三、英属开曼群岛——一个待开发之岛上的一小群华人

开曼群岛（CAYMAN ISLANDS，有时也译为凯门群岛或盖曼群岛），是英国在西印度群岛的一块海外属地，包括大开曼（GRAND CAYMAN）、小开曼（LITTLE CAYMAN）和开曼布拉克（CAYMAN BRAC）诸岛。首府乔治敦，国土面积260 平方公里，人口 57 009（2008 年），黑人占 25%，白人占 20%，44% 为混血种人。人口集中在乔治城，约占总人口的一半。英语为官方语言和通用语。宗教以长老会（大开曼）和浸信会（开曼布拉克）为主。

有关此岛华侨华人的信息极为稀薄，但应该不是一个侨胞也没有。有材料说，岛上有华裔华人约 50 人。人数少倒在其次，关键是此消息把这 50 人说成是“华裔华人”。如果这是真的，那就意味着开曼群岛有“世居”的侨胞，而不只是近些年才到那里去的“新移民”。真实情况如何，还须等待更多明确的资料说明。眼下的问题是，连有关这 50 位“华裔华人”的职业、居留及与当地政府关系等方面的消息也没有，因此，在思考未来开曼群岛华侨华人的生存发展趋势时，也就难以对这些“华裔华人”的作用作出判断。不过，这条消息还是重要的。毕竟，它是目前笔者看到的关于开曼群岛华侨华人的独条消息。

开曼群岛未来华侨华人发展趋势应与这个群岛的一个独一无二的特点相关，这就是它得天独厚的金融地位。有称开曼群岛目前在世界上是仅次于纽约、伦敦、东京和香港的第五大金融中心。据说开曼群岛在 1978 年获得了一个“皇家法令”，规定永远豁免开曼群岛的缴税义务，故在开曼群岛完全没有税收，不仅个人没有，就是任何公司也没有。由此，很多聪明的外国人，会选择在开曼群岛这个“避税天堂”注册公司。目的很简单，就是为了利用“避税天堂”之便，最大限度地避税。

再看开曼群岛目前的发展现状。可以得出，这里是个开放度极高的地方。

---

① 《贸促会接待美国波多黎各州务卿团》，中国国际贸易促进委员会、中国国际商会网站，2012 年 2 月 9 日。

2008 年的 57 009 名岛上居民中，只有 55. 8%（合 31 858 人）是真正的“开曼人”。一个地方的本地人口只有一半多一点，这在世界上是不多见的。其余居民来自世界各地，据说至少有 92 个不同国籍，当然也包括中国。他们中除开曼人外，主要还有牙买加人、英开曼群岛国人、美国人、加拿大人、菲律宾人和南非人等。可以想见，这么高比例的外来人中，应该有很大一部分与“避税天堂”有关。

显然，未来华侨华人将继续投资开曼群岛。他们既包括来自世界上其他地方的华人，也包括来自中国两岸三地的中国人。所有这些“中国人”加在一起，将是这个群岛华侨华人发展的主导趋势。

据《环球报》透露，2009 年，开曼群岛已接到 53 亿美元的外国直接投资。2010 年 5 月，在加勒比海发展银行理事会年会上，人们谈到，当时的金融危机不断困扰着加勒比海地区，但同中国的合作却依然在不断发展。据说目前中国很多企业在开曼群岛都有投资，比较成熟的还是开曼群岛的房产交易。如果中国海港建设期待已久的游轮停泊项目“部级备忘录”有望发展成熟，这将是最新的中国公司在开曼群岛的投资。尽管受金融危机影响，2009 年来自中国的直接海外投资还是超过了 86 亿美元。中国企业也同样积极参与到各经济活动和投资项目中，为加勒比海地区的发展作出贡献。中方也“希望进一步加强与加勒比海发展银行的合作，通过这个平台增强经济与贸易联系，与加勒比海地区各国共同分享中国发展的果实与经验”①。中国在加勒比海地区的一个整体战略驱动因素是：确保中国离岸财产的安全，与一些国家进行基础设施工程和投资交易，确保其在多边组织中支持中国。可以肯定，未来中国在开曼群岛的投资发展将有利于这个群岛华侨华人的发展，而华侨华人的发展肯定也将有利于这个地区的长远发展。

---

① 《华人将继续投资加勒比海——开曼群岛》，英国绿洲地产有限公司北京办事处网站，2011 年 11 月 24 日。

第三章　小安的列斯群岛与巴哈马群岛

作为西印度群岛之一的小安的列斯群岛，包括安提瓜和巴布达、巴巴多斯、多米尼克、格林纳达、圣卢西亚、圣基茨和尼维斯、圣文森特和格林纳丁斯、特立尼达和多巴哥 8 个国家及英属维尔京、蒙特塞拉特岛、安圭拉和特克斯和凯科斯岛、美属维尔京、法属瓜德罗普、马提尼克，荷属安的列斯、阿鲁巴。巴哈马群岛中只有巴哈马一个国家。

2010 年 10 月 10 日，荷兰进行宪政改革，正式决定荷属安的列斯群岛解体，库拉索与圣马丁亦为自治国，享有高度自治权，各自拥有宪法、议会和政府，与荷兰本土以平行地位隶属于荷兰王国。或言之，目前荷兰王国内共有 4 个平等国家，分别为荷兰、库拉索、阿鲁巴、圣马丁。按照笔者的理解，它们与荷兰之间的关系类似英联邦之类的体制。

第一节　特立尼达和多巴哥

特立尼达和多巴哥共和国（Republic of Trinidad and Tobago，简称“特多”，台湾人译作“千里达及托巴哥”）即历史上华侨华人通称的“千里达”，是一个位于中美洲加勒比海南部、紧邻于委内瑞拉外海的“双岛之国”。国土面积为 5 131 平方公里，人口 131 万（2011 年 1 月）。该国由两个大岛以及另外 21 个较小岛屿组成。主岛特立尼达岛，4 800 平方公里，人口 110 余万；次岛多巴哥 300 余平方公里，人口 5 万余，两岛相差甚殊。笔者估计昔日华人唯居住在特立尼达一岛，后来移民委内瑞拉者（两处相隔很近）多为此地移民，因此华侨华人只称该国为“千里达”而不称全名，事实上也没有错。

位于特立尼达岛西岸的海港城市西班牙港（PORT OF SPAIN）是该国的首都，处北纬 11 度，恰好位于南北美洲的分界处，素有“美洲中枢”之称。哥伦布发现新大陆后，西班牙向这两岛移民。此后法国、英国、西班牙不断争夺，最后特多由英国占领，成为英国殖民地。英语是官方语言，但民间最常使用的却是以英语为基础的混种语言。全国人口中，黑人占 39.6%，印度裔人占 40.3%，混血种人占 18.4%，其余为欧洲人、华人和阿拉伯人后裔。主体民族为非裔特立尼达人，印裔特立尼达人。居民信奉天主教、基督教新教、印度教和伊斯兰教。显然，特多是一个已经形成多元宗教、多元文化的社会，多年来政府亦鼓励并致力于多种族多元文化的发展。这对作为少数族群的华侨华人在当地生存和发展无疑是个福音。特多 1974 年 6 月 20 日就已经与中国建交，是加勒比地区较早与中国建交的国家之一。特多与中国的长期良好关系对数十年来该国华侨华人的生存与发展，对新老移民在该国的创业均产生重要的推动作用。

一、华侨华人移民史素描

据记载，1806 年已有广东籍华工被贩运到英属特立尼达，从事甘蔗种植。就目前所知，特多是拉丁美洲除秘鲁外华人最早到来的国家。

应该指出，1806 年这个华人移民年份使特多的华侨华人无形中受益匪浅，因为 2006 年刚好是华人移民特多 200 周年。200 年来，特多华人和谐地融入当地社会，为特多经济和社会发展作出了特殊贡献。200 周年是个百年方能一遇的特大节日，今天在整个拉美可说独一无二。在华侨华人移民已经引起拉美各国良好反响的今天，华侨华人要找到一个合适的大庆之日来宣示自己还真的不大容易。因此，200 周年大庆可说是上苍赐予特多华侨华人的一份厚礼。当然，能够抓住这一机遇的不仅是特多的华侨华人努力的结果，还应当感谢一贯善待华侨华人的特多政府。

据资料记载，华人首次移民特多后，到了 1852—1853 年间，又有 990 名华工被运往该地；1862 年，有 549 名华工被运往该地。在特立尼达的华工，以广东中山县人为多，其次是台山、南海、番禺和顺德人。契约华工运抵特立尼达后，主要在种植园中从事甘蔗种植。由于环境恶劣，疾病流行，华工因得疟疾病、钩虫病、贫血病等病而死亡的比率很高。① 他们勤劳、俭朴，契约期满后，开始从事农业，逐步积累资本，自营洗衣、餐饮等行业。至 20 世纪二三十年代，华人已增至 5 000 人，绝大部分为土生华裔，且大多数已加入英国国籍。他们多半居住在首府西班牙港。特多第一、二代华人尚能讲广东话，而三代以后，多只讲英语，在心理、习俗等方面多已“特多化”。

华侨华人经济发展起来后，其广东亲属、乡亲陆续前来投靠。值得注意的是，妇女移民是华人族群人种维持稳固而免于“水土流失”的必要因素。而据统计，到 20 世纪 20 年代末，从中国去特多的妇女仅有 20 多人，所以华侨多与华裔或黑人结婚。这样一来也造成了华人血统的多样化。20 世纪 50 年代前特多

① （厦门）华侨博物馆：《华侨华人·悲惨之旅》部分。

华侨华人曾达到1.2万人。后来一部分人迁居美国、加拿大，华人人数减少，到1960年尚有8 361人，1970年再减至7 962人，20世纪80年代降到5 000人左右。但到1999年，特多的华人上升到8 000人左右，但也仅占特多人口的0.5%。他们中，大部分为当地出生的华裔，持中国护照的华侨约有400人。① 如此看来，20世纪90年代特多华侨华人人数的增长并非是中国大陆新移民的因素，而应是当地华裔人口增加的结果。该国的华人多为特多籍，也有少数为英国籍。他们主要居住在西班牙港、圣费尔南多、阿里马等城市，原籍以广东中山县为最多，约占半数，次为客家人、台山人、三邑人及新会人。②

20世纪20至30年代，华人主要从事小本经营，掌握当地中小商业的75%左右。当时已出现第一批华人企业家。如华人李龙由经营洗衣、饮料业发家后，投资开发石油、办银行，并受政府委托发行首批特多货币，在社会上有较大影响。近几十年来，特多华人以经营杂货店、餐饮业和洗衣店为主，到20世纪90年代末，共有600多间，基本上是小本经营，如夫妻店或雇少数店员。大的批发商有10多家。也有人经营制造业、农场、果园、养鸡场、养猪场等。一些华人有一定的经济实力。据悉，到20世纪90年代末，特多华人经济实力占该国经济的12%。特多政府对华侨华人态度很友好，鼓励华侨华人发展工农业，办农业加工厂，并减免税收。③

在特多历史上，华侨华人发扬中华民族优良传统，艰苦创业，不断进取，涌现了许多优秀企业家、银行家等成功人士，阿良家族是他们中的典型代表。阿良家族前辈于1926年到特多创业，经过两代人的努力，成功地创立了以食品加工、日用化工、房地产、餐饮等业为主体的家族公司。华人中斯各特、李龙、钦李家族等在特多工商界都占有显赫地位。④

据较新的资料显示，现在特多约有15万华人，主要经营餐馆、超市和百货店等。⑤ 若将此数与1999年的8 000人相比较，在短短十一二年间就增长了十多倍，增幅无疑是惊人的。显然，这期间华人人口所以呈几何级数增长，是新移民人数增长的结果。它将给特多华侨华人社会带来非同寻常的变化。如果说特多悠

---

① 白俊杰：《特立尼达和多巴哥华侨华人概述》，周南京：《华侨华人百科全书》，北京：中国华侨出版社2002年版，第482页。

② 白俊杰：《特立尼达和多巴哥华侨华人概述》，周南京：《华侨华人百科全书》，北京：中国华侨出版社2002年版，第482页。

③ 白俊杰：《特立尼达和多巴哥华侨华人概述》，周南京：《华侨华人百科全书》，北京：中国华侨出版社2002年版，第482页。

④ 《特立尼达和多巴哥庆祝华人抵特200年，总统出席》，中国新闻网据中国外交部网站消息，2006年9月28日电。

⑤ 何珊：《特立尼达和多巴哥华人积极参与大选投票》，网易（来源：新华网），2010年5月25日。

久的华人移民历史给这个国家的华侨华人社会奠定了厚实的经济文化底蕴，那么，近一二十年华侨华人人口的大幅增长则给华侨华人社会带来了巨大的中华文化增值力、发散力与刷新力。这一切可望在不远的将来体现出来。

由于特多华侨华人的历史比较悠久，华人融入当地的程度较深，加上华人人数众多，已经形成一支较大的族群力量，华人在当地拥有较高地位，属于较为富裕的人群，故近年来特多华人开始积极参政。例如，2010 年 5 月特多的大选投票中，约 100 万选民参与投票，其中不乏当地华人的身影。估计这也是近些年来的现象。在特多已经居住 30 年的陈伟国说，虽然他早已获得选民身份，但之前没有参与过大选投票，这次积极参加投票，目的是对现行政策表达自己的意见。他说，作为一个在当地生活多年的华人，他最大的愿望就是希望儿女以后生活好，在教育、医疗和社会保险方面享有更多保障。根据特多法律规定，只有拥有居留权的居民才有选举权。①

这里应特别指出，在西印度群岛国家中，特多对华侨华人历史的研究是走在各国前列的。不少学者包括当地学者对特多历史上的华侨华人状况尤其是契约劳工情况进行了细致深入的研究，为国际学术界所瞩目。例如，劳伦斯于 1958 年完成的博士论文对劳工移民特立尼达进行了较全面的探讨。斯图亚特的论文对特立尼达的契约劳工及移民的“克里奥化”过程（即华人与当地妇女结婚后产生的同化）进行了分析。温斯顿·格利哥里·欧阳的《移民社群和跨民族主义：特立尼达和多巴哥的华人为例》（2000）也是近年出版的一部关于华人的著作。另一部著作是特雷沃尔·M. 米勒特的《华人在特立尼达》。米勒特是一名记者，对华人的兴趣促使他对这一社区进行研究。此书的目的在于展示特立尼达的华人在长期定居过程中的演变史。除导言、后记和附录外，全书共分为 6 章。据说，由于华人对故土的感情，目前有一种收集家史资料和撰写家史的倾向。2000 年又出版了一本关于 1862 年从中国移民特立尼达的华人家庭（陈亚泰）的史料集。② 特多华侨华人历史研究的进展对该国华侨华人树立自己的良好历史形象、展现自己的现实活动，对于他们以更好更和谐的方式融入当地社会，无疑是有益的。这种研究与特多华侨华人对居住地的经济和社会贡献，也可相得益彰。

二、华侨华人社团辑略

据特立尼达和多巴哥中国和平统一促进会会长萧容庆说，当地华人团体不

---

① 何珊：《特立尼达和多巴哥华人积极参与大选投票》，网易（来源：新华网），2010 年 5 月 25 日。

② 李安山：《拉丁美洲华侨华人研究概述》，《亚太研究论丛》（第 1 辑），北京：北京大学出版社 2004 年版，第 245 ~ 247 页。

少，以中华总会为大，下属台山、中山、新会和惠东安4个会馆。在此基础上，于2001年组建了中国和平统一促进会，现有会员约150人。① 萧容庆这里所说，显然只是就曾有统属关系的一部分传统社团而言，其他社团没有包括在内。

中华总会是该国最重要的华人社团，成立于1958年。其下有华侨养老院，成立时间不详。② 近几十年来，在重大的中国节日到来时，中华总会经常举办招待会等活动，邀请中国大使馆官员和有关方面人士出席。现总会会长为萧容庆，广东中山籍人。他同时也是特立尼达和多巴哥中国和平统一促进会会长、中南美洲中国和平统一促进会副会长。2011年3月，他应邀回国参加“两会”后并专程回中山省亲，受到中山市外事侨务局和东区统侨办的热情接待。③

除中华总会外，还有一些地缘性的社团如中山同乡会、台山同乡会、新会同乡会、惠东安同乡会等，还有一些文化专业组织。目前所知较详者有：

特立尼达和多巴哥中山同乡会，属地缘社团，据认为是特多最大和最有影响的华侨华人社团。该同乡会于1958年成立于西班牙港，④ 有会员近600人，旨在加强会员之间的联系交往，团结互助，谋求发展，实行理监事负责制，领导人每3年改选一次，下设秘书、财务、宣传、外事、联络等小组，还设有中华文化学习班，组织青少年一代学习华文。⑤ 现同乡会会长为郑帝照。

特立尼达和多巴哥惠东安会馆，也属地缘社团，成立于1919年，由广东省惠阳、东莞和宝安3县籍人组成。其前身称“固成馆”，位于皇后街48号楼，原是乡亲共同租借以作寄宿的地方。后“固成馆”颇有积蓄，乃由惠阳、东莞和宝安3县籍人成立社团，初以惠东安的名义，买得佐治街27号，公推黄火秀为第一任会长。⑥ 该社团旨在团结互助，增强情谊，造福桑梓，共谋发展。该社团自成立以来，重视密切会员之间的联系，逢年过节举办中国传统文化宣传活动，会员遇到困难，相互帮助，共同解决。1930—1934年，由会员捐款在西班牙港购置一幢3层楼会所，内有可容纳500人的大厅。该会实行理监事负责制，理监事会每3年改选。1974年中特建交后，致力于促进中特两国友好关系。⑦ 2010年1月1日，惠东安会馆举行该会馆成立90周年庆典暨新年午宴。中国驻特立尼达

① 党琦：《特立尼达和多巴哥：与中国的联系千丝万缕》，《环球》杂志，2007年7月3日。

② 魏龙翔：《千里达、牙买加华侨概况》，台北：正中书局1989年版，第48页。

③ 《旅特立尼达和多巴哥侨领萧容庆回家乡中山省亲》，中国新闻网据中山外侨局消息，2011年3月21日。

④ 一说成立于1956年。参见魏龙翔：《千里达、牙买加华侨概况》，台北：正中书局1989年版，第46页。

⑤ 据百度百科资料。

⑥ 魏龙翔：《千里达、牙买加华侨概况》，台北：正中书局1989年版，第46页。

⑦ 据百度百科资料。

和多巴哥大使杨优明夫妇、中华总会、中山同乡会、台山同乡会、新会同乡会等主要侨团侨领及华人华侨代表200余人出席了活动。①

另有惠东安同乡会。从惠东安同乡会与惠东安会馆会长同为一人（巫锦雄）的传媒报道来看，两会应是同一个机构，或是以两个名目出现的同一个机构（类似于“一套人马两个招牌”）。2012年1月1日，特多惠东安同乡会在首都西班牙港举行迎新年活动，在特多侨界人士300余人参加，中国驻特立尼达和多巴哥大使杨优明夫妇和使馆全体馆员应邀出席。②

台山同乡会成立于1938年。此外，还有三邑同乡会，成立时间不详，但由于人数不多，到1965年，已经销声匿迹，可能已不复存在。还应指出的是，作为国民党海外分支机构的“中国国民党驻千里达直属支部党所”，也算是一个华侨社团，成立于1913年，应是国民党最早的海外支部之一。③

特多土生华人协会，成立于1945年10月16日，自成立之日起，该协会就将提升特多当地华人团体的文化、社会、教育、经济水平作为其主要活动宗旨。2010年10月初，该协会举办了首届灯笼节，是一个标志性的重要行动。作为一个专门的土生华人组织，特多土生华人协会是该国华人社会一个特色，就笔者所看到的资料而言，很少国家拥有这样的华人组织。它的存在也体现了该国华人移民历史悠久和本地出生的华人人数众多的事实。

特多土生华人的地位很高，部分原因是特多政界土生华人高官不少。2006年华人抵达特多200周年纪念时，总统乔治马克斯韦尔里查兹在纪念活动上说，中国人为特立尼达和多巴哥作出了很大贡献，华裔已成为当地社会的一个组成部分。当地人说，里查兹本人就有1/8的中国血统，总理帕特里克曼宁的夫人也有1/2的中国血统，而旅游部长霍华德金．李就是一名华裔。④

值得注意的是，似乎很多特多土生华人连自己的名字都已完全“特多化”，其标志是，这里的华人名字不像别国华人那样，在自己的名字中粘上一个中国姓氏作为华裔的符号。例如，特多土生华人协会会长名叫克里斯蒂娜·坎布里奇，乍看名字，根本不知道她是位华裔。当然，名字完全“特多化”跟他们是否愿意接近和保留中华文化没有必然的联系。

作为政治性社团的特立尼达和多巴哥华侨华人中国和平统一促进会成立于2001年，时任会长为萧容庆。2004年6月13日举行成立三周年庆祝大会时，特多总理帕特里克·曼宁、外长诺尔森·吉夫特等政府高官和中国驻特多大使王治

① 《特多惠东安会馆举办庆成立90周年暨新年午宴》，中国新闻网，2010年1月6日。
② 《特多惠东安同乡会举办迎新年活动，中国大使出席》，中国新闻网，2012年1月6日。
③ 魏龙翔：《千里达、牙买加华侨概况》，台北：正中书局1989年版，第46页。
④ 党琦：《特立尼达和多巴哥：与中国的联系千丝万缕 》，《环球》杂志，2007年7月3日。

权曾出席庆祝仪式。①

特多还有文化类社团，甚为活跃，在弘扬中华文化中发挥着不可取代的作用。例如，中华艺术文化研习会，理事长为刘兆媚女士。她已在特多生活了近50年。她对继承和传播中华文化十分执着。20世纪90年代她用自身积蓄创办了中华艺术文化研习会，聘请舞狮、舞龙、杂技等专业人员开展培训并进行表演，弘扬中华文化传统。研习会有一活动中心，由刘兆眉自己出资兴建，拥有可容纳二三百人的大厅，内设舞台、专业灯光、音响等设备，可供演出、培训等各种活动使用。多年来，她为研习会的发展投入大量时间、精力和财力。②

又如特立尼达和多巴哥武术协会，成立时间不详，但协会旗下有10余支武术队伍，可见会众甚多。协会选手2010年10月参加了中国河南郑州第八届少林国际武术节，取得铜牌的好成绩，标志着特多的中华武术训练已经达到相当高的水平。③ 该会阿列克斯会长对中国武术的文化属性有较深的理解，他表示不但要继续在特多民众中进一步推广各类武术运动，自身也要加强对中国文化的学习，领略中国传统哲学思想，争取达到形神兼备的境界。④

三、令人刮目相看的华侨华人文化活动

虽然目前尚难将已经存在的华侨华人社团的详情叙说备细，但仅从上面的数个社团的简要介绍便可看出，特多的华侨华人社会历史久远，作为华侨华人社会标志的社团也是历史悠久。更值得注意的是，特多的华侨华人社团十分重视中华文化的传承和弘扬。特别是自2006年庆祝华人移民特多200周年以来，特多华侨华人的文化活动一幕接一幕地进行，异彩纷呈。有些活动目前还只是在特多华侨华人中出现。这些足可令人们对该国的华侨华人刮目相看。下面且对近几年来较有影响者顺次作一简析。

其一，2006年的华人移民特多200周年庆典。庆祝华人抵达特多200周年活动的正式纪念日是10月12日。当地政府将10月12日定为“中国节”，全国放假一天。实际上，早在这一天来临前，整个活动安排就已经紧锣密鼓地展开。特多政府对华人抵特多200周年纪念活动十分重视，理查兹总统亲自指定成立庆祝

① 赵凯：《特立尼达和多巴哥中国和平统一促进会庆祝成立三周年》，新华网，2004年6月13日。

② 《驻特立尼达和多巴哥大使杨优明出席特多中华艺术文化研习会活动中心落成典礼》，中国领事服务网站，2012年1月4日。

③ 《驻特立尼达和多巴哥大使杨优明出席特多举行全国武术公开赛》，中国外交部网站，2011年7月13日。

④ 《驻特立尼达和多巴哥大使夫人耿海凌会见特多武术协会负责人》，中国外交部网站（驻特立尼达和多巴哥大使馆供稿），2010年8月28日。

华人抵特多200周年庆祝委员会，并出席一系列有关活动。[①] 这表明，庆祝华人抵达特多200周年的活动纪念不仅仅是华侨华人的重大节日，而且已扩大为全体特多人民的节日。2006年9月26日晚，中国驻特多大使黄兴应邀出席了华人阿良家族企业为纪念华人抵特200周年举办的大型晚宴。特多总统理查兹教授偕同夫人一同出席了晚宴。理查兹总统在讲话中也就华人对特多社会的贡献给予充分肯定。他幽默地说："我本人也有200分之一的华人血统（以200周年为喻），华人的基因太强了，我的脸颊和眼睛很具中国人的特征。"[②]

华侨华人重视200周年纪念是不言而喻的。为了纪念这一重要日子，特多华人特别成立了一个"华人抵特多两百周年有限公司"。成立一个专门公司来开展一个重大节日的纪念活动，在世界华侨华人圈中堪称罕有。值得注意的是，这个公司不只是为了庆祝重大节日而成立，庆祝活动结束后并未宣告解散，而是继续存在下来开展后续活动。几年来，该公司为弘扬中国文化，促进特多多元化的社会发展，增进中特两国人民友谊作出了不懈的努力和积极的贡献。

为庆祝华人抵特200周年，2006年3月，特多华人组建了一支钢鼓乐队。乐队成员年龄从9岁到50岁不等，其演奏的音乐融入了加勒比与南美的音乐元素，形成了别具特色的风格，在当地享有盛名。与此同时，这一年举办了第一届龙舟节。

第一届龙舟节举办后，引起了良好的连锁性反响，越来越多的特多民众，特别是青少年朋友，开始认识、了解并喜爱上这项中国传统竞技项目。200周年纪念活动为进一步推广中华传统文化，推动华人积极融入当地社会，与特多其他族裔和谐共处起了重要作用。此后，龙舟节一年一度地举办，到2010年，已经是第五届。2010年10月17日，特多"华人抵特两百周年有限公司"举办第五届龙舟节暨华人抵特204周年纪念庆典活动。中国驻特多大使馆临时代办王建群与使馆工作人员应邀出席。据"华人抵特两百周年有限公司"主席阿坤在致辞中介绍，该年龙舟赛较以往规模扩大，共有22支队伍，近500名选手参赛，其中80%为当地中小学生、企业员工和其他各界人士。王代办随后同阿坤一道按传统习俗为龙头点睛后，龙舟赛正式鸣锣开战。选手们身着统一的服装，呼喊着震天的口号，划乘龙舟在海面上劈波斩浪，奋勇争先。上千名当地民众在岸边齐聚观看，为参赛者摇旗呐喊，加油鼓劲。主办方还安排了舞龙、舞狮和中华武术绝活等精彩表演，引得观众连连叫好，啧啧赞赏。[③] 从上面的描述来看，划龙舟这种

① 《特立尼达和多巴哥庆祝华人抵特200年，总统出席》，中国外交部网站，2006年9月28日。

② 《特立尼达和多巴哥庆祝华人抵特200年，总统出席》，中国外交部网站，2006年9月28日。

③ 《特立尼达和多巴哥举办"第五届华人龙舟节"》，中国外交部网站，2010年10月19日。

只在中国南方尚存的文化遗产，在异国他乡的特多华侨华人社会中也一样被演绎得十分到位和规范。场面热闹，气氛热烈欢乐，与祖籍地无异。

其二，2010年灯笼节。这是特多土生华人协会在2010年10月隆重主办的首届灯笼节，并被列为华人抵特200周年纪念活动的一部分，获得了巨大成功。灯笼节以“庆祝中国文化”为主题，得到了中国驻特多大使馆的大力支持。大使馆的文化处从2010年7月份灯笼节筹备初期就积极介入其中，在方案策划、活动宣传等方面为特多土生华人协会提供帮助。同时，灯笼节也得到了特多国家旅游部、艺术与文化部等部门和以Digicel电信公司为代表的多家公司的资助。特多土生华人协会特地从中国国内订购300多盏灯笼。灯笼节期间，形态各异的灯笼争相散发出绚丽的光芒，灯笼节现场光影流转，声乐传情。浓浓的中国味和节日气氛，深深地吸引了嘉宾们前来观赏，观众络绎不绝，济济一堂。特多当地有影响的报纸《卫报》与《每日快报》都以显著篇幅报道了灯笼节的盛况。鉴于此次灯笼节取得了巨大成功，特多土生华人协会决定翌年继续举办灯笼节。[①] 就笔者所知，灯笼节似乎在别的国家还没有举行过，特多土生华人协会此次是在世界上拔了头筹。

更令人惊讶的是，当地华裔竟对完全来自中国的灯笼制作十分考究，且嵌进了美妙的中华文化元素，不乏创意。灯笼协会从中国订购的300多盏灯笼中，既有硕大的灯笼（高4.27米宽6.4米），也有制作成中国十二生肖属相的灯笼，数量最多的当属适合会场、大厅等重要场合悬挂的传统型灯笼（虽然里面不再用蜡烛而改用电灯泡）。协会主席克里斯蒂称，要用不同形状、大小、颜色的灯笼，组织成一个灯笼村，让这些代表着美满、吉祥、喜庆的灯笼，来讲述一个个神话传奇，来彰显源远流长、博大精深的中华文化。[②] 可见，灯笼节之美，不仅是多姿多彩、艳丽缤纷的灯笼之美，更是蕴涵其中的中华文化之美。此中之美，既是中华文化本身所独具，也有当地华人富有创意的打造之功。

其三，2010年3月25日，由特多当地华人自主创办的《华商周报》在圣费尔南多市创刊。这是目前特多发行的唯一一份华文报纸。中国驻特立尼达和多巴哥大使杨优明、特多信息部部长帕桑拉、特多主要华社侨领以及社会各界人士共200余人出席该报创刊庆祝活动。杨大使赞扬特多华侨华人多年来为特多经济发展和社会进步所作的重要贡献及为促进中特传统友谊和两国友好合作关系所发挥的桥梁作用，勉励《华商周报》紧紧抓住服务华侨华人的宗旨，成为联结中特人民情感的纽带，不断为推动特多社会发展、传承中华文化和促进中特友谊作出

---

① 《特立尼达和多巴哥举办首届灯笼节》，中国文化部网站，2010年10月21日。

② 《特立尼达和多巴哥举办首届灯笼节》，中国文化部网站，2010年10月21日。

应有贡献。帕桑拉部长代表特多政府对《华商周报》创刊表示祝贺，盛赞这是特中友好关系发展又一具有里程碑意义的事情，充分肯定特多华侨华人多年来对特多持续发展所作的贡献。[①] 显然，一国的华人社会，能有一份以华文作为载体的报纸，对于中华文化的传承弘扬来说，其巨大意义是不言而喻的。《华商周报》创刊也有助于进一步促进特多媒体的多元化。

其四，2011 年 7 月 10 日，由特多武术协会组织举办了特多全国武术公开赛。10 余支武术队伍均参加了比赛，中国驻特多大使馆为本届公开赛提供部分赞助。当天的比赛按儿童组、少年组和成年组分别进行。参赛选手中最小的还不到 5 岁。比赛气氛紧张热烈，观众席上不时响起掌声和加油声。华人舞狮队也来到现场助兴，表演了精彩的保留节目。比赛活动由武术协会秘书长卡比尔主持。[②] 现场选手踊跃参赛，观众众多且热情，说明中华武术在特多已广受欢迎，也说明武术在特多已不仅是中国传统文化的代表之一，也已成为特多多元文化的重要组成部分。

其五，2011 年 8 月 8 日，特立尼达和多巴哥土生华人协会在会馆举行隆重仪式，宣布戴爱莲基金会正式成立。据中国大使杨优明说，这也是他本人的一个愿望。戴爱莲（1916—2006 年），祖辈华裔，侨居海外多年。她是中国当代舞蹈艺术先驱者和奠基人之一。生前是著名舞蹈艺术家、舞蹈教育家、中国舞蹈家协会名誉主席。她出生在特多，1930 年赴英国伦敦学习舞蹈，曾先后师从著名舞蹈家安东·道林、鲁道夫·拉班等，后来又投奔现代舞大师玛丽·魏格曼。她于抗日战争爆发后的 1939 年毅然回国。后来创建北京舞蹈学院并担任第一任校长，又曾任中国舞蹈家协会副主席、联合国教科文组织国际舞蹈协会副主席。她被誉为“中国现代舞蹈之母”，是在伦敦皇家舞蹈学院拥有纪念塑像的 4 位女性舞蹈家之一。为纪念这位杰出的舞蹈艺术家，特多土生华人协会在中国大使馆的大力支持和协助下，发起成立了戴爱莲基金会。中国驻特大使杨优明、特多政府代表、文化部常秘琼斯女士和特多土生华人协会主席阿龙与会并分别发表了热情洋溢的讲话。仪式由特多土生华人协会前主席坎布里奇女士主持。北京舞蹈学院派遣代表团专程来特多祝贺，并向基金会提供两个全额奖学金名额。该院对外交流中心主任张平在仪式上向两位奖学金获得者颁发了证书。特多社会各界人士、华人华侨和中资企业代表共 200 多人出席。特多主要电视、广播、报纸等媒体及知名媒体制作公司等均派记者到现场采访。特多电视台、两大报纸《卫报》和

① 《特立尼达和多巴哥首份华文报纸，〈华商周报〉创刊》，网易（来源：中国新闻网），2010 年 3 月 30 日。

② 《驻特立尼达和多巴哥大使杨优明出席特多举行全国武术公开赛》，中国外交部网站，2011 年 7 月 13 日。

《快报》分别报道了此次活动。①

戴爱莲这个名字本身就是中特文化交流的一个象征和符号。正如杨优明大使在讲话中特别指出的，“她不仅将芭蕾和西方现代舞，还将以非洲和印度文化为主的特多舞蹈介绍到中国。戴先生的舞蹈艺术集东西方文化、非洲与拉美文化于一身，使她成为了独一无二的世界级舞蹈大师。另外，戴先生还是中特两国文化交流的先驱，作为伟大的舞蹈艺术家，她凭借优雅美丽的身体语言将中特两国文化紧密地联系在一起。”②

其六，2011 年 11 月 8 日，执行“和谐使命—2011”任务的中国海军“和平方舟”号医院船抵达特多，开始为期 7 天的友好访问和医疗服务活动。这是中国海军舰艇首次访问特立尼达和多巴哥，实际上也是一次帮助特多华侨华人弘扬中华文化特别是宣示中华传统和谐精神的活动。

“和平方舟”号的到来本身就是对当地华侨华人的巨大鼓舞。连日来，“和平方舟”号医院船采取医院船全程收诊、医疗分队定点服务和医疗巡诊等形式，为中国驻特多使馆、中资机构、华侨华人代表，以及特政府官员、军队官兵、民众综合开展健康体检、门诊诊治、医学交流与合作等内容丰富的人道主义医疗服务。据统计，医疗服务期间共开展门诊 2 969 人次，利用 CT、DR 等先进设备为患者检查 1 600 人次，实施 33 例手术，住院治疗 32 人。中国医护人员还首次把医疗服务点开设到多巴哥岛，使交通不便的海岛居民感受到了来自“东方天使”的真情关爱，也可间接地让特多当地民众通过“和平方舟”号医院的活动来了解华侨华人身上也兼备的中华文化优秀品质。

另外，“和平方舟”的到来引发了当地华侨华人浓浓的思乡之情。2011 年 11 月 14 日晚，在“和平方舟”号医院船圆满完成对特多的医疗服务即将离开西班牙港之际，华人鼓乐队专程来到医院船上，用具有当地特色的钢鼓表演慰问官兵。特多教育部部长提姆·古皮思恩福、中国驻特多大使杨优明及夫人和当地华侨华人代表出席了慰问联谊晚会。晚会上，乐队演出了《茉莉花》、《高山青》、*Nah going home* 等节目，用精彩的钢鼓演奏表达了他们对海军官兵的亲切慰问之情。③

其七，2011 年 12 月 31 日，应特多中华艺术文化研习会主席刘兆眉女士邀

① 《戴爱莲基金会在特立尼达和多巴哥正式成立》，中国网络电视台（来源：人民网），2011 年 8 月 11 日。

② 《驻特立尼达和多巴哥大使杨优明在戴爱莲基金会成立仪式上的讲话》，中国外交部网站，2011 年 8 月 14 日。

③ 《特立尼达和多巴哥华人钢鼓乐慰问“和平方舟”官兵》，中国网络电视台，2011 年 11 月 15 日。又参《中国海军舰艇首次到访特立尼达和多巴哥》，中国国防部网站，2011 年 11 月 10 日。《“和平方舟”号医院船圆满完成特立尼达和多巴哥访问和医疗服务》，《中国日报》，2011 年 11 月 16 日。

请，中国驻特多大使杨优明及夫人耿海凌赴特多第二大城市圣费尔南多，出席研习会活动中心的落成典礼。同时出席的还有当地华侨华人代表、各界人士等近百人。刚刚竣工的活动中心用彩旗、灯笼、对联等布置一新，在来宾们的掌声和锣鼓声中，杨大使与刘兆眉共同为落成典礼剪彩。落成典礼上，中华文化研习会的成员进行了精彩的舞狮舞龙表演，特多武术协会也前来表演武术节目助兴。①

作为拉丁美洲国家和属地中华侨华人移民历史最悠久的国家，特立尼达和多巴哥的华侨华人对当地经济发展和社会进步作出了重大贡献，他们的成就也得到特多政府和人民的高度肯定。正如特多总统乔治·理查兹在2008年6月25日会见前来进行友好访问的中共中央政治局常委、中央纪委书记贺国强时所指出的，特中友谊有着悠久的历史。作为一个多民族的国家，华侨华人对特多经济发展和社会进步作出了巨大贡献。特方感谢中国政府和中国人民多年来的援助和支持，希望进一步加强双方在各领域的合作，推动两国关系继续全面发展。②

第二节　英联邦成员国多米尼克、安巴、巴巴多斯、格林纳达与圣卢西亚

一、多米尼克——一个旅游岛小商岛“转销店”里的华侨华人群体

多米尼克（DOMINICA）一般称“多米尼克国”（以前也有译作“多米尼加”的，因与另一国家多米尼加混淆，后改此译），首都罗索（ROSEAU）。多米尼克岛原为印第安部族阿拉瓦克人和加勒比人居住的地方。1493年哥伦布来到该岛。1763年《巴黎条约》规定该岛划归英国后，法国曾两度占领，它是加勒比海最后成为欧洲殖民地的岛。1978年11月3日宣布独立，为英联邦成员国。该国面积751平方公里，人口7.66万（2005年）。岛上居民主要为黑人和黑白混血种人。英语为官方语言。多数人信奉天主教。多米尼克是座火山岛，据到过那里的中国人说，该国没有什么娱乐活动，但景色怡人，岛上多数热带雨林保护完好，是加勒比地区数一数二的绿岛，备受各国游客青睐，也吸引着华侨华人移居此地。

多米尼克岛虽小，华侨华人也不多，但中国对该国援助较多，因此对当地华

① 《驻特立尼达和多巴哥大使杨优明出席特多中华艺术文化研习会活动中心落成典礼》，中国领事服务网站，2012年1月4日。

② 《贺国强会见特立尼达和多巴哥总统》，中国中央人民政府网站，2008年6月27日。

侨华人也产生良好的生存发展效应。

中多两国于2004年3月23日起相互承认并建立大使级外交关系。2004年12月，多米尼克政府宣布正式承认中国完全市场经济地位。两国建交以来，高层交往频繁，政治互信不断增强，全方位的双边合作不断深入，富有成效。2005年以来，由新天国际经济技术合作（集团）有限公司承担中国政府援助多米尼克农业技术合作项目，主要有海斯堡（HILLSBOROUGH）现代农业科技示范园区。该示范园区以提高农业技术水平、增强农业抗风险能力、保持农业长远可持续发展为原则，结合多米尼克农业领域对引种试验、示范种植、推广体系、种苗培育、生态保护等多方面的需求，提出“生态观光、旅游农业”的发展理念，建立集中的农业科技示范园区作为平台，开展引种试验、种苗繁育、技术推广、观光农业示范工作。[①] 另外，中国对多米尼克援建多罗索—朴茨茅斯公路修复项目，已于2010年2月26日举行了开工仪式。这是中国在加勒比地区最大的援建工程之一。罗索至朴茨茅斯公路，是上世纪多米尼克殖民时期修建的老公路，道窄弯急，千疮百孔，破烂不堪。公路西临加勒比海，东依多国安格雷斯和迪亚布洛廷山脉，沿线山高谷深，丛林密布，村庄稠密，地质复杂，地形险峻。承建该工程的是有着丰富公路施工经验和精湛技术水平的中国铁建十七局集团。工程建成后，将为多米尼克经济和社会发展注入新的活力，成为两国人民友好发展新的见证和标志。[②] 另外，多年来，中国技术专家深入社区、农户传播知识和技能。多米尼克也派出优秀学生、技术专家赴华学习和深造，两国友好的观念已深入人心。所有这些，对该国华侨华人的生存发展是有利的。

截至2007年的资料，多米尼克生活着约150名华侨华人（含港台同胞），亦驻有中资机构。华侨华人主要集中于首都罗索，之中有新疆人、山东人和杭州人，但最多的还是广东人和江苏人。当地华人半数以上已经加入多米尼克国籍。一说其中约1/3持中国护照。从这些华侨华人的来源地来看，可以断定他们中有相当一部分是新移民，且多是商人。

华侨华人在这里主要从事餐饮、小商品、首饰、中医和干洗等行业，还开小旅馆。此外也经营纯净水、塑钢门窗和洗衣店等生意。罗索共有十来家中餐馆，其中数“中华阁”和“古都”规模最大。“中华阁”的厨师胡学贤来自江西南昌，1995年开始在多米尼克一家中餐馆内当厨师。“古都”的老板沈远龙来自中国台湾。据说，这里的电价太贵，物价很高，一打鸡蛋约合18元人民币，一个

① 《援多米尼克农业项目，蔬菜花果香飘农庄园》，中国驻多米尼克经商参处网站，2011年4月12日。

② 《我援多米尼克罗索—朴茨茅斯公路修复项目开工仪式隆重举行》，中国商务部网站，2010年2月27日；李良苏、石华华：《在远离祖国的地方——电气化公司援多米尼克公路修复施工纪实之一》，中铁十七局集团网站，2011年4月21日。

苹果约合 8 元人民币，只有当地特产香蕉便宜。[①]

最引人注目的是这样一条消息：走在罗索的街道上，经常能看见中国人开的商铺，里面的小商品大都来自浙江义乌，甚至印有多米尼加国旗的当地旅游纪念品，大部分也在义乌订做，由华人低价批发给当地零售商，再兜售给外国游客。有华人开批发店，来自义乌的小人偶、杯垫和项链应有尽有。一说当地市场上销售的旅游纪念品大多来自中国浙江的义乌地区。[②] 看了这条消息，我们不难产生罗索成了义乌的一个海外转销站的感觉。罗索是个微型城市，论范围，大抵只相当于中国一个普通小镇，主要街道屈指可数，几乎都是单行道，停车十分困难，但治安很好。[③] 此外，该国第二大城市朴茨茅斯也有华侨华人社区。该国也有华商企业，如华商企业飞龙门窗公司，到 2011 年，已经成立 10 年。[④]

若说多米尼克华侨华人完全是因义乌小商品的海外推销而存在和增多，或许有点言过其实。但是，如果考虑到多米尼克是一个旅游胜地，义乌小商品又多与当地的旅游业相配套的现状，那么就可以得出这样的推论：多米尼克华侨华人的存在和增多，是因为这里有旺盛的旅游业，他们在这里的商业活动主要是因这里的旅游业而连环发展起来的，也只有适应这里旅游业需要的义乌小商品才可能被推销到这里来。

这里的侨胞支持祖国统一大业，关注祖国大事。2005 年，中国全国人大通过《反分裂国家法》。中国驻多米尼克大使馆举行《反分裂国家法》座谈会，来自海峡两岸的华侨华人代表一致表示坚决支持。台胞们表示，所有中国人都期盼祖国统一强大。该法通过后，台胞的合法权益有了保障，安全感增加了，可以堂堂正正地做中国人。[⑤] 2008 年中国四川省发生强烈地震，旅居多米尼克的华侨华人纷纷到中国驻多米尼克大使馆，向遇难者表示沉痛哀悼，并踊跃为灾区捐款。[⑥]

多米尼克华侨华人经商的治安应该是可以得到保障的。最重要的因素是，华侨华人与当地居民的关系比较融洽的。这主要表现在华侨华人与作为当地主体民族的黑人的关系方面。说到这里的黑人时，当地华人无不交口称赞，说他们和善友好。[⑦] 客观地说，海外华侨华人公开赞扬黑人群体的例子还不多，而多米尼克华侨华人对当地黑人有此赞誉，说明他们与当地的民族关系已经有了比较牢靠的基础。

---

① 《生活在加勒比岛国多米尼克的华侨华人》，《侨园》2007 年第 5 期。

② 《生活在加勒比岛国多米尼克的华侨华人》，《侨园》2007 年第 5 期。

③ 《生活在加勒比岛国多米尼克的华侨华人》，《侨园》2007 年第 5 期。

④ 《中国驻多米尼克使馆妇女小组与旅多侨胞联欢》，华龙网，2011 年 12 月 31 日。

⑤ 《多米尼克华侨华人支持我通过〈反分裂国家法〉》，中国外交部网站，2005 年 3 月 18 日。

⑥ 《心系受灾同胞，多米尼克华侨华人踊跃向灾区捐款》，中国台湾网，2008 年 5 月 15 日。

⑦ 党琦：《华人加勒比海岛国生存实录：创业艰难但劳有所获 》，《环球》杂志，2007 年 7 月 3 日。

多米尼克有狂欢节。近年，这里的华侨华人也参与到当地这一重大民族节日中，从而也赢得了一个传承弘扬中华文化的重要平台。2012 年 2 月 21 日，多米尼克年度狂欢节大游行在首都罗索举行。首次出现在游行队伍中的“中国元素”方阵是：身着旗袍、唐装、马褂等中华传统服饰，手持纸伞、绢扇、灯笼等特色配饰的人们，跟随两位美貌“公主”缓缓前行，充分展示了中华文化的多彩魅力，成为本年度多米尼克狂欢节大游行现场一道最亮丽的风景线。方阵周围人头攒动，当地民众和外国游客驻足观看，啧啧称赞，争相与游行队伍合影留念。①

值得注意的是，组成“中国元素”方阵的“两国”参与者有上百人，表明在这支游行队伍中，既有中方人员，也有多米尼克当地人。在各国狂欢节的“中国元素”游行中有当地民众参与的队伍，多米尼克可能是第一个。让当地民族参与到“中国元素”中，也让中方人员和华侨华人参与到“当地元素”中去，应该成为未来各国狂欢节的一个发展趋向。这样做，有利于华侨华人与当地民族关系的融合与和谐。这一次组成“中国元素”并共同出资、主办并参与多米尼克狂欢节的，是一个由中国驻多米尼克大使馆、中资机构、华侨华人和“当地社区”(可能是指华侨华人居住地社区的当地民族)“四合一”组成的阵容。这样做，不仅减轻了华侨华人在各方面的负担，更重要的是，深化了华侨华人融入当地民族和社会的意识，集思广益，各显所长，提高了中华文化在当地的表现力度和质量，也是当地民族对华侨华人的最好支持。

中国驻多大使馆与旅多华侨华人、中资人员保持密切往来，对侨民非常关照。这是华侨华人在居住地生存安全的重要保证。例如，2010 年 7 月 18 日，中国驻多米尼克使馆举行“树立海外华侨华人文明形象”座谈会。使馆参赞孙吉亮与旅多华侨华人代表近 20 人共同出席。他向侨胞介绍了外交部领事司关于“树立海外中国公民文明形象”宣传活动的相关情况。② 又如，2011 年 6 月 24 日，中国驻多米尼克大使馆举行庆祝中国共产党成立 90 周年“红歌会”。③

综上所述，多米尼克华侨华人的生存和发展环境是比较好的，主要表现在：华侨华人与当地的民族关系看来是比较融洽的，华侨华人虽然来源地不同，但看来有一定的凝聚力，与中国大使馆与中资机构方面有比较好的合作，在与当地民族的共同文化参与上也有了良好的开端。但从目前已收集的材料中还看不出华侨华人已经形成了自己的社团组织。如果有一个这样的组织，相信华侨华人在内部团结与对外合作方面会更加显示出群体的活力与效率。

---

① 《中国元素方阵首现多米尼克狂欢节大游行》，中国外交部网站，2012 年 2 月 22 日。

② 《驻多米尼克使馆举行树立华侨华人文明形象座谈会》，中国外交部网站，2010 年 7 月 19 日。

③ 《温故知新，风雨同舟——驻多米尼克使馆举行红歌会》，中国外交部网站，2011 年 6 月 27 日。

二、安提瓜和巴布达——安定的内外环境与中华文化展示平台

安提瓜和巴布达（ANTIGUA AND BARBUDA，简称安巴）位于加勒比海小安的列斯群岛北部。绝大多数为非洲黑人后裔，多数居民信奉基督教。根据1981年独立时生效的宪法规定：安提瓜和巴布达是一个“统一的和享有主权的民主国家”，为英联邦成员国。首都为圣约翰，人口8.56万（2009年），全国面积441.6平方公里。其中，安提瓜岛280平方公里，巴布达岛160平方公里。目前，安提瓜和巴布达国民收入主要来源于旅游业、建筑业、离岸金融业、制造业和农业，其最主要经济来源为旅游业。安提瓜和巴布达旅游资源得天独厚，这里分布着365个各具特色的海湾，有度假天堂和加勒比翡翠之称。

安巴是首个与中国建交的东加勒比国家。建交20多年来，两国政治经贸关系始终保持稳定。两国高层互动频繁，多边领域密切配合，文化、教育等其他各领域、各层次交往不断深化。据统计，中方通过提供无偿援助、无息贷款和优惠贷款，帮助安巴建成了26个与当地人民生产和生活息息相关的、着眼于能让安巴人民切实受益的项目，包括多功能展览中心、达克伍德公路改造、格雷斯排水沟整修、板球场、路灯项目、电厂等。[①] 其中，中国援建的圣约翰医疗中心已经成为该国首都的标志性建筑，中国援建的国家板球场在加勒比地区首屈一指，援建的3千万瓦发电项目也极大地缓解了当地电力供应不足的问题。[②] 到2011年，安巴新电厂圆满竣工，接着，中国援建的安巴国际机场新航站楼项目也顺利动工。[③] 据2010年中国驻安巴大使刘汉明说，近年，两国人文交流层次提升，在教育、文化、新闻、民间领域交流增多。2006年中安签署教育合作协议，2007年首批安巴10名留学生赴华留学。中国已连续4年提供政府奖学金，鼓励优秀的青年赴华深造。目前，共有约50名安巴留学生在华深造。2007年底，中央电视台英文频道CCTV9正式在安巴实现数字化落地，这是继中央电视台中文频道CCTV4之后又一中国频道登陆安巴，为安民众了解中国提供了很好的平台。双方还增进媒体人员互访，发挥媒体促进双边友好的积极作用。中方还推动安巴友好民间人士、各类知名人士赴华参加活动，开展民间外交。[④] 所有这些，都为安巴

① 《安提瓜和巴布达〈观察家日报〉全文刊登驻安巴大使刘汉明专访》，中国外交部网站，2010年12月30日。

② 《我驻外微型使馆，中国驻安提瓜和巴布达大使馆》，新华江西网视，2009年8月27日。

③ 《驻安提瓜和巴布达大使刘汉明在华侨华人春节招待会上的讲话》，中国外交部网站（驻安提瓜和巴布达大使馆供稿），2012年1月21日。

④ 《安提瓜和巴布达〈观察家日报〉全文刊登驻安巴大使刘汉明专访》，中国外交部网站，2010年12月30日。

华侨华人的生存发展带来了一个令人欣慰的良好环境。

关于安巴华侨华人的历史，可谓难以追溯其始，故只能从现在说起。目前安巴有华侨华人约 300 人，集中在首都圣约翰市。① 圣约翰的华侨华人主要从事中餐馆和小商品零售。② 这些零星的信息虽然不能说明多少问题，但有一点却是可以肯定的：安巴的华侨华人很少，但居住集中，其职业也比较单一。作为中餐馆和小商品经营者，很可能没有大富大贵者，但收入上应不乏鹤立鸡群者。作为一个地狭人寡的弹丸之国，华侨华人集中居住，职业单一，都是比较常见的现象。长期以来，旅居安巴的华侨华人开拓奋进，辛勤耕耘，守法经营，巩固并扩展了自身的事业，也为促进当地经济发展作出了重要贡献。但受国际经济危机的影响，安巴难以独善其身，因此也殃及华侨华人。

这一两年来，安巴经济形势并不好，旅居安巴的华侨华人的营商环境受到严峻挑战。此外，华人族群以经商为主，肯定会有遭抢遭盗之虞，这在哪一个国家都难以完全避免。近年来，由于加勒比地区毒品走私活动猖獗，入室盗窃案时有发生。安巴也存在着暴力犯罪问题，安巴警察局长布朗在 2010 年上任数月内曾采取积极措施，有力打击暴力犯罪并改善安巴治安环境，为当地守法华侨华人提供了安全便利的社会环境，受到中国驻安巴大使刘汉明的赞赏。③ 总的来说，安巴社会治安状况总体上良好，犯罪率较低。

安巴华侨华人对狂欢节的参与却让他们一夜“成名”。安巴狂欢节久负盛名，最早可追溯到 1834 年黑人庆祝废除奴隶制的活动，但首届真正意义上的狂欢节始于 1957 年，2011 年已是第 55 届。但 2011 年这一届（7 月 24 日举行），是华侨华人参加的第一届，因而格外引人注目。

在狂欢节之前中国驻安提瓜和巴布达大使馆与当地华侨华人、中资机构代表花了近两个月的时间进行精心策划和紧张筹备。中国花车首度亮相狂欢节，成为这一年游行一道最亮丽的风景线。中国花车选取最具中国传统建筑风格的“亭台楼阁”为主题，并在四周饰以多个中国古代彩绘宫灯，洋溢着浓郁的中国特色。车身两边分别覆盖着印有长城、秦始皇兵马俑、天坛、大熊猫以及上海陆家嘴金融中心等“中国名片”的大型宣传画。花车上，数个身着中式旗袍的中国女童，与身着统一印有“安巴第 55 届狂欢节中国方队”字样 T 恤的中国驻安巴大使馆人员、华侨华人及中资机构代表一道，在《喜洋洋》等中国传统民乐的伴奏下，向沿途安巴民众和外国游客热情挥舞中安两国国旗。狂欢节游行队伍自安巴文化

---

① 《驻安提瓜和巴布达大使陈立钢会见旅安华侨华人代表》，中国外交部网站（驻安提瓜和巴布达大使馆供稿），2010 年 1 月 11 日。

② 《中国驻安提瓜和巴布达大使走访圣约翰华侨华人》，中国外交部网站，2008 年 8 月 30 日。

③ 《驻安提瓜和巴布达刘汉明会见安巴警察局长布朗》，中国网，2010 年 12 月 9 日。

部门前广场出发，先后途经伊丽莎白女王高速公路、独立大道、泰晤士街等主要干道和闹市区，最后汇入总督府前的安巴体育场。中国花车的亮相立即吸引了沿途安巴民众和外国游客纷纷驻足观看，并随之引发阵阵掌声和喝彩声。不少安巴民众还接过花车上的五星红旗，伴随着喜庆的中国民乐热情挥舞，并对中国花车竖起大拇指，表达着对中国的友好和对中国文化的喜爱。[①] 中国花车，可说是一部浓缩的向安巴民众和外国游客展示中国灿烂文明的史书，在这片热情似火的加勒比海岛风情中，成功掀起了一股强劲的“中国风”。

安巴是非洲黑人后裔之国。用刘汉明的话来说就是，安巴是一个包容的民族、包容的社会、包容的国家，安巴民风淳朴、热情好客。[②] 年复一年的狂欢节承载和代表着当代民族的豪情与友善，事实上也给这里为数不多的华侨华人一个走近当地民族和融进当地社会的难得契机。狂欢节是一个平台，虽然持续的时间很短，但它所酿成的欢乐氛围却是长久的，而且会通过一年一年的接力，使它本身蕴涵的欢乐容量维持在一个持久稳定的热度。华侨华人可以通过这个平台，不断地上演有利于自身生存发展、展现民族风貌和文化精华、向当地人民示好示善的剧目，做到可持续化、高质量化，还要力避单调乏味。另外，这里有中国大使馆，有中资机构，彼此间可以互为一体，共同维护华侨华人的生存发展权益。安巴虽小，但有上述良好条件，华侨华人的现状与前景是乐观的。

三、巴巴多斯——生活在“西印度群岛疗养院”里的华侨华人

巴巴多斯（BARBADOS）位于东加勒比海小安的列斯群岛最东端，西距特立尼达岛 322 公里。国土面积 431 平方公里。平均每平方公里 600 多人，是世界上人口密度最高的国家之一。旅游业很发达，被称为“西印度群岛的疗养院”。该国独立于 1966 年 11 月 30 日，是英联邦成员，通用英语。首都布里奇敦（BRIDGETOWN）。全国人口 28 万（2007 年），主要民族为非洲黑人（占 90%）与欧洲人后裔（4%）。主要宗教为基督教和天主教。在巴巴多斯的农业用地中，甘蔗种植面积占到 2/3 以上，故巴巴多斯又被称为“甘蔗之国”。独立以后，甘蔗种植和蔗糖生产仍是国家的主要经济支柱。

1977 年 5 月 30 日中巴两国建交。建交后，两国友好关系顺利发展，两国保持高层交往，经贸、党际、文化、税务、军事、农业、旅游等各领域务实合作稳

① 《中国花车亮丽登场 2011 年安提瓜和巴布达狂欢节游行》，中国网络电视台，2011 年 7 月 26 日。

② 《安提瓜和巴布达〈观察家日报〉全文刊登驻安巴大使刘汉明专访》，中国外交部网站，2010 年 12 月 30 日。

步开展。中国在该国驻有中资机构，也有留学生。他们的人数估计不多，而该国华侨华人也为数甚少。从目前情况来看，很难相信巴巴多斯的华侨华人人数在短期内会有很大增长，但来自中国的游客数量应有较快的增加。目前的一个迹象是，巴巴多斯看好中国游客。2011 年 6 月下旬，巴总理在访华时曾呼吁加强两国旅游交往，开通两国间直航航班，吸引更多的中国人到巴巴多斯去旅游。

据《1996—1997 年华人经济年鉴》资料，巴巴多斯华侨华人人数只有 50 人。这是 10 多年前的资料，直到今天，该国的华侨华人估计没有增加多少。据到过此地的游历者称，在巴巴多斯的几天时间，竟然没见到过华人。在主要商业街道，也没见到有华人开的商店。此话虽然仅供参考，但一定程度上证明这个国家的华侨华人实在是少。也可以肯定，至少在 2008 年之前，该国还没有华侨华人的社团组织，因为在 2008 年中国大使馆举行的端午节招待会上，在座华侨华人表示期望侨社能够尽快组建，有些侨胞表示愿意牵头组建华侨华人社团。[①] 现在还没有检索到这里的华侨华人社团已经组建完成的信息。不过从此话可以解读到目前巴巴多斯的华侨华人数量已比过去有了增加。

巴巴多斯当地货币稳定，政局稳定，欧美游客多。近年来，旅居巴巴多斯的华侨华人和中资机构克服重重困难，自强不息，勤奋耕耘，不仅为促进巴巴多斯的经济发展和社会进步作出了巨大努力，也为弘扬中华文化传统，推动两国友好交流与合作作出了力所能及的积极贡献。这里的华侨华人社团建立起来后，相信更会有助于他们的生存发展及与外界的联系。

四、格林纳达——一个民族大家庭中的华侨华人群体

格林纳达位于东加勒比海向风群岛的最南端，是个袖珍小岛，南距委内瑞拉海岸约 160 公里。原为印第安人居住地，1498 年被哥伦布“发现”。1650 年归属法国，1762 年被英国占领，1763 年根据《巴黎条约》，法国将之转让给英国，1779 年被法国重新占领，1783 年根据《凡尔赛条约》正式确认为英国所有，从此沦为英国殖民地。1974 年 2 月 7 日宣布独立。主要宗教是天主教，官方语言为英语，为英联邦成员国。该国国土面积 344 平方公里，首都圣乔治。人口 10.6 万（2007 年），黑人约占 81%，混血人占 15%，白人及其他人种占 4%。

中格于 1985 年 10 月 1 日建交。但在 1989 年 7 月 19 日格政府又宣布与台湾当局“建交”，导致 8 月 7 日中国中止了与格林纳达的外交关系。2005 年 1 月 20 日，中格两国外交部长代表各自政府签署了恢复外交关系的联合公报，决定自

---

① 《驻巴巴多斯大使馆举行端午节华人华侨招待会》，中国驻巴巴多斯大使馆网站，2008 年 6 月 10 日。

2005 年 1 月 20 日起两国复交。中格复交后，两国在政治、经贸、教育、文化等诸多领域开展了广泛交流与合作。到 2008 年，已有 90 余位格各界人士在华参加过短期培训班。①

目前在格林纳达的广义上的“中”字号人员包括以下 7 个群体：中国驻格林纳达大使馆人员、中资企业人员、援格医疗队人员、农业组人员、汉语教师、留学生和华侨华人。前 5 个群体属于中国公民，作为援外人员，分别受国内不同政府部门的派遣而来到格林纳达。他们与留学生一样，在格林纳达的逗留是有限期的。在他们当中，人数最多的是中国援格项目人员。据悉，中国援格项目包括整修扩建格林纳达国家体育场、农业项目、赴华留学生项目和培训交流项目等。传媒出现过的在格实施经援项目的中资公司，有安徽外经建设集团有限公司、新天国际经济技术集团有限公司、华安公司、江苏省建设集团加勒比有限公司等。②其中华安公司负责建筑华安国际酒店。这是当地第一家集宾馆、餐饮于一体的中国酒店。酒店四面环山，距格林纳达首都圣乔治大约 8 公里，距离格林纳达萨林斯角国际机场大约 6 公里。该酒店由安徽外经人投资兴办，提供中国特色餐饮，展示中国民俗文化等，以吸引外国游客。可以将之看作是一个具有丰富中华文化元素的地方。约 2011 年 9 月，中格双方签署了第四期农业合作项目和第二期板球场维护项目的协议。另外，还有一些合作项目正在酝酿和磋商之中。至 2011 年年底，由中国援建的住房项目第一期全面完工，350 多套住房交予格方。③ 另外，两国教育交流是双边关系的重要组成部分，中国留学生主要是在圣乔治大学读书。其他中方人员的资料不详。

有趣的是，格林纳达的华侨华人甚至比来自中国的其他多个群体的人数还要少。据 2007 年的资料，岛上只有华人约 30 名，有中餐馆 3 家，此外华人还经营百货商店、门窗厂和面条厂。其中生意做得最红火的，要数经营门窗生意的格林纳达郎东建筑制造业有限公司，其时该公司有雇员约 16 人，多为中国人。该公司约 2004 年进军格林纳达门窗市场。④ 华侨华人数量虽少，但他们多年以来艰苦创业、守法经营，为促进中格关系及格林纳达经济社会发展作出了力所能及的贡献。

在格林纳达，中国大使馆、援建项目组和华侨华人之间的关系非常密切，彼此间互相帮助已蔚然成风。所有这些中方人员，虽然从身份上跟华侨华人有别，

---

① 《中国驻格林纳达使馆举办新春招待会》，中国外交部网站，2008 年 2 月 1 日。

② 《中国驻格林纳达使馆为中资企业和华侨华人举办中秋联欢晚会》，中国驻格林纳达大使馆网站，2006 年 10 月 7 日。

③ 《驻格林纳达使馆举行国庆招待会》，《中国日报》，2011 年 9 月 30 日。

④ 《格林纳达华人：从飓风灾难中逐渐恢复 》，《环球》杂志，2007 年 7 月 3 日。

但他们亲如一家，彼此没有分别。这是加勒比海很多国家的特殊侨情。从某个角度来说，这也是中方人员对华侨华人的一种特殊支持方式，从根本上有利于华侨华人在当地的生存与发展。在格林纳达当地人看来，所有这些群体，都是“中国人”，他们的言谈举止，一样代表着“中国”，代表着“中国人”的形象。他们并不刻意，或者说并不愿意去区分谁是“华侨”，谁是“华人”，谁是“中国人”。也就是说，在代表“中国人”方面，不管是华侨华人群体，还是非华侨华人群体，他们都是“等值”的。他们都同属“中华民族”的成员，在格林纳达组成了一个民族大家庭。

五、圣卢西亚——一个微型华侨华人社会与“中国城集团”

圣卢西亚位于东加勒比海向风群岛中部，北邻马提尼克岛，西南邻圣文森特岛。最早居民为印第安人。1639 年英国人入侵该岛，1651 年法国人占领该岛。以后英、法长期在此争夺。1814 年根据《巴黎和约》该岛正式划为英殖民地。1967 年 3 月，圣卢西亚实行内部自治。1979 年 2 月 22 日宣布独立，为英联邦成员国。国土面积 616 平方公里，首都卡斯特里。人口 17.1 万（2008 年），其中 81% 以上是黑人，另有黑白混血种人、少数白人和印度人。英语为官方语言和通用语，当地居民普遍讲克里奥尔语（Creole）。绝大多数居民信奉天主教。

1984 年 5 月，圣卢西亚与“台湾当局”建立了“外交关系”。1997 年 9 月 1 日，中国常驻联合国代表秦华孙大使与圣卢西亚外长奥德伦在圣卢西亚签署了中圣建交联合公报。但到 2006 年 12 月，前总理史蒂芬孙·康普顿于大选中再度获胜，至 2007 年 4 月与“台湾当局”恢复“外交关系”。2007 年 5 月 5 日，中国驻圣卢西亚大使古华明就此向圣政府提出严正交涉和强烈抗议，并代表中国政府宣布自即日起中止与圣卢西亚的外交关系，两国政府间的一切协议也随即停止执行。

圣卢西亚华侨华人在中国与该国关系中的桥梁作用十分明显。在 1997 年到 2007 年两国存在外交关系期间，在该国华侨华人的积极帮助下，两国关系迅速发展，中国对圣卢西亚的援建项目包括体育场和精神病医院等。到 2006 年，在圣卢西亚出现了“中国热”。越来越多的人想去中国访问，越来越多的人想和中国人做生意。在圣卢西亚的中国商品越来越多，中国的影响也日益扩大。[①] 当然，这一期间华侨华人在当地的生存和发展环境也水涨船高地得到改善。但该国与台湾“复交”后，这里的华侨华人顿生失去保护之感。当圣卢西亚政府作出

① 《中国驻圣卢西亚大使古华明举行春节招待会》，中国外交部网站，2006 年 2 月 15 日。

与台湾“建交”决定时，多数当地人也持反对态度。

据说在中圣断交之时，当地人自己作词作曲，创作了一首快节奏的流行歌曲，歌名就叫《大陆人还是台湾人?》，带点黑人说唱音乐的味道，还添加了不少中国音乐元素。其中一段歌词是：“大陆人如此友好/他们和当地人打成一片/他们开了自己的‘中国城’/出售的东西最便宜……”此外，歌中还说起中国援建圣卢西亚的体育场和精神病院，感谢之情溢于言表。①

圣卢西亚华侨华人的规模不大。据2007年资料，圣卢西亚共有约80名华人，相对于17万人口的圣卢西亚来说，这个数字不成比例。圣卢西亚华侨华人多开中餐馆，来就餐的客人都是当地人。岛上生意做得最大的，当属“中国城”集团老总许一迅。许一迅是内蒙古赤峰人，在沈阳长大，出国前曾在沈阳体育学校担任7年武术教练，他在多米尼克生活两年后来到圣卢西亚。“中国城”集团在当地影响很大，在首都卡斯特里几乎无人不知。“中国城”集团包括4家商店、3家餐饮、1家批发中心和1家水上运动公司，雇员多为当地人。“中国城”集团也从浙江义乌进货。餐馆装修风格的中国味很浓，生意也很红火。当地人习惯中午吃大餐，每到中午，中国美食城的客人比隔壁的“肯德基”还要多。②

应该指出，许一迅经营“中国城”的经验，特别是如何改善中国、中国人和中国商品形象的经验很值得借鉴。一是“中国人”形象的改善。“中国城”集团共聘用当地人约110名，相比之下，中国管理人员仅有7名。“中国城”集团通过帮助当地人解决就业问题改变了当地人头脑中“中国人来赚我们钱”的想法，因而当地人对中国人十分友善，而另一方面，聘用当地人还节约了大量成本。二是当地人对中国商品形象的改善。“中国城”团体的格言是：“我们不卖便宜货，我们卖好货便宜。”据说，圣卢西亚物价较高，相对来说，“中国城”商店出售的商品则物美价廉，因而受到当地人欢迎。但这个局面来之不易。早些年，圣卢西亚人对中国商品印象并不是很好，他们认为中国货虽便宜，但质量一般。后来，为了改变当地人这种印象，“中国城”从进货开始严把质量关。经过几年努力，质疑中国商品质量的圣卢西亚人已经越来越少。

此外，“中国城”还加深了当地人对中国的了解。由于圣卢西亚与中国相距遥远，虽然当地人对中国人非常友好，但他们并不了解中国。他们的中国印象，皆来自当地电视台播放的香港老片子。为了加深当地人对中国的了解，许一迅经常往返于中国与圣卢西亚之间，有时他也会把这边的朋友请到中国去做客。2005年，他带几个圣卢西亚朋友去深圳，看到人来人往的繁华街道，他的朋友感慨

---

① 《圣卢西亚人说中圣断交：这是个错误，政府欠考虑》，《环球》杂志，2007年7月16日。

② 《华人加勒比海岛国生存实录：创业艰难但劳有所获》，《环球时报》，2007年6月6日。

到："每个人都认为美国好，那是因为他们没来过中国啊！"① 圣卢西亚华侨华人十分关注祖（籍）国，例如，2008年四川发生特大地震时，当地华侨华人踊跃向灾区捐款。

虽然目前中圣两国间暂时没有外交关系，但大多数华侨华人不会放弃自己的发展机会，不会放弃融入当地民族与社会的进程，更不会放弃与祖国的亲密关系。圣政府与台"建交"，只会对华侨华人造成短暂的不利影响，而不会阻止华侨华人在当地继续发展。

第三节　荷兰王国"自治国"阿鲁巴、圣马丁与库拉索

一、阿鲁巴——一个旅游岛国上第一个华人之家

阿鲁巴（ARUBA）是位于委内瑞拉北方的委内瑞拉湾外海的一个加勒比海岛屿，距巴拉瓜纳半岛（PARAGUANA PENINSULA）约25公里。阿鲁巴与在它东方紧邻的波内赫（BONAIRE）与库拉索（CURACAO）三座岛屿经常被合称为"ABC岛屿"。全岛面积193平方公里，人口10万（2007），目前是荷兰王国的一个"自治国"，首府为奥拉涅斯塔德，下面没有更小的次行政区划分。由于气候干燥，常见热带植物数量不多，岛上的景象与一般人对加勒比海所持的既有印象大不一样。

阿鲁巴自1636年起就被并入荷兰王国，一直到今天（其间于1805—1816年间短暂归属英国）。阿鲁巴境内人口有很高的比例属于非洲裔，主要是在17世纪到19世纪间被强迫移民到此地作为奴隶的非洲人后代，但他们也经常会与当地原住民的印第安人混血。除此之外也有部分欧洲人与亚洲人的后裔。阿鲁巴复杂的族群混合，意味着文化上也是多元的，除了母国荷兰的影响外，许多其他欧洲国家乃至于非洲的文化，在这里也可以看到痕迹。据说全岛有6家报纸，主要是《阿鲁巴友人报》（荷文）和《消息报》（英文）。有阿鲁巴电视台，但它是商业电视台。如是看来，岛上还没有华文报纸和华文电视台。

从殖民时代开始阿鲁巴岛的主要经济历经了三个阶段的变化。第一次大变化是19世纪的淘金热；第二次大变化是1924年因为发现油田而兴起石油业；第三次大变化是20世纪90年代以后岛上逐渐兴起的旅游业，现在已成为该岛重要的经济来源之一。阿鲁巴是一个地形平坦、完全没有河流的石灰岩岛屿，以其四周

① 《加勒比岛国圣卢西亚有个"中国城"》，新华网，2007年7月2日。

环绕的白色沙滩著名。虽然地处热带地区，阿鲁巴却能保持终年摄氏 27 度的稳定气候，有利于发展旅游观光业。阿鲁巴岛终年阳光普照，气候宜人，远离飓风，海风习习，无蚊蝇小虫，素有“卫生岛”之美称。阿鲁巴岛西岸的棕榈滩（PALM BEACH）是岛上主要的观光客集中地，以长达 10 公里的连续白色沙滩与海边的度假屋著名，又有蓝绿色海岸（TURQUOISE COAST）的美名。近年来来此度假的观光客以美国人为多，约占每年为数 70 万旅客的六成。奥拉涅斯塔德的文化中心终年提供音乐会、芭蕾舞、民间故事和艺术展览。该市还有历史博物馆、考古博物馆和钱币博物馆。2 月的狂欢节和新年有极其绚丽多彩的庆祝活动。由此可见，居住在小小的阿鲁巴的华侨华人也必须在产业上和思想意识上适应岛上的旅游文化。

根据 2002 年发布的《世界华侨华人人口分布》数据，阿鲁巴的华侨华人只有 600 人（资料来源为 1993 年 11 月 23 日的《星洲日报》），但据较新的数字，已增加到 4 000 多人，大部分是广东人，其中又以广东恩平籍占多数。新增加的人口中，很大一部分应是新移民。估计阿鲁巴华侨华人的经济处境是比较好的。据一位亲身到过阿鲁巴的访客听当地人说，如今阿鲁巴的物价太贵。这些年，中国人几乎掌控了超市，价格由他们说了算。还有日本人，在当地也很富有。这应该是当地人的直观感觉，是否准确，还有待证明。

一个小岛上居住着 4 000 多华侨华人，相对于其他加勒比海国家或岛屿来说，算得上多了，这样的人数，已足可以组成一个小型华侨华人社会。但这个小型社会一直没有社团。直到 2005 年，阿鲁巴方成立首个新中华会馆。当时，为使旅居外国的乡亲能有场所聚会，便于沟通乡情、联络感情，祖籍广东恩平的会馆主要成员岑邓华、吴焕湛、吴荣添、伍瑞生、何爵豪等人发动乡亲及当地其他富商、企业等捐资，共筹得 40 万美元，建成了占地 2 500 平方米的会馆。2009 年 3 月 25 日，阿鲁巴新中华会馆落成剪彩。这也是一批海外赤子在一个遥远海岛上建立的第一个华人之家。当地华侨华人笑逐颜开，欢天喜地地开展庆祝活动。中国驻委内瑞拉大使张拓及其夫人、阿鲁巴首脑阿鲁毕等政府官员及华侨华人1 000多人参加了庆典仪式。典礼中还进行了中华民族特色的醒狮表演等，礼成后开筵 100 多席，主宾举杯同庆，场面热闹非凡。①

2011 年 3 月 28 日，阿鲁巴新中华会馆一行 8 人，在会长何爵豪、总顾问岑邓华率领下回乡探亲，并拜访了恩平市侨务部门。这是新中华会馆成立后首次回乡拜访家乡侨务部门。恩平市领导与之进行了座谈，对阿鲁巴侨领在团结和服务乡亲等方面取得的成绩给予高度评价，并希望他们常回家乡看看。何爵豪会长在

① 何锡文：《阿鲁巴新中华会馆落成》，《江门日报》，2009 年第 7142 期 。

讲话中说，今后要发挥好桥梁作用，促进侨胞与家乡的联系，加深友谊，加强合作。[①]

2011 年 10 月 28 日荷兰女皇对阿鲁巴的访问给了这里的华侨华人一次展示中华文化的极好机会。其时，阿鲁巴新中华会馆组织醒狮队迎接女皇的到访。在新建的阿鲁巴公园新中华会馆展示区，中国国旗迎风飘扬，用中文书写的“热烈欢迎荷兰女皇来访”的横幅鲜艳夺目。醒狮队员身着传统短打行装，腰束红色纱带，个个神采奕奕。在女皇来到公园门口时，华侨华人舞起象征着吉祥欢庆的瑞狮，引领着女皇一行的到来，场面喜庆，热闹非常。“狮子”吃青、醉青、醒青、采青、滚球等各种套路的精湛表演，令女皇大开眼界，几次竖起大拇指向醒狮队员打着赞赏的手势。据当地政府官员转达，女皇表示欢迎活动令她难忘，特别是中国人的神奇表现，中国的“狮子”好看、有魅力。[②] 这一活动，对于华侨华人在阿鲁巴的生存与发展以及文化展示来说是难得的机会。

阿鲁巴华侨华人不仅抓住机遇展现中华文化，还致力于中华文化的长远发展。就在 2009 年中华会馆落成之后不久，他们又顺应乡亲们的意愿，利用会馆大楼开办中文学校，现已有学生 130 多人。[③] 不过，也应该清楚，虽然阿鲁巴的教育条件很好，但这里没有大学，这里华侨华人子女的完整的高等教育只能求助于外地（例如近在眼前的美国）乃至中国国内的高等院校。

从长远来看，阿鲁巴华侨华人的发展还可能得益于该国与中国经贸关系发展所酝酿的良好商机。阿鲁巴现有三大自由区，分别是 ORANJESTAD 自由贸易区、BUSHIRI 自由贸易区和 BARCADERA 自由贸易区，其中 BARCADERA 自由贸易区面积最大。区内产品进出口免交关税。自由区保证货物安全，设施齐全，有充足的储货区，为中国企业提供优厚条件。在自由贸易区内，免税进口货物后可储存、组装、包装或再制造后出口到委内瑞拉、哥伦比亚、加勒比海等地区，也可销售到欧洲国家。岛内现有注册离岸企业 4 000 家，居民企业 1 万多家，相应的银行服务业发达。现在阿鲁巴与欧盟、美国和加勒比地区都签有优惠贸易协议，取得阿鲁巴产地证后可以不受配额和关税的限制，直接销往欧洲和美洲地区，对于一些希望拓展海外市场的中国企业来说，这是一个难得的机会。由于该地区与中国建交的国家很少，对中国了解不多，中国的产品很少能够直销到此。对于国内企业来说，加勒比海市场是一片空白的领域，一旦找到销售渠道，利益将相当

① 何锦文：《阿鲁巴侨领何爵豪、岑邓华率团回乡拜访恩平侨务部门》，江门侨界青年联合会网站，2011 年 4 月 11 日。

② 何锡文：《荷兰女皇赞赏恩平华侨的醒狮表演》，江门侨界青年联合会网站，2011 年 11 月 29 日。

③ 何锡文：《阿鲁巴侨领何爵豪、岑邓华率团回乡拜访恩平侨务部门》，江门侨界青年联合会网站，2011 年 4 月 11 日。

可观。另一方面是曾经作为阿鲁巴支柱产业的石油业。阿鲁巴政府希望开发自身资源。阿鲁巴所在的加勒比海海底蕴藏石油，但尚未探明储量，也缺乏技术和设备进行开采。阿鲁巴政府一向对华友好，希望借此机会与中国进行能源开采的全方位合作，从融资、技术、设备、人员等方面着手，不但能够稳定阿鲁巴炼油厂的原油供应，更能为中国能源的供应贡献力量。为此，阿鲁巴政府希望能与中国国家开发银行合作，共同开发当地资源，促进经济发展。① 显然，阿鲁巴有着重要的战略地位，便利的交通要道，加上与美欧关系紧密而稳定，市场开放，熟悉美洲情况，为中国企业拓宽市场提供了一片沃土。如果这一发展前景成为现实，对于阿鲁巴华侨华人来说，将更加优化他们在这个岛国生存发展和传承中华文化的大环境，他们也将在中国对阿鲁巴乃至这一地区的开发中寻找到参与其中的机遇。

综上所述，在加勒比海国家（岛屿）中，目前阿鲁巴华侨华人的状况是令人感到兴奋的。它证明了在一个面积狭小、产业单一的岛国，华侨华人一样可以适应当地的环境，求得自身的生存和发展，还可以在一方狭土上传承自己的民族文化。事在人为，有志者事竟成，阿鲁巴的华侨华人以自身的实践证明了这一点。当然，阿鲁巴华侨华人有他们的天然优势和特点——居住地旅游文化的外向性、包容性和浪漫性。这在客观上更有利于华侨华人的生存发展，以及自己民族文化的展现。可以相信，在阿鲁巴这个小小的加勒比海岛屿上，中华文化的弘扬将后继有人，前景乐观。

不过，在一个以旅游业立国的国家，产业与文化变化的速度也是较快的，有时可能是出人意料的。这就需要那里的华侨华人学会“求生善变”的本领，也要有更强的韧性、勇气和毅力。就目前而言，在中国人普遍被认为很“富有”、已经“掌控了当地超市”的情况下，华侨华人如何搞好与当地居民的关系，改善自己的形象，也应是一个不可忽略的问题。

二、圣马丁——华人社会的“亚当夏娃”及其族群

此处之圣马丁即荷属圣马丁（SINT MAARTEN），正式全称圣马丁海岛领地（EILANDGEBIED SINT MAARTEN），现为荷兰王国的4个“构成国”之一（另3个分别是荷兰、库拉索和阿鲁巴），面积34平方公里，人口33 119人（2010年的非正式说法是约5万人），首府菲利普斯堡。该岛原为荷属安的列斯辖下五个岛区（EILANDGEBIEDEN）之一，2010年10月10日成为独立的海岛领地。其

① 《阿鲁巴业务》，央视网品牌国际频道，2010年6月9日。

主要辖区为圣马丁岛南半部，而该岛的北半部为法属圣马丁行政区。有趣的是，这个小小的岛屿是世界上最小的分属两国的岛屿，这种分治状态已经保持了300多年。

圣马丁华侨移民到此的时间是1964年。当时广东的余永良夫妇来到圣马丁。[①] 他们俩便成为首批登陆圣马丁的华人，堪称是这个海岛国家华人社会的“亚当夏娃”。数十年来，特别是近二三十年来，越来越多的华侨华人汇聚到这个美丽的加勒比海岛国，现在圣马丁岛的华侨华人已增至约4 000人。从面积来看，圣马丁是所有已经“立国”的小安的列斯岛国中最小的，但从岛上的华侨华人人数来看，却是这些岛屿中最多的。再从华侨华人占当地人口的构成来说，则将达1/8。这个比例对所有拉丁美洲国家来说，也在最高之列。自然，一个僻处一隅的小岛，何以能够吸引如此多的华侨华人来此定居创业和发展，是一个有趣的谜团，有待研究者进一步破解。

华侨华人在圣马丁立足后，主要经营超市、餐馆、洗衣店等行业。他们遵纪守法，经营有方，并积极参与当地活动，融入当地社会。他们通过自身勤奋耕耘和努力工作逐渐在当地发展壮大，不仅为当地经济社会发展作出了突出贡献，更增进了与当地人民的友谊，同时也不忘通过实际行动关心和支持祖国和家乡的经济建设和发展。

圣马丁也是目前唯一一个可以确认华人最早建立社团年份的西印度群岛国家。2010年4月，经过爱国侨胞黄仰杰、王柏林等的积极努力，圣马丁华人会馆宣布成立，并于同年9月正式登记注册。[②] 这标志着圣马丁华侨华人组织和活动步入了正规化轨道。在未来的岁月里，该会馆将充分发挥当地华侨华人的主心骨作用，努力推进继承推广中国文化、促进中西文化交流、保护华人共同利益三大宗旨，继续发扬中华民族吃苦耐劳、与人为善的传统美德，团结互助，在异国他乡开创一片新天地，充分展现华人自尊、自立、自强的优良风貌，为圣马丁当地的发展贡献出更大的力量。不过，作为加勒比地区一个不算太小的华侨华人社区，迄今有关圣马丁当地华侨华人的文化活动却一无所知，不能不说是一个遗憾。

2008年2月16日到18日，中国驻安提瓜和巴布达大使陈立钢前往圣马丁岛亲切看望旅居在该岛的华侨华人。他和大使馆工作人员向当地华侨赠送了《中国公民海外领事保护指南》以及部分影视作品光盘，还受理了当地华侨近百本护照

---

① 《驻安提瓜和巴布达大使刘汉明在2011年圣马丁华人华侨国庆招待会上的讲话》，中国外交部网站，2011年10月1日。

② 《驻安提瓜和巴布达大使刘汉明在2011年圣马丁华人华侨国庆招待会上的讲话》，中国外交部网站，2011年10月1日。

换发的申请。[1] 2009 年 2 月 9 日，陈立钢大使在拜会圣马丁荷属区移民局长罗伯托·巴贝时还对他说，中荷两国关系一向十分友好，中国公民在圣马丁岛遵纪守法、生存发展，离不开圣政府创造的良好的社会条件和投资环境。[2] 陈立钢还希望圣马丁移民局颁发较长时间的居留证（签证），以吸引高素质的中国人才在圣马丁岛工作，振兴、发展圣马丁岛经济。从这个表态来看，圣马丁的华侨华人移民还有望以高素质人才的引进为基础得到充实。

三、库拉索——一个谜一般的华侨华人居住岛

库拉索（CURA & CCEDIL）是位于加勒比海南部靠近委内瑞拉海岸的一座岛，面积 444 平方公里。该岛为荷属安的列斯群岛的一部分，为荷兰王国的自治领（2010 年起为“自治国”）。首府是港口城市威廉斯塔德。库拉索与邻近地区同为荷兰属地的阿鲁巴（ARUBA）与波内赫（BONAIRE），经常被合称为“ABC 岛屿”。根据 2001 年荷属安的列斯人口普查显示，库拉索人口为 130 627 人。据估测，2006 年为 173 400 人，而 2010 年约为 19 万人，上升趋势十分明显。但该岛人口的增长有无华侨华人人口增加的因素，则不得而知。

库拉索在历史上发生过三次经济转型。第一次，1634 年，该岛被荷兰人占领。但库拉索岛显然因为缺少金子等东西而被殖民者忽视。然而，作为一处理想贸易场所的首府威廉斯塔德处的天然海港使商业和航运成了库拉索岛最重要的经济活动，因而库拉索岛在大西洋奴隶贸易中扮演关键角色。第二次，1662 年，荷兰西印度公司将库拉索岛变成了一个奴隶贸易中心。奴隶在库拉索被出售并被运到南美和加勒比地区的众多目的地。数量惊人的奴隶交易就是在这里进行的，奴隶贸易使库拉索岛变得非常富裕。第三次，1914 年，委内瑞拉马拉开波盆地发现石油，也彻底改变了库拉索岛的命运。荷兰皇家壳牌集团以及荷兰政府在原奴隶市场的位置建造了一座庞大的石油精炼厂，由此给当地居民带来了大量就业机会，并引来了一波周边国家移民此地的风潮。20 世纪 80 年代中期，壳牌公司以象征性的数额向当地一个政府属下的财团出售了炼油厂。近几年来，库拉索岛正努力以其独特的历史和遗迹扩大当地旅游业的发展。但上苍似乎没有给库拉索跟阿鲁巴一样的机会。这可能是库拉索的华侨华人没有像阿鲁巴的华侨华人那样占尽风骚的主要原因。

---

① 《中国驻安提瓜和巴布达大使看望圣马丁岛华侨华人》，中国外交部网站，2008 年 2 月 22 日。

② 《中国驻安提瓜和巴布达大使陈立钢看望圣马丁华侨华人并拜会圣马丁移民局长》，中国驻安巴大使馆网站消息。

与荷属安的列斯其他地方相比，库拉索的教育水平在地区内倒是不错的。这里有荷属安的列斯大学、圣马丁内斯大学、荷兰加勒比大学和加勒比国际大学4所主要高等学院。当然，它们的学生不仅来自本岛。

由于近年来经济的衰退，移民至荷兰的年轻人数量剧增。同时，许多周边的加勒比海诸岛和拉丁美洲国家的人们也在进行着移民。目前库拉索从周边加勒比海诸岛、拉丁美洲国家和荷兰的移入者反而比移出者多。其实，库拉索的居民本来就有不同或混合的血统。他们中大多数是加勒比黑人，而这当中就包含了许多不同种族的人群。这里也有相当多的少数民族人口，像荷兰人、东亚人、葡萄牙人和累范特人。近年也有许多邻国居民前往该岛，他们多是来自多米尼加共和国、海地、一些讲英语的加勒比海岛和哥伦比亚。一些荷兰养老者的流入也在显著增加，当地人称这种现象为“pensionados”。不过相对于“pensionados”现象来说，华侨华人新移民从规模上相形见绌。“pensionados”现象还隐含着一个文化上的意义，即当代的库拉索已成为一个多元文化的乐园。但可以判断，在这个多元文化乐园中，华人文化是弱势的，对于“pensionados”文化圈来说，华人文化可能还格格不入，这主要是由于此地华侨华人人数稀少的原因。

有关库拉索华侨华人的具体活动的资料十分缺乏。根据2002年发布的《世界华侨华人人口分布》数据，库拉索的华侨华人只有600人（资料来源为1993年11月23日的《星洲日报》)。不过这是20年前的数字，现在应不止此数。据笔者所知，该岛也肯定存在近二三十年到那里去的为数不清的新移民，但有无社团组织则不详。

2011年1月8—14日，中国驻荷兰大使张军访问了库拉索（其时还先后访问了荷兰王国海外自治国库拉索、阿鲁巴和圣马丁三国)，并应约会见库副总理兼城市规划部长以及库商会会长、商会主席、可口可乐公司董事长等工商界人士。三国领导人欢迎张大使来访，简要介绍了各自当前政治经济形势，表示三国地理位置特殊、基础设施完善、投资环境优越，希望更多的中国企业能够来该地区投资兴业。访问期间，张大使还看望了三国华侨华人代表并与侨界举行座谈。① 但有关内容还没有看到更详细的报道。

目前除了知道那里有数以百计的新老侨民外，其他情况我们几乎一无所知。但“隔岸观景”地看，库拉索的华侨华人生存与发展现况还是良好的。这里的华侨华人新移民也有望随着中国企业来该地区投资兴业而稳步增加。不过现在要预料这一步的前景如何为时尚早。

---

① 《驻荷兰大使张军访问荷兰王国海外自治国库拉索、阿鲁巴和圣马丁》，中国外交部网站（驻荷兰大使馆供稿)，2011年1月17日。

第四节 法国海外区马提尼克与瓜德罗普

一、马提尼克——永远的“何学宏传奇”

马提尼克为法国的海外大区，位于安的列斯群岛的向风群岛最北部，曾被哥伦布喻为“世界上最美的国家”。岛上人口主要是来自非洲的人种。其居民为克里奥尔人，还保留着传统的民俗习惯。全岛面积 1 100 平方公里，有 35 万人口，是法国 4 个海外省中最小的一个。

在马提尼克岛上，有数量上占绝对优势的土生土长、皮肤黝黑的土著居民，也有3 000 多名 19 世纪初从法国本土来的白人及他们的后裔。白人至今仍生活在自己的圈子里，几乎不和外人通婚。1859 年 3 月 15 日，一艘载有 426 名中国人和 891 个货桶的远洋轮船从广州黄埔港出发，经过一年零四个月的漂流，于 1860 年 7 月 8 日到达马提尼克。他们之中，包括 373 名男性，31 名女性，以及 22 名儿童。[①] 显然，有少数家庭是举家移民。他们是作为劳工来到马提尼克的，名义上是法国公民，因为 1848 年已经废除了奴隶制。后来还有很多华工来到此地，但是他们最后的去向如何，今天已无从得知。至于后来马提尼克的华侨华人来源，比较可靠的说法是，主要来自法属圭亚那。据说在 20 世纪，马提尼克岛有 80% 的华侨华人来自法属圭亚那。[②]

珍妮 · 杨亭何的爷爷的爷爷是广东人，当年是第一批驶达马岛的 426 名中国人的船上的医生，名叫杨亭。她曾带着祖辈们未完成的遗愿寻访故里。她说，祖辈们曾告诉她，在马提尼克岛上，有数量上占绝对优势的土生土长、皮肤黝黑的土著居民，也有 19 世纪初从法国本土来的白人和他们的后裔。黑头发、黑眼睛的中国移民的后代几乎全部和当地土著居民通婚结合。[③] 这种说法表明了马提尼克居民的三个来源，与上面的说法是一致的。而作为外来移民的法国人与中国人，只有中国人（以来自法属圭亚那华侨华人为主）与当地黑人通婚，法国人则至今仍然坚守着他们的“高贵”血统。

历史上，马提尼克岛曾遭受过浩劫。1902 年 5 月 8 日，岛上最高峰、海拔 1 397 米的培雷火山爆发，几分钟内造成约 26 000 至 36 000 人丧生，仅 2 人生

---

① 杨明、罗桦琳:《加勒比女子赴广州寻找高祖父 150 年前的足迹》,《广州日报》, 2008 年 02 月 20。

② 刘尚丽、廖小情:《乡音不改的“横岗仔”——访法国马提尼克岛华人何大卫》, 广东侨网, 2008 年 2 月 27 日。

③ 房金亮、刘尚丽、冯雪峰:《寻访祖辈故乡, 圆百年回家梦》, 广东侨网, 2008 年 2 月 27 日。

还，同时毁灭了当时马提尼克岛的最大城市圣皮埃尔。迅速流动的炽热气体和致密的液化火山粒子对所到之地造成很大破坏。培雷火山是马岛上的一座活火山，它是世界上最致命的层状火山之一。究竟这次火山爆发有没有造成华侨华人人数的减少（包括罹难者和灾后逃离者），至今还是一个谜。但根据当时事态的极端严重性来看，若说华侨华人人数没有因此次地震而减少是不可能的。

在马提尼克岛上，深圳籍的何学宏家族最为知名，何氏家族在马提尼克岛具有举足轻重的地位。[①] 何学宏（HO HIO HEN）原籍广东深圳，一说 19 世纪末随第一批华人来到马岛。后来的何学宏家族由于起初不明白法文中的名姓，后代就以 HO HIO HEN 为姓。实际上，何学宏先是 1935 年乘船来到离马岛不远的法国另一个海外省圭亚那投奔叔父。他没钱买船票，是用在船上做工以抵船票的方式漂洋过海的。后来，他独自一人来到马岛谋生。开始时以开食品杂货店维持生计，一年以后，把妻子从家乡接来。夫妻两人含辛茹苦，拉扯着 12 个孩子，经过半个多世纪的努力，已发展成为岛上第四大经济实体，拥有雇员近 800 人，年营业额 2. 2 亿欧元，在马提尼克具有举足轻重的地位。[②]

何学宏的食品杂货店品种丰富、质优价廉、服务周到，很快就小有名气。令人颇感兴趣的是，他们的成功经营竟依赖一种绝对“原始”但绝对诚信的人际关系基础。在大人们出门去拉货的时候，由尚未成年的孩子们照看生意。何学宏的管理方式很简单，孩子们只要把收到的钱放到已经卖出去的物品原来的摆放位置上，等父母回来把钱一收，就算完成任务。显然，只有在当时还十分“原始”也可以说只有在十分淳朴的马提尼克岛当地民族中，这样的原始经营方法才可以实行。其实，何学宏的孩子们也是在岛上古朴的民风和中国人勤俭的美德相结合的环境下长大成人的。

孩子们长大后，何学宏一定要他们都读大学。他的远见卓识在今天获得了丰收。现在，何氏家族遍布世界各地的兄弟姐妹中，有医生和教授，也有职业商人。当然，多数人还在为家族企业服务。现在这个企业集团的掌门人是老大阿兰。其业务所涉及的领域，有从赖以起家的食品杂货店发展而来的连锁超级市场，还有专门销售汽车配件、电脑等专业产品的连锁店，且早已走出马提尼克岛。在企业里，老板和属下没有等级之分，阿兰和大家都以兄弟相称。主要的管理人员中，有数量众多的马提尼克人。[③] 这也是一种原始的人际关系，当然也是一种优秀的文化传统，是不会过时的。

① 房金亮、刘尚丽、冯雪峰：《寻访祖辈故乡，圆百年回家梦》，广东侨网，2008 年 2 月 27 日。
② 何农：《马提尼克岛上的中国人 》，中国侨网，2002 年 7 月 25 日。
③ 何农：《马提尼克岛上的中国人 》，中国侨网，2002 年 7 月 25 日。

今天，何氏家族公司几乎完全掌握着当地日用品、IT 产品、汽车零配件的进口和销售，HO HIO HEN 的名字在当地家喻户晓。例如，何有恒集团系该岛著名的华人企业，是该岛最大的汽车配件经营商，其业务范围除在马提尼克本岛外，还遍及法属圭亚那等周围的岛屿，主要经销汽车配件、电脑、副食品等，是 BOSCH 等著名品牌在上述地区的代理，占该岛约 1/4 的市场份额。何氏家族曾于 2001 年派员参加在南京举办的世界华商大会。① 2011 年 1 月 17—21 日中国驻法国大使孔泉对马提尼克进行考察访问时，曾会见了何学宏家族的后代。何家长子 ALAIN HO HIO HEN 表示，中国的实力和影响日益上升，海外华人深感自豪，愿为弘扬中国文化贡献微薄之力。②

一则报道说，到 2002 年左右，马提尼克的华人有 400 多人。另一说法是现在马提尼克生活着约 700 华侨华人。③ 但珍妮·杨亭何在 2008 年说，如今马岛上的中国移民有 1 000 人，很多家庭都是中国人与奥尔克尔人结合而成的。④ 尚不清楚他们所说的这些数字是否包括近些年来自中国大陆的新移民。按照珍妮·杨亭何的语意，应该不包括新移民。究竟现在马岛上有中国血统的华裔总人数有多少，可能很难说得清楚，因为统计标准乃至本人是否承认等，都是问题。但他们在这个岛上的经营很成功。马提尼克省省长米歇尔·伽多认为其成功的原因应该是他们和当地马提尼克人融合得好。⑤

与当地人通婚的传统华人已经完全融入当地社会。另一部分华侨华人是在 20 世纪 80 年代后陆续从巴黎、法属圭亚那等地辗转来到此地的，他们中以浙江和广东籍为主，其中浙江人多经营百货，广东人多经营餐饮。⑥ 他们的人数有多少，也还没有统计。据居住在马提尼克岛的深圳籍华人何大卫说，与祖辈们比起来，现在马提尼克岛上华人华侨的生活比较优越，大部分华人华侨在当地属于中等偏上阶层。⑦ 两年前，由于马提尼克岛当地物价通常大大高于法国本土，因此马提尼克岛在 2009 年 2 月 24 日夜间还曾发生骚乱，发生不满高物价、低工资的抗议者焚烧汽车、抢劫商铺事件。这虽然是一宗突发事件，但马提尼克岛居民所

① 世界华商网站，2006 年 11 月 24 日。

② 《驻法国大使孔泉在马提尼克和瓜德鲁普考察访问》，中国外交部网站（驻法国大使馆供稿），2011 年 1 月 23 日。

③ 据何有恒说 2006 年为 400 人，应是沿袭了上面 2002 年的说法。参世界华商网站据《华声报》北京消息，2006 年 11 月 24 日。

④ 杨明、罗桦琳：《加勒比女子赴广州寻找高祖父 150 年前的足迹》，《广州日报》，2008 年 02 月 20。

⑤ 何农：《马提尼克岛上的中国人 》，中国侨网，2002 年 7 月 25 日。

⑥ 《驻法国大使孔泉在马提尼克和瓜德鲁普考察访问》，中国外交部网站（驻法国大使馆供稿），2011 年 1 月 23 日。

⑦ 刘尚丽、廖小情：《乡音不改的“横岗仔”——访法国马提尼克岛华人何大卫》，广东侨网，2008 年 2 月 27 日。

面对的经济问题是可以想见的，对居住于此的华侨华人也不可能没有影响。

马提尼克在2008年成立了华人会所。2008年9月14日，中国驻巴巴多斯大使刘焕兴前往马提尼克，出席马提尼克岛华人会所成立庆祝晚会，并与马提尼克岛同胞共度中秋佳节。马提尼克华人会所李卓军会长和刘大使在晚会上分别致辞。马提尼克首都法兰西堡市副市长凯特里希和近200华侨华人出席晚会。[①]

2011年1月17—21日中国驻法国大使孔泉对马提尼克进行考察访问时，马提尼克学区长西加诺斯向孔泉表达了在马提尼克开设中学汉语课程的愿望，希望中方协助派遣汉语教师前来任教。孔泉介绍了两国语言教学推广情况，尤其是中法决定于今年举办语言年活动，表示大使馆支持当地开展汉语教学，双方可通过建立友城、开办孔子学院等多种途径解决汉语教师问题。马提尼克大区议会主席莱切米十分重视旅游合作，希望吸引中国游客来马提尼克旅游。孔泉表示，每年有近百万中国游客赴法国旅游，两国人员交往十分频繁。此外，中国每年还有大批游客赴拉美地区旅游，可以大力开发这一市场。[②] 由此看来，“何学宏传奇”建立起来的马提尼克华侨华人精神不会在这个岛屿绝迹，且有希望世世代代传承下去，甚至发扬光大。

当今马提尼克岛上的华侨华人积极融入当地社会，在促进当地经济发展和加强同祖（籍）国联系、参与家乡建设、推动中法合作等方面积极努力。马提尼克华侨华人有没有参与当地的民族活动，迄今尚不清楚。但马提尼克岛当地民族的文化活动是十分丰富的，最独特的要算马提尼克岛狂欢节。它从2月初开始，持续时间达6周之长。活动内容以音乐会、选美比赛和群众狂欢夜为主。最后一周的星期一是滑稽模仿日，街上满是女扮男装和男扮女装的人。星期二又称为“肥美的星期二”或“鬼神日”，所有的人都穿上红色的衣服，戴上恐怖的鬼面具。星期三的主体是白色和黑色，并以此结束了狂欢节的全部活动，岛上又恢复了往日的宁静。从这一描述可以看出，马提尼克岛的狂欢节极具自身特色。华侨华人要参与马提尼克岛当地的文化活动的话，以何种方式参与，是值得研究的。

二、瓜德罗普——从“格里弗利埃咖啡园模式”说开去

瓜德罗普（GUADELOUPE），位于加勒比海小安的列斯群岛中部。东濒大西洋，西临加勒比海，西北为瓜德罗普海峡，南是多米尼加海峡。1493年哥伦布

---

① 《驻巴巴多斯大使刘焕兴出席马提尼克华人会所成立庆祝活动》，中国外交部网站，2008年9月14日。

② 《驻法国大使孔泉在马提尼克和瓜德鲁普考察访问》，中国外交部网站（驻法国大使馆供稿），2011年1月23日。

到达该岛，16 世纪由西班牙统治。1635 年法国殖民者占领该岛，后几度被英国夺得。1815 年又重新处于法国的统治之下，现为法国的海外省。全国面积1 780 平方公里。首府巴斯特尔（BASSE-TERRE）。官方语言为法语，通用语言为克里奥尔语。瓜德罗普是著名的旅游胜地，旅游业是第一产业。瓜德罗普全国人口 43.9 万人（2005 年），77% 为黑白混血人，10% 为黑人，10% 为欧洲人与美洲印第安人混血人种，其余 5% 为印度裔、黎巴嫩裔和华裔。可见，“华裔”在这个岛国绝对属于少数民族。只是该岛有多少“华裔”，迄今不详。不过，这些“华裔”应只是历史上华人的后裔，而不包括近些年从中国大陆等地来的新移民。

华人到达瓜德罗普的历史肯定很早。现在人们在研究早期这一地区的华侨华人史时，都喜欢引用特立尼达和多巴哥总理埃里克·威廉斯（1911—1981）所著《加勒比地区史》一书所载的资料。该书提到，1854 年至 1887 年有 50 名华工到达瓜德罗普。在法属西印度的华工主要从事种蔗制糖、酿造甜酒，以及生产香蕉、咖啡、可可等热带作物。当然，这是一条“断尾”的资料，人们无从知道这 50 名华工的后来去向，也无从知道在随后的岁月里还有没有新的华工前来。但不管怎样，既然已有 50 名华工开路，那么这就无可争辩地成了瓜德罗普华侨华人史的开端。后来也应该有华人不断移民到此，只是人数不详。

穿越漫长的岁月，聚焦现在。目前瓜岛约有 300 位华侨华人（2011 年中国驻法国大使孔泉访问此岛时的准确数字是 301 人）。瓜岛的华侨华人主要来自浙江、广东和福建等省。目前有华社组织名为“瓜德罗普华人联谊会”。[①] 第一届会长为邱新华，第二届会长为谢伟东。这 300 华侨华人至少大部分应属新移民，可能不包括人数不详的“华裔”。“瓜德罗普华人联谊会”的历史肯定很短。2011 年 3 月 31 日才举行第二届会员大会暨会长团就职典礼。合理的推测是，它可能成立于 2008 年或 2009 年。

最近一两年中国外交官员先后两次对瓜德罗普进行了访问，使这个罕为人知的岛国上的华侨华人一下子进入了人们的视野。第一次是中国驻法国大使馆领事部主任许建工参赞的瓜德罗普之行。许参赞一行于 2010 年 7 月 18 日自巴黎飞抵瓜德罗普探望侨胞，受到当地华人联谊会全体会员的热烈欢迎，这是中国大使馆官员第一次到该岛了解侨情。许参赞于餐会上代表中国民政部颁发捐款证书，感谢联谊会于 2008 年汶川地震期间为灾区捐款。许多侨胞纷纷咨询关于护照、签证及认证等方面的问题，许参赞一行皆耐心说明并详细解答所有的问题。[②] 第二次则是 2011 年 1 月 17 日至 21 日中国驻法国大使孔泉夫妇对瓜德鲁普进行了考

① 《许建工参赞瓜德罗普访侨情》，《欧洲时报》网站（瓜德罗普华人联谊会供稿），2010 年 7 月 27 日。
② 《建工参赞瓜德罗普访侨情》，《欧洲时报》网站（瓜德罗普华人联谊会供稿），2010 年 7 月 27 日。

察访问。领事部主任许建工、政务参赞朱立英等也随行。孔泉会见了瓜德鲁普代理省长让穆耶、大区议会主席吕莱尔、首府巴斯特尔市长舍弗里女士等政要，参观了港口、酒厂、咖啡园等当地主要经济发展项目，并广泛接触两地经济、教育、文化等各界人士。在20日晚瓜德鲁普华人联谊会举行的欢迎晚宴上，很多华侨华人暂停了商店和餐馆营业前来参加欢迎宴会，反映了他们对来自祖（籍）国代表的重视和期待。孔泉鼓励瓜德鲁普华侨华人积极融入当地社会，祝福他们在异乡生活愉快、事业兴旺。华人联谊会名誉主席邱新华代表瓜德鲁普华侨华人表示将共同努力建设和谐侨社，为中法关系发展贡献力量。①

笔者更感兴趣的是因孔泉的访问而曝光的一条信息。据说，该岛有格里弗利埃咖啡园，位于密林深处，所在市镇居民近7 000人，近年也来了10多个中国人在此经商。孔泉访问该咖啡园时，鼓励当地积极发展特色农业，不断开拓国际市场，特别是中国市场。

笔者认为不应轻视这条信息所透示的价值，因为它清楚地显示出目前乃至未来很长一段时期内中国新移民海外生存与发展的一个通行模式。这就是，一群华侨，寻找一个地方。这个地方可能很小，很偏僻，偏僻到外人根本不予关注，就如格里弗利埃咖啡园那样，但这种地方可能因为尚未深度开发而充满生机，至少对新移民来说充满生存希望。他们三五成群，或来自同乡，或来自五湖四海但志同道合，一起开辟，一道创业，一块开拓市场，包括建立与祖国的联系，并由此起步，一步一个脚印地走向未来，走向壮大。

显然，这样一种发展模式并非华侨华人新移民在当代的独创，历史上很多下南洋或到世界上其他地方的华人先辈就有着无数相似的经历。但历史上的华人先辈与当代新移民不能同日而语。历史上的华人先辈虽也是三几同伙一起出洋，但他们在聚居地举目无亲，与居住地民族和祖国家乡几乎都中断了联系，他们只能自我谋生，不图奢望。如果有朝一日发迹，也纯属命运的青睐。所以绝大多数人最终只能默默了此残生，消失于出洋的茫茫人海中。而当代新移民全然不同，他们自出洋的第一天起就与祖国、家乡和亲人保持和建立了不可能中断的联系。更重要的是，历史给他们提供的机遇是他们的先辈不可能企及的：当今的世界是一个全球化的时代，全球化的网络已经将世界上所有像他们这样的出洋群体紧紧地联系在一起，而且，站在他们背后的，是一个强大而被世界瞩目的祖国。他们在海外拼搏的群体规模虽小，但支持他们的力量是强大的，他们绝不是孤军奋战。可以看到，目前在全世界的华侨华人新移民中，存在着许许多多、大大小小的像

① 《驻法国大使孔泉在马提尼克和瓜德鲁普考察访问》，中国外交部网站（驻法国大使馆供稿），2011年1月23日。

格里弗利埃咖啡园里的华侨华人新移民那样的群体，应该引起人们的重视。这类群体与在高科技领域发展的华侨华人新移民群体难以相提并论，但必须看到，前一类群体的人数比后一类群体多得多，是海外华侨华人社会特别是新移民社会的重要组成部分。长远来看，他们的作用不可小觑。所以，应该像看待后一类群体那样，高度重视、关怀前一类群体在海外的生存和发展。

不过，瓜德鲁普并非世外桃源。数年前，岛上的华侨华人曾经遭受过一次种族歧视骚乱。先是 2006 年 1 月 3 日，以 NICOLAIS 为首的一伙种族歧视流氓来 MAGASINHUITAHUITWANG，哄抢、砸毁中国人商店商品，还围攻一位来访的中国人徐先生，以 NICOLAIS 为首的四个流氓拿着中国人商店里的酒瓶数次砸破他的头部，并且还拿刀刺反抗的徐先生，事后扬长而去；到 1 月 20 日左右，他们又在中国人商店 MAGASINHUITAHUIT 哄抢商品、殴打商店老板王先生，事后竟说手链被弄坏，要求王先生赔偿，不然就带人来砸店。[①] 不过，这次事件是发生在法国巴黎郊区的连锁性骚乱在法国海外领地的延伸，当时在法国的华侨华人也受到攻击，华人仓库被烧毁。但是，不能因为瓜德鲁普事件起因于法国国内而忽略了警惕和防范，因为以 NICOLAIS 为首帮派流氓就在瓜德鲁普，他们是一伙种族歧视分子，经常到华侨华人商店里哄抢商品，并且殴打华人老板。只要存在着这样的种族歧视帮派势力，华侨华人就要未雨绸缪，加强防范。

总的来说，瓜德鲁普的华侨华人尚处于“势单力薄”状态，比其他地方的华侨华人所面临的生存和发展环境似乎要艰难一些。华侨华人在自己的创业道路上可能需要付出更艰辛的努力，当然，也更需要华侨华人内部（包括来自不同地籍的新老华侨华人）加强团结，紧密合作，互相帮助，密切与当地民众的关系，共同营造一片安宁祥和的静土。

附：小安的列斯群岛中的华侨华人居住情况不详的岛（国）

人们经常说，世界上凡有海水的地方，就必定有华侨华人。此言不虚，在当今世界上，可说是处处都可以看到华侨华人的踪影，看到一张张的黄色脸孔。但是，冷静地看，这一张张黄色脸孔，或者是游客，或者是商人，或者是持其他身份的人，他们很可能只是在世界上某个地方匆来速去，擦身而过而已。他们未必就是长久居住在当地的华侨华人。所以，若把上面那句话理解为：世界上凡有海

---

① 《法属瓜德罗普发生种族歧视骚乱　华人华商遭劫掠》，搜狐网站（来源：荆楚网），2006 年 1 月 24 日。

水的地方，必定有华侨华人居住，是不准确的。就小安的列斯群岛而言，有的岛屿就很难判断是否有长久居住的华侨华人。现在只能说，一些岛屿“可能”没有华侨华人居住，但有的岛屿“可能性”较高，有的岛屿“可能性”较低。下面试按照“可能性”高低将这些岛屿分列于下：

（1）圣文森特和格林纳丁斯（SAINT VINCENT AND THE GRENADINES），是位于东加勒比海小安的列斯群岛南部的一个岛国。面积389平方公里。其中圣文森特本岛面积346平方公里；格林纳丁斯群岛则由32个小岛组成，面积合共43平方公里。1979年10月27日独立。全国人口10.7万（2007年统计）。主要为黑人和黑白混血种人。主要宗教为基督教新教、天主教。1979年圣独立时，中国总理曾致电祝贺并宣布承认它，中国驻巴巴多斯大使作为政府代表参加了独立庆典。但1981年8月15日，该国又同台湾当局建立了“外交关系”。2000年5月，圣外长等又出席了陈水扁的“就职”典礼。由于中圣没有外交关系，圣文森特和格林纳丁斯事务由中国驻巴巴多斯使馆兼管。虽然尚找不到有关该国华侨华人的有价值的信息，但既然有台湾的“大使馆”存在，则那里至少有来自台湾地区的华侨华人（应该以商人为多），不过人数难以断定。

（2）圣基茨和尼维斯（THE FEDERATION OF SAINT KITTS AND NEVIS），原国名圣克里斯托弗和尼维斯联邦（THE FEDERATION OF ST. CHRISTOPHER AND NEVIS）仍沿用。该国位于东加勒比海背风群岛北部，可谓是加勒比海最小的国家，也是人口最少的国家。1983年9月19日独立，成为一个英联邦王国。国土面积267平方公里。人口5.25万（2006年），黑人占94%，另有少量英国人、葡萄牙人和黎巴嫩人。主要宗教为英国圣公会教。英语为官方语言和通用语。首都巴斯特尔。该国的两个主要岛屿均为火山岛，岛上中部地区丛林密布，人迹罕至，居民多居住于沿海地区。该国目前与中国无外交关系，但它于1983年10月就与台湾当局建立了“外交关系”。有关圣基茨和尼维斯华侨华人的情况信息极为短缺。据网络上一位海外华人旅游亲历者说，他看到这里有一家华人经营的小店，还看到一家名为“鸿兴”的香港杂货店，“过春节的时候常常看到这样的春联‘勤奋人家春来早’，勤奋很可能是华人种族延续的重要因素之一。”[①] 根据这些信息，这里的华侨华人极可能不多，不过肯定有，而且肯定是“孤影伶仃”地存在。顺便说一下，圣基茨和尼维斯拥有“移民梦想终点站”的美誉，在移民公司近年在中国大陆发布的广告中，该国被宣传为最具有吸引力的移民国家之一。但究竟已经吸引了多少中国移民到此，目前尚不清楚。

（3）英属维尔京群岛（THE BRITISH VIRGIN ISLANDS），位于大西洋和加

① 《孤独川陵125个国家的体验》，http：//blog. sina. com. cn/mkx。

勒比海之间，背风群岛的北端，距波多黎各东海岸100公里，与美属维尔京群岛毗邻，原始土著居民为印第安人。1493年哥伦布抵达该岛，1672年被英国兼并，1872年成为英国殖民地背风群岛的一部分，受背风群岛总督管辖至1960年，现为英国属地。人口1.98万（2000年估计），主要是黑人，多数人信奉基督教。首府为罗德城（ROAD TOWN）。居民大多为非洲奴隶之后裔黑种人或黑白混血，白人只占少数。全国4/5的人口居于托土拉岛，其中约1/4居住在罗德城。英语为官方语言，而居民通用的是一种卡利普索（CALYPSO）方言。英属维尔京群岛目前尚找不到有关华侨华人的有效信息，但此群岛为加勒比海经济最繁荣的地区之一，主要依赖旅游与游艇业，估计两者占国民收入约45%。当地另一主要经济来源是境外金融服务业，据说是全球最受欢迎的离岸注册地，在当地成立注册的公司约70万间。中国的注册公司也不少，随意查索，便满目皆是，如英属维尔京群岛××有限公司，英属维尔京群岛××科技有限公司，英属维尔京群岛××企业有限公司，英属维尔京群岛××集团有限公司，英属维尔京群岛×××国际化工有限公司，均有驻北京代表处；又如，广东省广州市英属维尔京群岛××企业有限公司，英属维尔京群岛××控股有限公司，也都有驻广州代表处；英属维尔京群岛××企业有限公司（台资外贸企业），有驻东莞代表，英属维尔京群岛×××国际贸易股份有限公司，有驻东莞代表处；英属维尔京群岛信息系统部门有限公司，有上海代表处等（上述公司的信息未经验证）。可以推测，英属维尔京群岛应该有一定数量的华侨华人，他们可能多是这些公司的代表，但居住时间长短则难以断定。

（4）美属维尔京群岛（THE UNITED STATES VIRGIN ISLANDS），美国海外属地，为美国“未合并领土”，位于大西洋和加勒比海之间，在加勒比海小安的列斯群岛东部，西距波多黎各64公里，由圣托马斯（215平方公里）、圣约翰（80平方公里）和圣克鲁斯（52平方公里）3个主岛和约50个小岛组成。人口12.2万人（2001年7月），主要分布在圣克鲁斯岛和圣托马斯岛。黑人占80%，白人占15%，其他人种占5%。居民主要是西印度群岛人，还有美国人和波多黎各人等。英语为官方语言，广泛使用西班牙语和克里奥尔语。居民多信奉基督教、新教。由于岛上热带气候宜人、风景如画、垂钓环境优美，接近美国大陆，加上又是自由港，所以旅游业迅速发展，且成为该岛的支柱型产业。该群岛离英属维尔京群岛咫尺之遥，因为来此岛需要美国签证，故很少有外国人尤其是亚洲人涉足该岛。目前没有任何有关华侨华人的信息。2002年6月30日清晨在美属维尔京群岛发生过20名华裔男女因涉嫌偷渡被当地警方拘捕的事件，但他们显然不是当地华人。基本上可以断定，这个岛上常住的华侨华人极少。

（5）特克斯和凯科斯岛（THE TURKS AND CAICOS ISLANDS），西印度群岛

中的英属岛群。面积430平方公里，位于巴哈马群岛东南端，距海地北部约145公里。东部濒临大西洋，西部同古巴隔海相望。由特克斯群岛和凯科斯群岛的30多个小岛组成，其中8个岛常年有居民。人口3.6万人（2008年估计），黑人占90%以上，即非洲黑奴的后裔，余为混血种人和白种人。官方语言是英语。多数人信奉基督教。目前此岛没有有关华侨华人的信息，此处居住着华侨华人的可能性非常低。

（6）安圭拉（ANGUILLA），是英国海外领土，位于东加勒比海背风群岛的北端，距圣基茨岛西北113公里，邻近英属处女岛。人口11 900人（1998年），人种主要为加勒比海黑种人。多数居民信奉基督教。以英语作为官方及地方主要语言。首府是瓦利（THEVALLEY）。目前尚找不到有关华侨华人的有效信息，居住着华侨华人的可能性极低。

（7）蒙特塞拉特岛（MONTSERRAT）岛，英国海外领土，位于西印度群岛中背风群岛南部的火山岛，由哥伦布在1493年以西班牙内同名的山命名。该岛长18公里，宽11公里，首府为普利茅斯（PLYMOUTH）。岛上有三座主要火山，1995年7月18日开始爆发，致普利茅斯及其他多处被毁灭，2/3人口逃往外国。火山爆发至今仍继续，岛上多处不可居住。目前BRADES成为实质上的首府。尚找不到有关华侨华人的有效信息，基本上可以肯定大多数人口已逃往外国后的蒙特塞拉特岛已无华侨华人。

第五节　巴哈马

巴哈马群岛包含700座岛屿和2 000多个珊瑚礁。其中只有20余个岛屿有人居住。1964年巴哈马群岛获得内部自治权。1973年成为独立的巴哈马国。巴哈马群岛上只有一个国家——巴哈马。巴哈马的正式名称为“巴哈马联邦”（COMMONWEALTH OF THE BAHAMAS），地处美国佛罗里达州以东，古巴和加勒比海以北。首都拿骚（NASSAU）。全国人口33.3万（2009年），其中黑人占85%，白人占12 %，其余3 %为亚裔或西班牙裔人。官方语言为英语，居民多信奉基督教。不用说，在巴哈马，华侨华人是少之又少的“少数民族”。

从历史来看，巴哈马的华侨华人是呈递减态势的。他们中，有80%为当地出生的华裔，而他们的上一代即老一代华人，多为广东新会、四邑等县移民，且多数是1959年从古巴移民此地的。在20世纪60年代，巴哈马的华侨华人尚有600~700人。这应是该国高峰时的华人人数。1973年巴哈马独立后，政权变更，新政府实行国有化政策，导致华人大量移民美国及加拿大等国，留下的华人也对政治采取低姿态，停止结社活动，避免参与政治。[①] 没有关于20世纪70至80年代巴哈马华人人数的资料显示，但肯定很少，估计才区区一二百人。只是到了20世纪90年代，华侨人数才有所增加，因为有少数香港、澳门的人来此经商，也有来自中国大陆和台湾的人来此应聘工作。到1999年，华侨华人约有310人，其中大部分仍然是出生在巴哈马的第二代华裔。[②] 所以，尽管巴哈马跟其他国家那样也有新移民到来，但数量不多，因而不会对原有的华人社会生态产生多少影响。

到20世纪90年代，华人大部分居住在首都，以经营杂货店、餐馆、洗衣店为主。上世纪末，侨营事业约计有70家，其中杂货店18家，餐馆约17家，另有旅馆业5家，金融业1家。另有各种服务业近30家。还有华侨经营的饮用水供应公司及印刷业等。如WILLIAMWONG、BRIANWONG、MRSBETTYWONG、YUANWONG等，均是在巴哈马家喻户晓的华人企业家。[③]

巴哈马华侨华人虽然人数稀少，但远在天边的他们非常关注祖（籍）国的发展与重大事态，也尽其所能为祖（籍）国同胞排忧解难。例如，2008年5月12日四川汶川地区发生特大地震的不幸消息牵动着巴哈马华侨华人的心，巴哈马主要华人社团“巴侨联会”迅速组织起了募捐活动，在不到两天的时间内，募集到百余名华侨华人共51 075美元（约合35.8万元人民币）的善款，并转交地震灾区。[④]

巴哈马华侨华人的数量少，在该国的人口比例也很小。如果目前巴哈马的发展凝固化或者停滞化，可以肯定巴哈马华侨华人状况也会凝固化或者停滞化。在一个凝固化或停滞化的社会中，一个人口比例微不足道的“少数民族”族群很难谈得上有多大作为，即使是在一个社会安定、民族和谐的大环境下。但历史没有这样安排巴哈马，也没有这样安排巴哈马的华侨华人。历史赐予巴哈马以及该国的华侨华人一个难得的机遇，这就是让中巴良好的双边合作前景带动巴哈马华侨华人社会的迅速发展。

中巴两国于1997年5月23日正式建立外交关系。这个建交时间虽然不算早，但恰当其时。建交以后，正值中国的经济改革在提速，对外开放的覆盖面在

---

① 巴哈马的宪法规定：1973年7月9日巴哈马独立前在巴哈马国内出生的人为巴哈马公民；在该独立日以后出生的人只要其父母一方是巴哈马公民，此人从出生之日起即为巴哈马公民；在巴哈马出生者若非公民之子女，可在年满18岁后12个月内申请注册为巴哈马公民。

② 李安山：《巴哈马华侨华人概述》，周南京：《华侨华人百科全书》，北京：中国华侨出版社2002年版，第29页。

③ 李安山：《巴哈马华侨华人概述》，周南京：《华侨华人百科全书》，北京：中国华侨出版社2002年版，第29页。

④ 《巴哈马华侨华人为地震灾区捐款救灾》，中国外交部网站（驻巴哈马大使馆供稿），2008年5月17日。

扩大，特别是像以前还很少涉及的加勒比海地区扩大。于是，中巴两国关系发展顺利，在政治、经济、文化、教育等领域均有很好的合作记录，在国际事务中也相互支持。主要表现在：两国高层交流频繁，政治互信不断增强；经贸等领域合作不断拓展，巴哈马已成为中国在加勒比地区重要的经贸合作伙伴。2007 年 9 月以来，按照“第二届中国—加勒比经贸合作论坛”期间中加两国政府发表的《共同声明》和企业间达成的《厦门宣言》，中巴双方认真落实加强经贸合作的相关举措，取得了积极成果，可略述于此：首先，中巴贸易快速发展。据中国海关总署统计，2010 年双边贸易额比 2006 年累计增长 3.47 倍。其次，投资合作取得实质进展。中国援巴哈马国家体育场于 2009 年 7 月 10 日开工建设，2011 年 6 月 22 日正式移交巴方。中国政府履行承诺，向巴哈马提供约 4 亿元人民币优惠贷款的拿骚机场高速路项目已于 2011 年 6 月份正式开工，预计于 2013 年 5 月完成。由中国进出口银行提供 24.5 亿美元商业贷款、中国建筑股份有限公司参股投资 1.5 亿美元并总承包的巴哈马大型海岛度假村项目于 2011 年 2 月 21 日破土动工，预计项目于 2014 年末完工，2015 年上半年正式开业。对于一个没有几个中国人知道的遥远海国来说，以上数字确实非常吸引人的眼球。

两国关系的热度还不止于此，更引人注目的，要算是双方人员往来方面的进展。一是在农业合作方面。中巴双方签署了《关于农业合作的谅解备忘录》。中国农业科学院派遣科学家、有关企业派遣工程技术人员和市场研发人员来巴进行了考察，一些企业希望来巴哈马投资农业项目，有的已向巴哈马政府提交了投资合作方案。二是人力资源培训方面，取得了良好效果。2007—2010 年，中国向巴哈马政府官员、企业管理人员和技术人员提供了共 40 个班次、90 人次的培训机会。2008—2011 年，还向巴哈马青年学生提供了 22 个政府全额奖学金名额，涉及中医、国际贸易、电信、电子计算机等专业。2011 年，中国还向 3 名巴哈马政府官员提供了为期一年的在职研究生课程培训机会。三是旅游合作方面逐步扩大。2008 年 12 月和 2009 年 3 月，中国旅游经营者协会两次应邀组织会员单位派员考察巴旅游市场，巴哈马旅游部和皇家加勒比班轮公司均在华开设办事处，开展旅游促销，开发旅游线路。2011 年春节期间，首个以巴哈马为主要旅游目的地的中国游客团组织来巴。总的来说，2007 年以来，巴哈马访华人数稳中有升，巴哈马商人参加中国举办的广交会等大型国际交易会人数不断增加。而中国赴巴哈马人数快速增长，主要因素是中国近几年在巴哈马投资合作取得实质进展，商务旅客大大增加，更多的中国公民赴巴旅游。应该看到，来往于巴哈马的中国各类人员，虽然未必人人皆“侨”，或人人与“侨”相关，但肯定对常住该国的华侨华人产生经济文化上的影响。

包含在上述项目中的一个与本书关系最紧密的子项目，要算经两国政府同意的于2009年11月在巴哈马正式揭牌的"孔子课堂"（其实汉语教师已于2010年就任）。虽然这时还称"孔子课堂"，而非通常所称的"孔子学院"，但不久之后，"孔子课堂"将升格为"孔子学院"。这一变化，相信不只是形式上的"升格"，而是实质性的"升级"，表明了规模的扩大和质量的提升。这一变化，应更有利于华侨华人在当地传承和弘扬中华文化。

中国和巴哈马未来的务实合作前景也非常广阔。例如，在基础设施领域，巴哈马在道路、机场、码头、小型桥梁等方面有较大需求，中国公司在这些方面具有优势；在金融领域，巴哈马为加勒比地区重要的金融中心，目前有270余家国际性银行和金融公司在巴哈马注册经营，巴哈马希望中国的商业银行来巴哈马设立分支机构；在旅游领域，巴哈马是中国公民出境游目的地国，随着巴哈马大型海岛度假村的顺利建设和开业以及各种便利措施的出台，越来越多的中国游客将赴巴哈马旅游；在可再生能源领域，近几年，巴哈马出台了鼓励利用可再生能源的政策，市场需求逐渐发育，中国在全球领先的太阳能、风能技术适合巴哈马市场；在农渔业领域，巴哈马农业尚无法自给，但在部分岛屿有一些农业生产条件较好的闲置土地，中国企业可前来开发畜禽养殖和蔬菜种植产业，也可研究探讨水产养殖业务；在医疗方面，中医名扬世界，尤其是其针灸和中草药，投资少而且见效快，对功能性疾病、慢性疾病、精神疾病、妇科疾病、大病初愈、疑难疾病、有病难诊等有很好的疗效，巴哈马有丰富的草本植物，可以开发入药。①

目前在巴哈马的中资公司有中建、齐鲁、港湾等，它们与巴哈马有关方面真诚合作，积极开拓当地市场，在公司业务取得巨大发展的同时，积极回馈当地社会，在解决就业、培训人才、扩大当地物资采购方面做了大量富有成效的工作，受到巴哈马各界普遍好评。

中巴间的以上务实合作，不仅是中国对巴哈马硬实力方面的支持，也是中国软实力的体现。更应该看到的是，以上合作不仅是两国政府间的事情，巴哈马华侨华人也可以从中发挥重要的桥梁和纽带作用，有的项目还可以直接参与其中。在这种合作中，各方都有互利双赢的机会，前景光明，大有可为。因此可以说，如果巴哈马华侨华人抓住两国关系发展的良好机遇，将迎来一个空前美好的前景。

巴哈马不仅是旅游者的天堂，还是国际金融的中心，被人们称为"加勒比海的苏黎世"。一说巴哈马的首都拿骚是世界第四大国际金融中心，其地位仅次于纽约、伦敦和东京。巴哈马政府为鼓励外国投资，专门设有自由区奖励措施，吸

① 以上有关中巴关系发展的数据参《巴哈马主流媒体全文刊登驻巴大使胡山为迎接第三届中加经贸论坛召开发表的文章》，中国外交部网站，2011年9月11日。

引了不少来自台湾、香港的华侨移民和投资。近十来年，来自中国大陆的投资移民也在增多。

巴哈马侨联会是巴哈马华侨华人的重要活动平台。它成立于1999年，现任会长是黄铁汉。该会成立十多年来，在增进中巴两国人民的友谊和了解、弘扬中华文化、树立华人形象、加强华侨华人联系和支持当地社会经济发展等方面都作出了重要贡献。现在，巴哈马侨联会已成为沟通巴哈马华侨华人与祖国和中国驻巴哈马大使馆联系的重要桥梁。例如，它积极配合中国驻巴哈马大使馆组织新春招待会等活动，积极筹备、参与巴哈马年度国际文化节、“詹克努”狂欢节等。中国大使馆也通过它帮助华人社区丰富文化生活、推动和扩大华裔普通话教学，积极参与公益活动。[①]

上面所说的中巴双边合作给当地华侨华人所带来的，不仅是可能的经济机遇，还带来了传承和传播中华文化、开展双边民间文化交流的良好氛围。巴哈马国际文化节就是一个巴哈马华侨华人可以参与的极好平台。巴哈马国际文化节是巴哈马外交部、旅游部为纪念联合国成立而设。它是一个旨在促进巴哈马民众与在巴哈马国际组织和社团的友好关系和相互理解，同时为促进其他国家展示特色饮食文化、加强贸易往来的国际平台，一年举行一次，至2011年，已经是第16届。作为一个国际知名的旅游国家，巴哈马举办的这个国际文化节，自然是吸引更多国际游客的重要活动之一。其主要内容有二：一是展示特色饮食文化，二是开展贸易活动。从效果来看，它是颇具吸引力的。2011年的国际文化节在10月22—23日举行，由巴哈马外交部和旅游部联合组织，地点是首都拿骚植物园。来自中国和古巴等驻巴哈马大使馆，北美的加拿大、美国、墨西哥，加勒比地区的多米尼加、圭亚那、海地、牙买加、特多、特凯群岛，亚洲的中国、印度、菲律宾、缅甸、斯里兰卡，南美洲的秘鲁，欧洲的希腊、英国、法国等公司及在当地侨民社团，以及巴哈马当地企业共100多家，参加了各具特色的文化表演和商品义卖。文化节期间，估计吸引国内和国际游客3万人参观，营业收入超过30万美元。每个摊位收入的10%捐赠给文化节组委会。[②] 而2010年的国际文化节，中国元素也很浓。中国驻巴哈马大使馆积极组织参展义卖，使馆妇女小组精心筹划准备，除开展义卖活动外，还在文化节舞台上进行了两场“24式简易太极拳”表演。中国大使馆妇女小组还准备了丰富的“中国元素”工艺品，如中国结、折扇、筷子、景泰蓝圣诞彩球、唐三彩等，吸引了众多购买者。她们表演的太极

---

① 《驻巴哈马大使胡山会见巴哈马侨联会执委》，中国领事服务网站（来源：中国驻巴哈马大使馆），2012年1月11日。

② 《巴哈马举行第16届国际文化节》，中国驻巴哈马大使馆经济商务参赞处网站，2011年10月24日。

拳，一招一式飘逸空灵，如行云流水，受到民众的热烈欢迎，赢得阵阵喝彩声。文化节结束之际，胡定贤大使代表大使馆将义卖所得全部捐赠文化节组委会，用于慈善事业，受到各方高度赞扬。① 从上述情况来看，巴哈马华侨华人已经加入到由中国大使馆组织的中华文化活动中来。当然，目前他们的参与还只是初步的，未来他们在这个领域的活动空间更大。

詹克努狂欢节是巴哈马的重要民族节日。其来历无从考证，但一般认为，它是几个世纪以前来到巴哈马的非洲黑人纪念家乡的方式，随后逐步演变为巴哈马文化特色的狂欢表演，可与新奥尔良的马尔蒂格拉斯音乐狂欢节和巴西里约热内卢狂欢节相媲美。今天，它已经成为巴哈马文化的象征。根据资料显示，每年的节礼日（12 月 26 日）和新年（1 月 2 日）凌晨零时，各路游行队伍开始盛装登场。表演者穿戴着五颜六色的服装，拿起皮鼓、喇叭和铃铛等各种乐器，与奔放跃动的舞蹈和热闹奇特的音乐表演交织在一起，铿锵有力，激情四射。表演一般能持续到次日上午 10 点左右。② 根据资料来看，游人不仅是现场观赏者，还是参与者。他们会和着节拍，踏着节奏翩翩起舞。这可能就是詹克努狂欢节的魅力。据说，近年来的詹克努游行表演越办越好，巴哈马的华人也积极参与这个重要节日。又据报道，近年来，每个团体都为自己的表演定主题，精心制作服装和道具。而组织方则为每个表演团体打分评奖，拔得头筹者可获数额不菲的奖金。这种团体自定表演主题的方式，对于当地华人发挥自己的创造力，以“中国元素”组成的“橱窗”方式参与其中是十分有利的。因此，“中国元素”完全可以借机融入到当地的民族文化中去。

更值得高兴的是，当地政府和民众也积极向华侨华人“示好”，在一些活动中主动地编织中国元素。例如，2012 年的詹克努狂欢节中，由当地人组织的具有中国元素的方阵也出现在游行队伍中；2011 年 1 月 14 日至 17 日，中国驻巴哈马大使胡定贤、巴哈马劳动和社会发展部长福克斯、青年、体育和文化部长梅纳德和巴哈马驻中国大使坎贝尔陪同应邀访问巴哈马的大伊纳瓜岛时，当地的詹克努传统艺术游行表演就是以“中国”作为主题。这当然是当地政府和民众对中国的友善表现，但也说明“中国元素”在融入当地民族文化方面已经具备了很好的基础，甚至可以乐观地说，已经达到了“零阻力”的状态。

中国驻巴哈马大使馆最近也加大了对当地华侨华人开展文化帮助的力度，实际上也是在共同传播中华文化方面寻求与当地华侨华人的合作渠道。其中有两次

① 《驻巴哈马大使馆妇女小组参加巴第 15 届国际文化节》，中国外交部网站（驻巴哈马大使馆供稿），2010 年 10 月 20 日。

② 《驻巴哈马大使胡山陪同联合国沙祖康副秘书长观看新年狂欢游行表演》，中国驻巴哈马大使馆网站，2012 年 1 月 4 日。

活动特别引人注目。一次是2012年1月9日，中国驻巴哈马大使胡山在官邸会见巴哈马华侨华人联谊会（侨联会）全体成员，就新的一年如何进一步发挥侨联会的作用、塑造华人良好形象，进一步提升中国在巴哈马的影响等事宜深入交换了意见；另一次是2012年1月15日，中国大使馆在巴哈马拿骚市温德姆酒店举行新年华侨华人春节招待会，巴哈马总督福克斯及夫人、教育部长班尼斯特、巴中友协主席西蒙及巴侨联会主席黄铁汉、中资机构代表、当地华侨华人及“孔子课堂”师生、巴友好人士等各界代表450余人应邀出席。在两次活动中，中国驻巴哈马大使都高度评价巴哈马侨联会过去一年中发扬中华民族勤劳善良、合群随众、团结互助、恋祖爱乡的优良品质，为巴哈马的经济、社会发展及祖国的经济建设、和平统一和民族的伟大复兴都作出了积极贡献，并希望他们主动融入当地社会，发挥好桥梁和纽带作用，弘扬中华优秀文化，介绍中国科学发展、和谐发展、和平发展的理念，介绍中国改革开放和现代化建设的成就，让更多的巴哈马人了解真实的中国，增进中巴友谊。中国驻巴哈马大使还希望侨联会在新的一年里继续努力，积极配合中国驻巴哈马大使馆，组织好新春招待会，积极筹备、参与巴哈马年度国际文化节，詹克努狂欢节等相关活动。黄铁汉会长也作出了积极表示。[①] 这是对今天巴哈马华侨华人的贡献、地位和作用的概括和企盼。相对于其他拉丁美洲国家的华侨华人来说，巴哈马华侨华人因其居住国与其祖（籍）国的合作关系而具有更加良好的发展基础和前景。可以相信，巴哈马华侨华人将越来越多地参与到巴哈马年度国际文化节、詹克努狂欢节等相关活动中来，成为中国与当地民族文化交流合作的重要平台和桥梁。

如果要把目前巴哈马华侨华人的生态概括为一种模式的话，则是较为典型的在良好的国家经济合作关系框架下生存发展的模式。这种模式的最主要特点是：国家合作具有很强的主导性和牵动性。就参与人员来说，主要是以团队形式出现的两国项目人员。由于中国对巴哈马的项目合作主要以中方对巴方的资金和技术投入为主，故在一定阶段，中方人员特别是技术人员起主导作用是可以理解的。然而，由于华侨华人与中方人员在语言和习俗上的相近性，可以在项目的外围服务方面发挥重要作用。华侨华人的优势当然是熟悉当地的法律和环境，故可以在这些方面有较大作为。在两国良好的经济合作框架下，华侨华人也可以在居住国获得较高的政治地位。另外，来自中国大陆和其他地方的新移民（尤其是高素质的新移民）或会有所增加。诚然，所有这些，对于巴哈马华侨华人来说，还只是机遇，将来能否将自身的作用发挥得更好，还要看他们能否抓住机遇。与此同

① 《驻巴哈马大使胡山会见巴哈马侨联会执委》，中国外交部网站（驻巴哈马大使馆供稿），2012年1月11日；《驻巴哈马大使胡山举行2012年春节招待会》，中国外交部网站，2012年1月20日。

时，两国良好的经济合作也能够为华侨华人创设良好的文化氛围，有利于华侨华人传承弘扬中华文化，反过来也有利于各方面合作的顺利进行。总的来说，相信目前中巴国家间的经济合作会营造出一个有利于巴哈马华侨华人生存发展的前所未有的良好环境。

卷后语

在世界华侨华人史中，拉丁美洲地区是中国人到达较早且移民（包括再移民）人数较多的一个地区，但在中国整个华侨华人研究领域，至今仍然是较为薄弱的一个地区。究其原因，主要是中国距离拉丁美洲较为遥远的缘故。对那里的华侨华人，人们只能站在万里之外“远眺”。

多年来，中国学者对拉丁美洲地区华侨华人的研究也作出过巨大努力。李春辉、杨生茂先生的《美洲华侨华人史》（东方出版社，1990 年版）是这方面的代表性成果之一。但由于客观原因，过去大部分研究基本上都集中在华侨华人历史上，越“古”越厚，越“今”越薄，致使人们长时期所看到并在脑海里定格的，基本上是“契约劳工”与“猪仔华工”之类的画面。然而，随着中国改革开放以来大批新移民的到来，那里的侨情已经发生了巨大变化。如果一本史册老是只有“契约劳工”与“猪仔华工”的话语与照片，不与时俱进地添加多姿多彩的新移民镜头，显然是不合时宜的。本书试图在前人研究的基础上，把过去华侨华人史的脉络接续到今天，并对过去二三十年间尤其是十来年间中国大陆新移民的情况作一综合考察分析。

要将这一想法付诸实践并非易事。历史研究往往是时间越近，研究资料就会越繁杂，信息就会越混乱，事实就会越含糊，给研究者造成的困难就会越大。因此，很多人都视现状研究为畏途。这些固然是事实，但另一方面也应看到，只有通过研究，才可能让历史变得越来越清晰，才可能留下尽可能多的正确的材料和观点，给后人铺垫一个深入探索的基础。笔者正是抱着这样的目的撰写此书的，因而更期待同仁的批评指正。如果此书能够给后来的研究一点点启发，对各部门特别是国内侨务工作者有一点点借鉴，笔者也就心满意足了。

很多想法已经在正文有所交代，行文至此，已经很难“意犹未尽”了。下面试把拉美华侨华人研究中的若干问题，放在全球性的同类问题下进行粗浅的观察分析，属“多余的话”，权充卷后语。

1. 海外华人移民群体视野下的拉美华侨华人

目前国内已研究和在研究的海外华侨华人群体基本上可以分成五大部分：

第一部分就是汉族的传统华人群体。按照中国的国籍概念，这里所说的“华人群体”，除一小部分属“华侨”外，绝大多数属已加入当地国籍的“华人”。

传统华人群体存在的主要标志，是存在已经数十年、上百年乃至数百年的华人社团，也称传统社团。传统社团是他们活动的平台、内外联系的纽带和精神上的家园。

若以大地区论，世界上中国人移民历史最久远的地区，除了东南亚外，就是拉丁美洲了。那里的不少国家，像特立尼达和多巴哥、巴西等，中国人最早到达的历史都长达200年左右，墨西哥、秘鲁甚至更早。他们的后代，有的已是多少代的传统华人或叫华裔了。但拉丁美洲大多数国家的传统华人仍然保留着对祖（籍）国的美好情感，他们仍然钟情于以家乡小传统民俗为基础的中华文化，即使是那些至今仍没有与中国建交的国家（如中美洲诸国）的传统华人也是如此。随着岁月的流逝，他们祖上所流传下来的传统中华文化，已逐渐被“风化”，有的已经“碎片化”，而“风化”和“碎片化”了的中华文化，往往又夹杂着若干当地文化的元素。然而，即使对那些被“风化”和“碎片化”了的中华文化，当地传统华人依然十分执著，将之看作是民族的象征和符号。

第二部分即新移民群体，包括从中国大陆迁移出去的汉族移民，也包括从台湾、香港和澳门迁移出去的移民。来自大陆的新移民群体无论从其流量、总人数及影响等方面，都远超过来自港澳台三地的新移民群体。就新移民的入境（移居国）/出境（中国）身份而言，基本上可划分为家庭团聚移民、留学移民、劳务输出移民（中国一般不将之视作移民）、商业投资移民、技术移民、婚姻移民（以女性为主）等。这是就目前已经出现的类别而言，不排除以后还会出现新的移民类别。

各种资料表明，中国在改革开放后的30余年中，已经形成三波较大规模的对外移民潮。第一波发生在20世纪70年代末，当时中国在经历了长达30年的闭关锁国状态后乍开大门，国家开始允许公民移居国外，于是引发大规模的移民潮。这一波移民潮主要以家庭团聚型移民为主，多为底层劳工，但也有一部分以偷渡的方式出境并滞留海外，基本上靠卖苦力维生。这一波移民已经踏足少数拉美国家。到20世纪90年代初，出现了第二波移民潮。当时，经过10余年的改革开放，国家经济取得一定发展，同时也经历了数次大小政治风波。这一波移民潮中，以留学生群体最为耀眼。但留学生主要是去欧美发达国家，到拉美国家去的，除了底层劳工外，还包括越来越多的经商者。这一波移民的足迹已经遍及几乎所有的拉美国家和属地。在21世纪的头10年，出现了第三波移民潮。这一波移民潮到目前还没看到衰减的迹象，反而呈愈发奔涌的态势，很可能会发展为较第一、二波更为长线的移民潮。就全球而言，这一波移民潮呈类型多样化特征，主要由新富阶层和知识精英组成，留学生仍然占据很大一部分，其他群体也占一定比重。在留学生群体中则出现了诸如群体年龄的年轻化、留学选择（包括留学对象国、专业等）的多样化趋势等跟以前不同的特征。不过，留学生群体仍然很少踏足拉美国家。到拉美来的移民，是越来越多的经商者。这一波移民使拉美到处都有“中国人”的身影。

纵观中国改革开放以来的各种类型的移民群体中，以往人们注意最多的是三类型移民：留学移民、投资移民和技术移民。但这是就欧美发达国家中国新移民的一般情况而言。拉美地区与此大相径庭：留学移民很少，以商人为主的投资移民相对较多，但一般来说资本额有限。

不可否认，就全球情况而言，新移民分为多种类型，以后很可能按照这些类型而产生“裂变”。但在拉美地区，新移民类型却呈高度集中化和单一化趋势。在可以预见的将来，拉美地区新移民以商人为主的大格局不会改变。

全球性的普遍现象是，新移民常常为文化不相适应而烦恼。当众多的新移民尝试把移居国作为新家园，并设法提升自己和整个族裔在当地的经济社会地位时，常常会突然发现在“文化适应”问题上正陷于难以自解的矛盾：一方面，他们已经而且愿意去国离乡，但对家国又有割舍不了的情结；另一方面，他们也愿意融入当地社会，但又常常由于语言文化隔阂而被锁定在“外来族裔”的狭隘圈子里。他们渴求当地社会产生一个有效机制帮助他们解决这些矛盾，但现实却异常冷漠。

在拉美地区，这种情况过之而无不及。但由于这一地区的新移民多来自中国农村，他们的“乡恋”情结或更浓重。除了尽可能回乡外，他们也常常把“乡恋”情结倾注在对中国传统节日的庆祝上，以解乡思与乡愁。

一般的论述认为，新移民群体以其良好的整体教育素质、高端的科技文化水平、更深的“西化”意识、更明显的现代批判精神及法治理念，以及对居住地和中国现代化进程更多更直接的参与而明显有别于其他类型的华人群体。但这是就全球新移民的总体情况而言。对于拉美国家的中国新移民来说，这些概括并不适用。

第一，拉美新移民的阶段分野并不明显，也可以说每个时期的流量呈上升趋势但增幅相对较为平稳。直到目前，流入拉美国家的新移民仍然不断，虽然增幅或已有所减缓。

第二，拉美新移民的类型比较简单，在诸如家庭团聚移民、留学移民、劳务输出移民（中国一般不将之视为移民）、商业投资移民、技术移民、婚姻移民（以女性为主）等五花八门的移民类型中，拉美国家集中在商业投资移民方面（还有“非正常移民”，见下述），此外也有为数不少的劳务输出移民（比其他地区多）。在拉美地区，商业投资移民和“非正常移民”严格来说没有多少分别。前者一般来说是通过正当渠道，以经营杂货、百货为主，很多人一开始就是小老板，如果生意做大了，资金雄厚了，便成为大老板，向多领域投资；后者一般在很长一段时间里以打工维生（商场打工为主），一些人取得合法身份后也会走前者走过的路。不管他们是怎样走上从商之路，或是如何在社会底层徘徊的，都以地缘关系作为群体划分的基础。地缘基础作为新移民的基本结集模式，在低层次移民群体中表现得特别明显。

第三，就新移民的群体性格来说，跟其他地区特别是欧美发达国家的新移民有明显的区别。这也是由新移民的身份来源不同所决定的。如上所述，到拉丁美洲去的新移民，大多数属来自中国农村的受教育无多的“农转商”型移民，留学生十分少，科技工作者不多，高科技人才几近于零。政治上，他们没有欧美等西方发达国家的华侨华人那样深的“西化”意识，也缺乏现代知识分子精英群体特有的批判精神，但他们的法治观念也很强，尽管他们的居住国的法治现状十分落后。作为商业经营者，他们十分清楚如何维护自己的合法权益，尽管很多人鉴于现实的无奈也表现出明显的“维权惰性”（包括“以黑制黑”一类“曲线维权”）方式。他们对自己所在社团组织的法制观念一点也不亚于别的国家的华侨华人，跟世界上其他地方的华侨华人相同的是，他们对政治参与的兴趣普遍不高，尽管一些国家已经出现人数极少的华人政治精英，但对这些精英来自本民族的群体性政治后援明显滞后和乏力。他们与祖（籍）国和家乡却保持着非常密切的关系（包括频繁的经贸往来，对家乡亲属的生活资助，对中国发生的重大事情的强烈关注，对重大自然灾害的积极赈助，对中国统一大业的积极支持等）。他们也在居住国与祖（籍）国的关系中充当桥梁和纽带，而且乐此不疲。跟发达国家的新移民在移居当地后迅速接受西方文化的情况迥然有别，拉美国家的新移民在移居当地后，仍然保留从家乡带来的文化，并不急于和全面吸纳居住地文化。可以这样说，拉美地区的新移民，是海外华侨华人中与祖（籍）国和家乡保持最密切关系的一群。大部分人只知道自己是“中国人”，而不把自己看作是“华侨”或“华人”。在他们自己的生活圈子里，甚至还使用着跟家乡几乎一模一样的语言和表达方式，通行着具有明显地缘特征的处事准则。

影响中国新移民与当地主流社会关系的深层次因素应该从文化方面寻找，包括语言、宗教、道德以及当地风俗等。

语言能力的高低直接影响中国新移民的职业选择、生活水平，从而影响新移民与主流社会的交流。素质高的新移民，其当地语能力在母国时就已经较强，移民之后，当地语的使用能力更因环境的关系而如鱼得水，只不过这样的情况在拉美不多见。极少人是在国内有计划地学好了当地语言后才移民目的地的，绝大多数人是到了当地后才边学边用，如果老在华人圈里打工，则干脆不学不用。当地语如一堵无形的墙，无疑阻碍着低素质新移民与当地民族的关系，使他们不得不

“被孤立”为一个独特的群体。由于拉美各国的中国新移民多来自中国农村，语言能力较差，且多是在中国遭受经济困难和政治动乱的年代出生和接受教育的一代中年人，语言能力一般很难改善，所以在移民拉美国家后，多只能生活在华侨华人群体中，直接影响了他们与当地民族的交流与融合。

中国新移民的宗教教育和宗教经验基本上为零。中国人即使信教，或“游戏式”地信教，也是无师自通的佛教和道教（实际上多为民俗）。虽然拉美当地人普遍信仰基督教、天主教，但要中国新移民真正转信基督教新教，难度是很大的。好在拉丁美洲的宗教环境比西方国家好得多。在拉丁美洲，能够信仰主流宗教固然受人欢迎，但不信主流宗教或信仰从中国带去的宗教，也不被看成“另类”，新移民们没有宗教压力。因此，拉丁美洲的新移民在居住国基本上信奉从家乡带去的地方民俗。这些民俗中均程度不同地含有中华文化的成分。若消除或淡化其中的消极成分，注重其中的积极因素，对中华文化在华侨华人居住地的弘扬是有利的。

其他一些因素，如当地人的礼仪、节日、忌讳、信用制度等方面，对中国新移民来说，是较为容易适应和接受的，不会成为实质上的障碍。

就全球范围的新移民而言，基于自身素质、意愿和居住国的语言、宗教、道德等文化因素，目前中国新移民与当地主流社会的关系呈现出三种类型。

第一种，入乡随俗即同化型。同化为当地人，这种情形较为普遍地出现在当地出生的第二、三代华人。而在拉美中国新移民群体中，这种情形出现的几率几乎为零。主要原因是移入的时间尚短，要他们在这短短的二三十年里彻底放弃原有的信仰和道德体系，进而接受当地的一套信仰和道德体系是不可能的。

第二种，兼收并蓄即融合型。属于这种关系的中国新移民，一般来说仍多存在于高素质的专业技术人士之中。他们对两种文化体系采取有选择地吸收融合的态度。首选要保留的，依然是中国文化中的一些核心的传统价值观，如“忠孝”、“节俭”、“勤奋”、“好客”、“中庸”等。另一方面，由于当地教育的影响，他们也接纳当地的重要价值观。如果是很小年纪就移居的新移民，则接受当地的价值观更多。在拉美，第一代有条件的新移民多喜欢把自己的子女送到美加等国接受教育，因此他们的后代所接受的价值观中，或渗有更多的以欧美国家为参照系的“西方”元素。不过在总体上，拉美文化跟“西方”文化是有很大区别的。拉美国家的“葡萄牙化”（巴西）、“西班牙化”（大部分拉美国家）的程度很深，其中很重要的一方面，是对生活和工作的态度，如崇尚享受与消费、不注重节俭与储蓄等。

第三种，彻底保持传统型。这种新移民主要是低素质的特别是语言能力欠缺的人，这部分新移民在拉美最多。由于自身没有什么专业技能和资本，且当地语能力欠缺，所以不能进入劳动市场求职，而通常局限在本民族的制衣厂、饭店、杂货铺等商业单位供职，找报酬低廉的工作。可以预想，他们的活动范围基本上是在华侨华人社区。这极大地限制了他们与主流社会的接触与交流。无形之中，这部分新移民被“边缘化”了。但由于新移民本身就是一个庞大的社会，所以他们在主流社会中的“边缘化”，并不意味着他们自身生活圈子的“边缘化”。在这种情形下，中华文化体系便可以得到相对完整的保存。如家长作风、崇尚教育、孝道、顺从等中国传统文化理念在唐人街很普遍。

应该指出的是，文化适应是一个动态的、自然的过程，不管是哪一种类型，哪一种形式，只要不是强迫的，都是正常的适应模式，不应随意贴上好或坏、进步或倒退的标签。当然，不同的类型对中华文化的保存程度和保存方式是不一样的。

欧美发达国家的新移民已经不可能像他们的祖先那样因为拥有世传的集体物业而拥有固定的聚会场所和聚会时间，但是，拉美国家大部分新移民却可以像他们的先人那样，建有自己活动的固定会所，也有的拥有自己的集体物业。不过从目前新移民群体的经济活动来看，则难以再形成传统华人那样的“唐人街”（拉美国家的传统“唐人街”不多且较小）。由于当代信息交通十分发达，减少了华侨华人进行族群聚集的必要性。当代的高科技手段和便捷的交通网络，可以使某一大片地区的同行、同业、同学、同仁等不同的“文化缘”基体聚合成一个个或大或小、黏合力或强或弱的网络。这种情况以北美华侨华人圈最典型，在拉美地区，似乎还看不出这些现代化元素带来的巨大冲击。现代化元素没有减低他们进行聚集的兴趣与热情，反而增加了他们聚集的便利。在这方面，欧美发达国家的新移民与拉美新移民不能同日而语。这也是拉美新移民在世界华侨华人社会中可以鹤立鸡群的一个重要方面。

第三部分为特定的再移民群体，主要是指大批量地、集中地来自某一个国家或某一片地区的移民群体。再移民本来是一种移民常态。历史上很多华人都经历过不止一次的再移民过程，但他们的再移民过程多是孤立的、不连贯的，绝大多数是非组织的，在到达目的地后的居住方式多是分散的，一般都水银泻地般散落在目的地的社会中。20 世纪 70 年代中期以后出现过以印度支那三国华人为主（其中又以越南华人为主）的群体，虽然其发仞不是有组织的而是被迫的，但在到达目的地以后，逐渐形成了一个明显地有别于其他华侨华人群体的独特群体。他们在新居住地的再移民属性非但没有消失，反而随着时间的推移还会发生愈发强烈的敛集。不过，这部分再移民没有移往拉丁美洲，故这里就不再赘言。

在拉丁美洲华侨华人移民史上，再移民可分为两大类。

一是历史上的“溢散式移民”。所谓“溢散式移民”，指的是一个地方的移民

"溢"而"散"向另一个地方，如同一个容器里装的水，因为太满或因为容器泄漏等原因而流到外面。具体表现为，在"溢散"状态下，没有中国人的大批量流入，移民过程中没有相对集中的时段以及比较趋同的方式，移民过程也可能没有连贯性，往往是涓流式的、不规则的。当然，在移民的居住地也可能存在华人社团。那是对外需要维护自身权益，对内自我协调的缘故。但这些社团往往是"弱地缘化"和"弱血缘化"的，甚至是"去地缘化"和"去血缘化"的。因而，这里所说的"溢散"，是说来到该国的中国移民，很可能是因为他们已经先行移民到其他一个或数个国家后，由于各种各样的因素而又流到这里并将之作为新的栖息地（当然不一定是最后的栖息地）。延伸地现象是相对于早期的移民而言，到了现当代，这种现象应该越来越少了。但相对于一般的"聚敛式移民"来说，"溢散式移民"更多的是主动性的而非被动性的。

"溢散"状态下华人移民群体，到了现当代已经不仅仅是作为一个"溢散"移民的"容器"。除了充当"容器"外，在某种程度上还充当吸引新移民的"磁石"。因为旧有移民在该地生存和发展的现实，已经足以证明这个国家对某些人来说是个"宜移"之地，"宜居"之所。有旧移民的榜样可鉴，后来者便可放心前往。

二是古已有之至今不衰的"驿站式移民"。"驿站式移民"又分为两种情况。第一种情况是来自中国内地或其他国家，以拉美某个国家作为"驿站"，伺机再移往拉美以外的国家（主要是经济发达被许多人视为移民"天堂"的美国或被视为移民"绿洲"的加拿大）。因此，对这类移民来说，最佳的"驿站"就是地理交通方便的中美洲诸国尤其是巴拿马。第二种情况是来自中国内地或其他国家，在到达拉美某个国家居住一段时间后，再伺机移民拉美其他国家。后一种情况已经越来越少。不管是哪一种情况，"驿站"移民中总有一部分人最终会因各种各样的原因在"驿站"中定居下来，所谓"驿站"，只是他们生命长河中的一个记忆。此外，还有一些"狡兔三窟"的多国籍移民，在理论上也算是"驿站式移民"。这类人人数不多，这里不表。

第四部分便是华人"非正常移民"群体，即通常所说的华人"非法移民群体"。在理论上，"非正常移民"群体并非一个类别，而只能说是一种移民形式，因为其他类别的群体中，均有"正常移民"与"非正常移民"之别。但是，若把"非正常移民"看成是一个"类别"或"群体"，也有其合理性，因为在实际上，他们普遍来自同一个或几个地方（例如中国的"非正常移民"多来自福建、浙江等地），他们多出身社会底层的农村地区，受教育不多。于是，共同的地缘关系、共同的遭遇、共同的命运、共同应对居住地遣返压力的需求将他们紧紧地捆绑在一起，他们不仅无法跟居住地主流社会"合群"，也无法跟其他的华人移民类别“合群”，而只能“自成一群”。于是，移民“形式”便转化成了移民“类别”。“非法移民”这几个字反倒成了这部分人身份认同的最重要符号。事实上，在华人“非法移民群体”中，大部分人的“非法移民”行为只是在出境手续（从中国）和入境手续（进入国）上的“非法化”（非正常化）而已，通常表现为“非法出境、非法入境、非法居留”、“合法出境、非法入境、非法居留”和“合法出境、合法入境、过期非法滞留”三种形式。上述不同形式的“非法移民”还因在居留（滞留）国所从事的经济活动或社会活动而在客观上构成对居住国发展的积极贡献。因此，所谓“非法移民”，包括“华人非法移民”，是一个十分复杂的世界性现象，在当今全球化的形势下，这种复杂性和“双刃剑”特质表现得更为突出。

世界上各国对待包括中国“非正常移民”在内的各国“非正常移民”的态度是有很大差别的。拉丁美洲各国（包括属地）对待外来“非正常移民”的态度十分宽容。各国一般都默许“非正常移民”在本国某些经济领域的活动，对他们给予人道主义待遇，乃至在特殊情况下予以“大赦”等。当然，这是就“非正常移民”入境后的待遇而言，对“非正常移民”的入境，各国的防范和打击措施还是十分严厉的。还要说明，由于拉美国家对待“非正常移民”的相对宽容，拉美国家的中国“非正常移民”的自我认同、自我结群的情况就不明显。在大多数情况下，他们与正常移民一道生活，一同相处，即使在华侨华人社会内部也看不出其间的区别，更不用说外界了。

最后应提到的是中国少数民族移民群体。他们主要从中国大陆迁居他国，移民的时间有早有晚，因而也有“新老移民”之分。从国籍意义上说，自然也有“华侨”与“华人”之分。但中国少数民族移民群体中，“华侨”、“华人”与“新移民”一类概念比汉族淡薄得多，民族的意识则比汉族强烈得多。中国少数民族移民群体最重要的特征是他们强烈的宗教文化意识和民族认同。不过，就拉美地区而言，笔者除了知道小安的列斯群岛的瓜德罗普岛还有一个祖上来自中国云南且今天对家乡仍然一往情深的苗族村寨外，没有发现别的少数民族移民，故对这个问题就此打住。

拉美地区华侨华人发展到今天，一个越来越重要的任务是积极帮助当地华人精英参政。这也是一个十分明显的弱项。

几千年绵延不断的中华文化虽然造就了华人的传统特质，但华人的传统特质并不都是优秀的，其中，拒绝参政就不能算是一个优秀特质。如果说在过去受殖民主义压迫和受当地民族歧视的时代拒绝参政尚情有可原的话，那么，在一个全球化的今天，你、我、他的界限已经逐渐被打破，尤其是在身份上已经实现了由侨民到公民转变的情况下，华人就不可能不按照居住地的游戏规则办事，就不能再充当居住国社会的看客和过客，就不可能不参与政治。华人积极参与当地政治，有利于维护他们作为少数族裔的权益，还因为不可改变的血缘关系，参政后可以充当政治、经济、社会和文化事务的“月老”，一边牵着居住国，一边牵着祖（籍）国，为发展两者的关系大显身手。在此情况下，他们的能力得到发挥，他们的价值也得到提升。

20世纪70年代以来，在欧美国家，华人参政型社团开始出现，它们逐渐把为华人谋生存、求发展、争取民族平等和公民权平等权益作为奋斗目标。它们也逐步摒弃帮派政治，抛开历史恩怨、纠葛及小集团利益。为什么华人参政到今天会成为一个热门问题？究其原因，主要有以下三点：

一是华人中产阶级和大批华人精英的产生。今天很多国家的华人已经繁衍到第四、五代。他们继承祖辈的事业，经济上已经富裕起来，社会上享有较高地位，文化上也跨入了当地主流社会的中上层行列。这种情况下，通过参政取得和维护自身的权益，就成了他们的必然愿望。

二是居住地民族关系发展的结果。绝大多数海外华人的居住国虽然经济和社会发展程度不同，但多为西方式民主政治国家，且呈多民族杂居状态。西式民主政治国家的不同民族、族群维护自己利益的最好方式是参政。西式民主政治的一个突出特点是，各个利益集团通过参政争取权益时是不遗余力的，它们只会有意无意地损害别人的利益，决不会主动考虑别人的利益，更不会把自己的权益拱手让人。换言之，如果一个利益集团不为自己争取权益，那么，是不会有谁去帮它争取权益的。当然，一个利益集团争取和维护自身权益的方式还有很多，但参政无疑是最直接最有效的方式。华人社会或华人族群，是居住国社会中的族群之一。如果他们不参政，就只能忍看自己的利益白白流失，就只能睁眼看着别的族群通过参政取得其利益而望洋兴叹。这就是西方式民主政治的“残酷”现实，也是海外华人所面临的无法改变的现实。

三是祖（籍）国的发展使然。随着中国的崛起，很多华人居住国的国家政府都希望发展与中国的关系，华人便成了天然的桥梁和纽带。华人只有通过参政才可能更好地扮演这样的角色。

在有关华人研究的所有问题中，参政问题应是最富多样化、最为复杂的一个问题。人们常说，一千张叶子有一千个样子。华人参政就属于这样的问题。表面看来，各国华人都在参政，但是，各国的国情差别甚大，法律制度大相径庭，因此各国华人的参政也就大异其趣。但不管怎样，今天的海外华人参政，基本上就是西式民主政治制度下的华人参政。

有人认为参政便是竞选州长、市长、总统、州或联邦参议员等高官。如果不行，退一步求其次，至少也应在当地政府中谋取一官半职才算参政。其实，这是对参政的误读。

上面这些追求肯定属于参政，而且是最重要、最能体现成效、最可望维护华人权益的参政，无论现在还是将来，都应该是华人的重要追求目标，但这不是参政内涵的全部。所谓参政应该是分层次的，有明确而具体的目标导向的。首先是参政的基础层次，主要是指对作为选民的华人社会中每一个成员的参政动员，包括积极参加候选人的造势活动，积极参与投票，积极争取别的群体、团体的支持等。参政动员活动，需要华社领袖及其周围一群精英分子的配合与协调，需要他们的发动。作为华社推出的候选人，一般来说也应在他们中间产生。一旦他们中某个人能够当选，严格意义上，他们就不属于他们自己，他们就是推举他们的那个群体的化身，他们就应该积极地为自己所属的那个群体乃至整个华人社会谋取利益。各国的法律制度不同，传统与习惯有别，因此为自己群体谋利益的方式也就不一样。如果败选，也应该继续努力，继续为华人社区服务，为下一轮选举做准备，当然也可以调整自己的政纲和参政策略，选择或作为新的团体代言人继续参政。所以，在海外华人社会，要使华人参政成为华社发展的常态，非常关键的一环，是要有一批热心华社公益事务，热情为华人群众服务，热忱并精通选务，年富力强且高效精干的参政精英人士，华社领袖也应从他们中间产生。就目前情况而言，能够具备这些参政条件的华人，一般是受过当地高等教育，精通双语和通晓法律，融入当地主流社会较深的华人精英人士。他们要不属于传统华人的第三、四代，要不就是来到当地时间比较久的新移民。有一点是必须明确的：他们必须附属于、依赖于某个华人群体或团体才可能取得成功，离开了群体的或团体的支持，他们就成了无源之水、无本之木。他们个人与群体、团体的关系，是真正的“鱼水关系”。说到底，在参政上，孤军奋战的时代已成过去。

其次是华人参政意识的提升问题。华人人才济济，但很少晋升到领袖地位，甚至连高级管理人才也不多。究其原因，是对政治仍较淡漠，参政意识仍不够强，被人家看成是“沉默的一群”。许多华人平时注重经济技术，只顾埋头做学问，只顾想方设法赚钱，一旦在经济和技术上取得成就，便算大功告成。上层华人尚且如此，就莫论下层华人了。

语言和文化背景方面的障碍固然是造成这种状况的原因之一，但亚裔选民不关心政治也是不容忽视的重要因素，让华人民众特别是草根阶层切切实实看到参与政治带来的实际好处是必要的。有时候，这种好处常常不易看得见摸得着，应该拿别的族群积极参政所得到的好处作为示范。

目前拉美华人的政治影响力与过去相比有了显著增强，但与其他少数族裔如黑人、西裔、日裔相比，力量还是非常有限。要使华人参政的水平达到一定的高度，可能需要好几代华人的共同努力。但关键问题是，现在的华人不能坐等几代后才去考虑参政，从现在起就应该一步一个脚印地努力，逐渐积蓄力量。在短期内，华人政治参与的成本与收益可能会不成正比，有时投入了很多，却看不到收益，但从长远的发展的眼光来看，只有不停地进行量的积累才可能最终导致质变。参政也是一样，需要华人的奉献，可能需要好几代华人不计成本的参与，“收益”才会慢慢地体现出来。

因此，培养热心参政的新一代华人，是一个十分重要的问题。第一代移民当地的华人从政的确比较难，除了价值观念等社会文化原因外，影响华人参与政治的另一个重要因素是传统华人移民年龄普遍比较大，语言、文化上存在差异，对当地政治制度不够了解，以及兴趣点上与主流社会不一致，因此，他们望当地政坛而却步，是可以理解的。

所以，热心参政的新一代华人要高素质化和年轻化。首先是华人要作为居住地多元文化的积极参与者，为打造当地的多元文化而努力。华人应全面参与和融入主流社会，争取和利用社会、文化与政治资源。打造居住地的多元文化，对于华人取得和利用社会、文化和政治资源，为实现成功参政奠定基础，是十分重要的。华人第三、四代是充满希望的一代，拉美各国的青年新移民表明，他们中很多人用自己的行动证明了他们不是迷恋自我、没有使命感、没有归属感的一代，更不是垮掉的一代。他们中的精英，是对居住国也是对华族利益有思考有担当的一代。从这些人身上，人们看到了与祖（籍）国共命运同进退的忧患意识，对时代与社会的使命感。

再次是参政的技巧问题。一是要加强舆论宣传。舆论的主要载体还是各种媒体。华语媒体的确有团结华人的作用，但另一面就是要让华人圈外的其他种族了解华人，其他种族了解华人主要还是通过主流媒体。所以，华人媒体应该发展壮大，通过收购或者参股的方式进入主流媒体中施加影响。二是要开展慈善活动。慈善活动是提高声望、改善形象的重要途径。

通过上面的分析，可以看出，拉美大部分国家的华人是有参政条件的。实际上，一些移民历史较长的国家的华人，已经取得了引人注目的参政成果，而一些国家正在奋起直追。就华人参政的目标来说，各国大同小异。主要有两个方面：一是改善居住地华人的社会地位，为自身族群争取权益，堪称“民众型”的参政形式；二是进入当地主流社会的上层乃至顶层，在效忠于居住国的同时也力所能及地为华人争取权益，堪称“精英型”的参政形式。一般来说，对于所有华人有条件参政的国家，都应该鼓励“民众型”的参政形式，而对于条件具备的国家，将重点放在“精英型”的参政形式上。“精英型”参政形式除了有“民众型”参政形式的基本功能外，更重要的一个功能在于利用他们的特殊身份，在其参政国与中国之间扮演桥梁和纽带作用。可以说拉美国家“民众型”的华人参政已经成熟，有的国家还取得很好的成绩。但“精英型”的参政则还有漫长的路要走。

2. 海外传统华人社团因应历史发展而形成的基本特征

社团是人际关系结合的实体，并且总是运行于一定的社会关系网络之中，其社会功能的基本点，应是在某一特定群体与相对于该群体的社会之间架起相互沟通的桥梁。从这一基本点出发，海外华人社团的功能恰似一座多层次的立交桥：在最低层次上，这座立交桥连接的是拼搏于异国他乡的华人群体自身，以协调本群体内部不同家庭、宗教、朋友等小群体之间的相互关系；在中等层次上，这座立交桥连接的是一国华人族群与该国大社会，为不同族群的相互交往建立正规的民间管道；而在最高层次上，这座立交桥又在政治、经济、文化诸方面联结起跨越国界民间沟通网络，以利于促进不同国度（含祖籍国）华人族群的相互联系与合作。可以看出，华侨华人社团在不同层次都发挥着极其重要的作用。

具体来说，海外华侨华人社团是华侨华人社会的核心、代表与缩影，是华侨华人社会的象征与力量源泉，是传播和弘扬中华文化，促进中外文化交流的倡导者与组织者，是沟通华侨华人社会与居住国政府、居住地各民族关系的桥梁，同时也是促进祖（籍）国与居住国政府和人民友好的和平使者。站在今天的角度来看，则是增强国家软实力的重要海外平台。

海外传统华人群体由于移民居住国的历史十分久远，故其成熟程度较高，融入居住地的程度也就较高。这一群体的高成熟化和高融入度的重要标志，便是其高度的当地化。而传统华人社会几乎所有重要活动，都是以华人社团的形式进行的。因此，所谓传统华人群体的高度成熟化，其实也就是传统华人社团的高度成熟化。

海外传统华人社团的分类名目繁多，见仁见智，最基本的仍是三类，即地缘性组织、血缘性组织、业缘性组织。华人社团种类繁多，类型各异，构成了当地华人社会的基础。众多的社团构成了一个庞大的社团系统，呈现出一副金字塔结构与网络结构相结合的图景。当然，在这些社团中，也有一部分是徒有其名的，它们仅以一年几次聚会，如传统节假日或婚丧大事以及换届选举等，来维持和显示社团的象征性存在，平时没有经常性活动。但是，社团仍是传统华人社会活动不可替代的基本平台。

就全球情况而言，传统华人社团的一大特点是它们都建有自己的会馆，作为社团领袖的办公地点和会员的活动场所，在一些国家，会馆还作为物业存在，有的会馆则另拥有物业，以其对外营业或出租的收入作为会馆稳定的经济来源，支撑着社团的长期发展。可以说，传统社团所以能够长期存在，有的传统社团还能够发展壮大，在很大程度上有赖于它们拥有一定的经济基础，而经济基础的主要表现形式就是物业。笔者对拉美国家传统社团未做一一调查，所以还很难肯定它们都拥有物业，但从很多传统社团的照片来看，说它们多拥有自己的聚会场所或作为不动产的会馆，则可以成立。这是历史对早期传统华人社会的馈赠。

经过数十年甚至上百年的洗礼，传统华人社团已经形成了自己的“社团政治文化”。这里所说的“社团政治文化”，就其本质来说，主要属于制度文化，包括华侨社团组织形式、选举形式与议事方式三个方面。“社团政治文化”对于华人社团的现代运作是至关重要的。就第三个方面来说，海外大多数传统华人社团形成的历史虽长短不一，但其内部机制和运作方式早就被程序化了。例如，每年对内对外的常规节日及礼仪活动几乎一成不变；各类节日及礼仪活动的重要出场人物和基本程序也几乎一成不变。如果有什么不同的话，就是一些偶发的大小事件（例如赈灾等慈善活动）会增加社团的活动量。但无论在财政支付上，还是时间、人力物力的耗费上，这些偶发事件的总量加起来都无法跟常规安排的总量相比。这种程序化安排在很大程度上是社团存在的标志，与此同时，也作为其成员间相互沟通的常设途径。在此过程中，社团领袖人物便可以通过高调地出头露面，将他们个人的荣耀与社团集体的形象展和谐地统一起来。在年复一年的程序化活动中，华人社团的基本功能便被定位在对内联谊、对外慈善的各种事务上。这一套“政治文化”，通行于世界上绝大部分华侨华人社会中，拉美国家也大略如此。

在世界上大部分国家，华人社团都积极参与当地社会事务，在政治、经济、科技和文化教育领域中，发挥了日益重要的作用。拉美国家的传统华人社团与其他地区的一般情况大略相似，但也有自己的特点。

一般来说，华人社团组织都在走向当地化，从思想、习惯、传统观念到社团的宗旨、名称都随之发生改变，逐步向社团的本地化转变。在转变的过程中，既要坚持社团福泽宗乡的宗旨，又要突破地域的鸿沟，加强与其他社团之间的联系与合作；既要为华族的生存和发展争取平等权益，又要领导同胞与当地其他民族携手合作，共同创造一个多元文化的社会。经过共同努力，逐步实现了本地化这一本质性的转变，即从华侨社团到华人社团的转变。突出表现在两方面：一是服务范围已超出华人小区，转向当地社会；二是华人文化团体日益使中华文化与当地文化相结合。

但在拉美地区，当地化的趋势要弱得多。它们在致力于多元文化、努力服务于当地社会的同时，也始终维持作为“华人社团”的基本底色，即使一些已经彻底地融进了当地社会的社团（如特多的华裔组织），也刻意地保持自己的“华裔”本色，通过寻根、回归中国传统等方式以求独树一帜。有些传统社团还与新移民社团保持良好的合作关系。

在欧美发达国家，华人社团组织在活动上逐步走向经济化，部分有影响的华人业缘性社团，为巩固和发展自身的力量，建立起一种具有联盟性质的组织。这种组织逐步由分散到集中，由单一到群体，由小小区到大小区，由省市到全国乃至国际化。而在拉美国家，传统华人社团的经济支撑一般来说仍然是“传统”方式的（包括侨领的捐助等）。不过也有的社团因为传统经济来源的枯竭而处境艰难，很多连日常的运作也难以为继，个别社团甚至因此而停止活动。

目前，华侨华人社团组织国际化的趋势十分明显。“二战”后至今，世界经济出现了集团性、区域性、国际性的组织。这些国际性、区域性社团组织的建立和近年来各种国际性宗乡恳亲会的召开，无疑显示了华侨华人社团的国际化动向。拉美国家的华侨华人社团中，有少数也进入了国际化的成员。但总的来说，拉美华侨华人社团的国际化并不明显，绝大部分社团的主要跨国关系仍然是与祖（籍）国之间的“双边”关系。

在拉美国家，特别是经济上比较发达的南美国家，商业性社团往往起着不可替代的作用，在众多类型的社团中，它们常常处于百鸟朝凤的地位。这种状况突出地表现在：一些在重要商会担任主要职务的有声望的侨领，利用其所在社团的平台，对华侨华人重大问题发表看法，对政府与当地民族的要求，代表华社作出表态，对牵涉整个华社的重要事情，发出行动倡议。整个华侨华人群体也通过这样的不成文程序，表现出对外基调的一致性。依笔者观察，在拉美地区，华社在重大问题的对外表态上通常表现出较好的“同声化”，很少看到因内部某些问题存在不同意见而公开拆台的现象。这应是一个好的传统。当然，在平时，华社内部的矛盾和冲突是存在的，有时还十分激烈。

概括来说，拉美地区以商会为基石的华侨华人社团的功能主要表现在以下方面：

第一，敦睦乡谊，助侨护侨。由于很多国家的华侨华人主要是改革开放后的新移民，属第一代移民，因此华侨华人社团明显地带有早期社团所具有的守望相助特征。它们注重扶助困难乡亲，保护华侨权益。商会的工作与当地经济紧密结合，得到了当地社会的认可和支持，有利于改善华侨的营商环境。由于商会会员经营的都是人民生活必需品，价格便宜，又经常举办大减价、促销抽奖等活动，受到当地居民欢迎。

第二，就商会自身来说，实现联络同业、促进发展的目的。商会凝聚了华侨小型商铺的力量。对外，与大商业公司抗衡，对抗“大鱼吃小鱼”的竞争环境，从而扩大了生存空间和经营渠道，增强了经济实力和竞争力；对内，一些国家的华侨商会采取统一订货、统一定价、统一宣传的做法，避免无序竞争，同时加强行业自律，促进了华商的团结，对推动华侨经济发展和保护华商利益都起到了积极的作用。这样，便吸引了众多业主参与其中，增强了商会力量，形成了良好的竞争力，创造了更好的经商环境，同时还为新移民提供了就业机会。

第三，开展华文教育，活跃文体活动。近几年来，很多国家的华文教育陆续开展，多得到会馆的支持。一些文体活动，得到会馆和商会的支持才可能举办。会馆和商会还通过举办与祖（籍）国有关的喜庆活动，增强凝聚力，也提高了知名度。

第四，联系家乡，支持家乡建设。各国侨胞虽然总体经济实力不是很强，有些国家的侨胞目前处境尚欠佳，但他们爱国爱乡，桑梓情深，积极支持家乡建设。一些侨领、商会会长积极捐款支持家乡的教育事业。

第五，沟通主流，促进融入。华侨华人社团积极加强与当地政府部门的沟通，争取和维护华侨华人权益。在热心捐助国内家乡教育事业、赈灾款项的同时，还推动华侨华人关注当地的公益活动，积极参与当地的慈善活动，回报当地社会。商会通过赞助当地的公益活动，取得良好的社会效益，成为华侨华人融入当地的桥梁。

第六，“反独促统”，支持祖国统一。华侨华人社团积极向居住国政府宣传中国政府对台工作的方针政策，表达侨胞反“台独”、促统一的心声。这类活动由各国的中国和平统一促进会站前台，但其他社团也责无旁贷。当然，大量的谴责性活动主要发生在台湾民进党执政时期（2000 年 5 月至 2008 年 5 月）。

应该提及的是，在拉美地区，并非所有有华侨华人的地方都已经完成了“社团化”的组织形态。拉美很多国家和属地的华侨华人在居住方式上，“高度集中”和“高度分散”状态并存，因而决定了不同状态下的“社团化”程度。在华侨华人集中居住的地方，一般都还会存在多种类型但功能相互交叉的华侨华人社团。这种情况在本书已屡见不鲜，在此不赘。

应该注意的是在华侨华人人数较少的地方的组织形态。在拉美，华侨华人人数较少的地方包括两类：一是大陆地区（主要是南美），因为不少地方为高山丘壑，居住其中的华侨华人因交通信息联系不便，彼此间很少往来，也就难以产生社团组织。这些地方华侨华人的对外事务，一般委托德高望重又热心侨务的侨领处理和安排。二是海岛地带。大的海岛犹如大陆，如果华侨华人居住较多，形成社团不成问题。但加勒比海存在着大量面积不大、交通或开发落后的小岛，居住在那里的华侨华人很少，一般很难建立社团。笔者注意到有些海岛上往往以“中国人群体”的“抱团”方式取代社团形式。所谓“中国人群体”包括：华侨华人、中国政府或公司派驻当地的公民（以项目援外人员为主）、中国留学生、中国驻当地大使馆（如果该海岛是一个国家的话）。在这种情况下，大使馆往往会发挥主导性的联络作用。这种方式或许并非拉美地区所特有，但应该是一种行之有效的替代模式，值得我们关注。

3. 拉美华文教育、孔子学院与中华文化传承

各国政府与社会对华文教育的态度千差万别。拉美各国政府对华文教育的态度处在世界上最开明地区之列，由于绝大多数拉美国家有过殖民地的遭遇，很多国家在殖民主义时期就开始引进外来移民，独立后更是欢迎外来移民，因而拉美国家多有民族化、文化多元化的良好环境。作为多元文化的组成部分，华文教育就不像别的一些国家那样受到强大的阻力。

包括拉美地区在内，目前全球华文教育的总趋势是：在内容上，从语言教育向文化学习延伸，以文化学习作为归宿。而文化的概念则趋向于宽泛化、实用化。在功能上，则努力寻求经世致用与精神文化两者之间的平衡，以及中华文化与居住地文化之间的结合，以期有益于华侨华人融入当地社会。在时间安排上，则以短修为主，以业余为主，全日制的学习越来越少。

众所周知，华文还不只是一种语言表达工具，它还有很大的承载中华文化的功用，但中华文化的涵域已不再是过去狭义上的儒家文明经典。它是一个宽泛得多的文明概念，包括今天外部世界普遍希望了解的中华历史、传统、民情、习俗、礼仪、地理、宗教、武术、饮食、传统中医等多方面的综合知识和普世价值。昔日的儒家文明已经融汇于现代中华文化的宏大体系之中。

与之相联系，华文的功能大大地走向经世致用，由以前主要是道德伦理教化的功用，更广泛地走向商业、就业等谋生领域。而在前者向后者转变的过程中，后者的作用已逐渐超越前者。但话说回来，昔日华文作为伦理道德教化的功用并非已经剥落无遗。在不同国家和地区，它还不同程度地存在，在某些国家和地区（尤其是经济发展相对滞后，中华传统文化根基较深的国家和地区）甚至还起主导作用。更值得注意的是，在世界上某些华侨华人经济比较发达的国家，近数十年来出现了呼唤向儒家文化传统伦理道德回归的声音（当然这种回归并非意味着简单的复原）。站在现代人的角度来看，伦理道德教化也是另一种意义上的经世致用。

概括起来，今天的海外华文教育与数十年前的华文教育比较已经发生了重大变化。归结起来，就是：其一，语体的变化；其二，中华文化涵域的变化；其三，经世致用性。今天，海外华侨华人处在一个以当地主流文化为主体的多元文化背景下，尽管老一代怀念中华文化，新一代向往中华文化，但要置身于中华文化传统的“正宗”场景下，已是不可能的事。这样，华文教育便为这两种文化架起了桥梁。在新形势下，中华传统文化应该在新的“场景”下谋求发扬光大。说到底，华文的传播除了语言的功利性外，最重要的还是有文化底蕴作为支撑。

实际上，从全球华文教育来看，像要么“清高”、要么功利化的非此即彼的

情况其实属于少数，更多的情况是两者兼而有之。更重要的是，对今天的海外华文教育，不能“厚此薄彼”，而应该鼓励海外华文教育在两者之间寻求更大程度的融合，寻求两者间的互相促进，使之相辅相成，相得益彰。特别是对那些在经济落后地区仍然固执地恪守传统华文教育理念的华人群体，应该予以同样的宽容和鼓励。

全面的分类可能十分烦琐，但就教育形式来说，概括起来，可以粗略地将海外华文教育工作分为三种类型：

第一种类型就是自成体系的独立的“业余课程”类型。学生学习华文的基本特点，是利用正规课程外的“业余”时间（一般是星期六或星期天的某一两个单元时间）接受以语音为主的华文基础知识教育，其成绩与正规教育的课程成绩无关，其学生与正规教育的学生年级不挂钩。

第二种类型是“主流教育下的外语”类型，即华文教育被纳入一国统一的教育体系中，并被作为多种外语中的一种，由学生选修。由于一般国家的教育制度只在大学阶段才有可供学生选修的外语课程，因此，按目前情况来看，这种类型的华文教育只有在教育制度比较成熟开放的发达国家才可以见到。

第三种类型是“媒介语”类型，即将华文作为传授知识的媒介语。一般来说，这种类型对学生的华文程度要求较高。但也不尽然，有的学校主张“媒介语”类型是为了使华文教育与某项知识传授达到相辅相成的效果，乃至是为了提高华文教育水平。在这种情况下，“媒介语”类型的华文教育就发生在中学，甚至小学。

第一种类型仍应是海外华文教育政策的基础和重点，因为对于大多数国家的大部分海外华人来说，教育下一代知晓华文的最主要目的仍然是“识字认字，粗通读写”。这一类型几乎发生在所有有华人的国家和地区，因而学生人数众多。拉美国家的华文教育基本上都属于这一类型。第二类型是一种提高型的华文教育，限于一些教育体制比较完整开放的国家。尽管学生的人数不多，但也应努力争取将华文教育纳入其“主流教育”的体系。但这一类型华文教育具有精英教育的性质，会产生示范效应，影响较深。目前在拉美地区还没听说有这一类教育，个别大学的研究机构则已有相关的研究人员。不过，随着中文地位的提高，几乎可以肯定一些国家有条件的大学或迟或早会出现这类华文教育。对于第三种类型，如果受教育对象是中学以下的话，多发生在一些东南亚国家，但如果属大学生的话，可能发生在欧美教育发达国家。前者已经有实例，但后者还没有听说有具体例证，也不排除将来在拉美国家中出现这种情况。

就今天拉美国家华文教育的总体形势来看，应该说“非功利性”的和“功利性”的华文教育还同时存在，即使到了将来，“非功利性”的华文教育也不可能完全消失。相反，随着各国对中华文化兴趣的增大，“非功利性”的华文教育的比重还有加大的趋势。

从华文教育的组织机构来看，今天世界上已经形成了有利于华文教育发展的若干合力。这些合力存在于不同的地区，彼此之间的互动力有强有弱，且随着时间和形势的变化而不同。有效地利用和整合这些分作用力，有利于海外华文教育的顺利成长。华文教育本身是一项重大的社会系统工程，它的构成体系是多样化、多层面、多内涵的。依笔者之见，可以开列的主要“常设性”平台有：

（1）传统的海外华文学校与华人社团。这是华文教育的主要平台，是海外华文教育事业前进的基础。离开了它们，海外华文教育事业就无从谈起。华文学校与传统华人社团历史上就存在着密不可分的关系。历史上，拉美国家的华文教育主要由传统社团来承担。今天，传统社团仍然责无旁贷地继承着这一历史角色，而很多新移民社团也加入到这一行列中来。这是拉美国家华文教育的良好势头，也是未来的希望所在。

（2）华语远程教育与空中教育网络。这个网络目前规模还不大，但其所承载的海外华文教育的前景是广阔的。现在，拉美国家的一些社团已经开通了网络，未来出现远程教育与空中教育网络不是不可能的。

（3）海外华文报刊传媒。一般来说，华文传媒维护华人福祉，传承中华文化，经常刊载专题论述，尤其是儒家伦理道德与传统价值观的论述、文史哲考察与省思，加深了华人对高层次文化的认识；华文传媒还大力扶持华教发展，维护华教合法权益，还常为华文学校开辟课外学习华文和中华文化的课堂；华文学校还为华文报刊培养大量的读者和作者。但在拉美地区，华文报刊传媒在历史上很薄弱，只有少数国家曾经有过，但因多种原因多半途而废。在这方面，的确对拉美国家的华文教育带来不利的影响。不过，让人乐观的是，一些国家的华文传媒已经起步，有的发展很快，后劲很足，潜力很大，可以填补这一历史空缺。

（4）华语影视体系，如有线电视、华语电视台、华语音像等。华语影视有最广泛的受众，它大众化、通俗化的优势是其他华文传播管道所难以企及的。无疑，它代表着最新潮的华文语体（主要是口语），也影响着其他华文教育管道。在这方面，拉美国家同样是弱项，对当地华文教育也带来了不利影响。

（5）海外华文文化事业机构，例如华文创作（作家）协会、地方剧目组织等。就目前所知，拉美国家的这类机构可说是少之又少，只有少数国家的少数社团有这样的机构。但很多社团已经认识到这一点，正在为改变拉美的“文化沙漠”形象而大力建造文化“生态林”。相信假以时日，经过侨胞的辛勤耕耘和矢志不移的努力，一定可以为华文教育扬起风帆，也可为自身的发展谋取新的机遇和空间。

(6) 海外中国学机构。这套机构多为学术性组织，也并非每国每地皆有，但有增多的趋势。传统意义上的中国学为研究中国国学（如儒道释，诸子百家等）的经院式学术研究。拉美个别大学存在着这样的机构。但作为更广义的中国学研究，应该逐渐走出象牙塔，走向大众，贴近平民，接触现实，成为海外华文教育一大助力。可以看到，个别拉美国家存在着这样的前景。

(7) 海外华人宗教团体与慈善机构。这里的宗教机构是指以正当管道、手段传播正当宗教的团体（含寺庙），如海外华人佛教、道教、天主教、基督教、伊斯兰教协会等。尽管各自的信仰有别，传道途径不一，但都在传播人类慈爱、友善、互助等普世价值。不少宗教团体还是慈善机构。有的宗教团体实际上以弘扬中华传统文化为己任，或将中华传统文化与本教教义有机融汇。它们的很多传道活动是以华人为主要受众，以华文为主要载体，这对华文教育的发扬光大是有一定积极意义的，但这在拉美国家也是一大弱项。

(8) 海外中国商业机构。随着中国经济的发展，中国企业和商货走出国门，海外中国商务机构会日渐增多，中文应用会越来越广泛。海外中国商业机构可利用各种机会（如商品、企业推介、招工时中外文并用乃至以中文为主等）来为华文教育的发展添砖加瓦。在这方面，已经存在或将要出现于拉美国家的这类机构将大有可为，它们可能会成为拉美当地华文教育的最大推力之一。

(9) 海外中国旅游机构。此类机构在海外存在历史已不算短。以往推介中国旅游资源时多用当地文字，今后可逐步加强中文的地位。它们也将发挥与海外中国商业机构相类似的作用。

由此看来，海外华文教育存在着一个可以利用的庞大网络系统。在这个大系统中，有的子系统直接承载着华文教育的重大使命，有的则担负着华文教育推进器和实验室的角色。通过以上多种管道以及参加华人社团等活动，通过各种华文演讲、写作竞赛和文娱表演等丰富多彩的课外活动，可以开拓学生视野，激发他们的学习兴趣和对中华文化的认同。

当然，上面罗列了这么多有关海外华文教育的辅助机构，是就它们的“可用性”和“备用性”而言的，并不意味着这些机构都应该与正宗的华文教育机构同时“多管齐下”，也不意味着各国的华文教育都一定要同时与这些机构合作。任何事物都会因具体的时间、地点、场景变化而变化，华文教育的辅助和合作对象也是一样。不过，就现时提升海外华文教育的质量而言，有意识地将可能的辅助和合作对象考虑在内，或备而待用，或创造条件与之结合，不失为可行之策。

我们应该看到，中国国内相关部门也已加强对拉美地区华文教育办得较好的学校（如“示范学校”）的重点扶持，同时鼓励中国国内华文教育基地和这些示范学校建立合作帮扶关系，以提高示范学校的办学水平，扩大办学规模，增强办学影响。当然，支持的力度应该逐渐增大，应该让受支持者实实在在地得益而非只是“杯水车薪”。

拉美国家一直存在着有利于华文教育发展的环境，这里的华文教育也一直与当地主流教育系统维持良好的关系。当地社会基本上不存在华文教育是“搞文化小团体”、中国的“文化渗透”等误解和偏见，但华侨华人社会仍然需要为华文教育在当地的长远发展创造更宽松的外部条件，培养出更多的双语和多语人才。在办学形式上，应更加不拘一格。侨校应尽可能摆脱政治色彩，发挥其文化传播媒介的功能，把中华文化的影响扩散，亦使当地居民逐步走近中文学校，并通过他们向当地人民介绍中国悠久的历史和灿烂的文化。

孔子学院是在拉美国家开展中华文化传播的一个越来越重要的平台，这里稍微展开一谈。

20 世纪 90 年代末以来，全球范围的“汉语热”不断升温，对外汉语教育的规模和范围不断扩大，从内容到形式都在发生深刻变化。目前，汉语已走进不少国家的全日制学校，成为当地的重要外语之一。各类与华文相关的学校、华文补习学校和补习班的数量和规模上升。许多国家的政府重新审视其华文教育政策，对“汉语热”表示关注、默许或支持。所以，总体上看，现在的“汉语热”还处在一个发展的初级阶段，还没有发展到可能引起文化冲突的阶段。

语言学习是文化学习的必要基础，文化学习则是语言学习的延伸。不过，能够就读像中国文学这样高水平华文课程的学生将永远是少数，尽管其人数可能会越来越多，绝大多数人将只能处于对中华文化浅层次了解的水平，不过，如果后者总是对自己的中华文化感到不满足而抱着“追星”的态度“仰望”着高水平者，则孔子学院已经成功一半了。

回顾中国对外汉语教学的发展历史，可以看到，最初主要是以第三世界为传播对象，目的是为了打破封锁；后来则突出其经济功利性，很多人学习汉语是出于对与汉语相关的自己职业生涯的乐观预期。但汉语的国际推广仅靠其功利性显然是不够的，因此，建立孔子学院的目的，是使官方的文化交流计划、民间的文化互动、师资力量的投放和培训、新型文化表现方式的运用等，都提升到规范化和现代化的层次，使汉语成为具有文化魅力的世界性语言。

除中国以外，目前国际上以汉字为基础的语言文化教育，一是华文教育，二是海外（对外）汉语教育。一般情况下，人们多将两者视为同一。的确，两者在语音、文字形状、表意、文化承载等各个方面，都没有实质性差别。其最大的差别是在对这种教育的管理和主导方面。海外华文教育主要是指存在于海外华人社会中以汉字为基础的语言文化教育，其受众多为华侨华人及其后裔；海外汉语教育则是由中国政府相关机构和当地政府相关机构共同管理，并接受中国官方或半官方机构指导，接受其派出人员（主要是师资）以及资金、教材、技术等方面支持的以汉字为基础的语言文化教育。

华文教育与海外汉语教育的差异性还表现在，海外华人社会主导下的海外华文教育的历史要久远得多，且有更大的自主性，与其“原产地”——中国本土也具有较大差距，各国的华文教育在全球的华文教育体系中也各具特色；但就语言本身的“纯洁性”和“正统性”来说，海外汉语教育无疑可得到更高的认可。此外，两者的教育理念、教育体制也有一定的差别。当然，海外华文教育既作为传统中华文化的载体，也作为华人居住地诸多文化因子的载体，更具有渗透性。

就受众来说，作为海外汉语教学平台的孔子学院跟海外华文教育是不一样的，因而所产生的文化交流形式是有差异的。海外华文教育的受众基本上是华人，教师也多是华人。华人教华人，因文化背景和处事方式的一致或相近，可以避免产生大的文化冲突。但目前的孔子学院多是中国人教外国人，或中国人教“外国化”（当地化）了的华人，在很多国家（特别是西方国家），文化背景和处事方式有异，产生文化冲突特别是面对面文化冲突的可能性是很大的。应说明，这不可怕，也并非全是坏事。冲突，特别是良性的、观念探索方面的冲突本身也是一种交流形式，它可以让当事者在冲突中增进了解，特别是使受众加深对中华文化的理解。在这个意义上说，孔子学院应该是一个中外平等交流的平台。

从内容上看，孔子学院不仅是单纯的语言教学，还有一个“代表”中国本土向外传播中华文化的义务。因此，课程设置的科学性至关重要。任何语言的背后一定是文化，包括物质文化和非物质文化，学习语言的过程其实就是在学习一种文化，语言比较简单，教师教授语言，可能就是能立竿见影的“技巧”和“方法”课，如汉语教学法、听说读写技巧等，学生学习语言就是练习发音。但实际上，教授语言也就是在传播文化，学习语言就是学习文化。其功能应该是，扩大中华文化在这些地区的传播，增进中国与当地交流，让当地国家和民族更好地了解中国，塑造中国良好国际形象。培训海外汉语教师可以借鉴国内师范院校培养中小学语文教师的经验。但海外华文教育就不一样。它没有任何代表中国本土向外传播中华文化的义务，尽管它客观上会产生这样的效果。它更多的是教育当地华人如何更好地谋生、维系华人社会的内部稳定、融入当地。目标的差异性（整体地说，应是目标的非重合性）在很大程度上决定了两者在教育理念、教育方式等方面的差异性。

看到海外汉语教育（孔子学院）与海外华文教育两者的差异固然重要，但在目前阶段，看到和寻找两者的共通点更为重要。寻找两者的共通点是为了在更广阔的空间和平台上开展互利互惠的教育资源的整合与利用。

关于教育资源的整合与科学利用，从海外的角度来说，应在一个十分广泛的网络中寻求合作利用海外资源的空间和契机。在上一节谈到海外华文教育的时候，笔者曾对现已存在而可资利用的平台进行过分析。实际上，很多海外华文教育的平台也可为海外汉语教育所利用。

目前拉美国家的孔子学院还不多，但很活跃，也很有创新意识。其中一个很重要的方面是喜欢开展一些以中华文化元素为基础的大众性活动，特别是民俗性的大型活动，很多人难免因“从众心理”而加入其中，在初始阶段其喜好心态尚不稳定，这是正常的。但如果他们能够在良好开端的基础上，经过多次参与，深入体味，从表层次的喜欢上升到深层次的爱好，这样，孔子学院的活动才算是真正成功了。这是一个需要时间锤炼的过程，不可能一蹴而就。一些民众随后的热情有所减退，乃至出现反复，都是可以理解的。在这种情况下，业者更需要有耐心和毅力。在海外弘扬中华文化，在起步阶段能够引起参与者的热情，固然可喜可贺，但我们也应看到，一场持久性的文化弘扬运动不应该也不可能永远是“狂欢”式的、“追星”式的，应该允许理性的冷却。重要的是，让民众的热情保持相对的可持续性，尤其是在受众进入熟悉与品味阶段后在其冷静（但不是冷漠）的外表下保持内心热情的可持续性。这需要业者有心理准备，并有应对策略。当然，各国的风俗民情不可能完全一致，有的民族理性，有的民族热情奔放。像智利这样有着深厚狂放节传统的国家，民众的情绪应该是热情奔放型的，不能简单地用一个模式进行类比。如果将来不出现像一些民族那样的理性冷却阶段，也不是不可能的。任何热情奔放都是有一定限度的，组织者应该敏锐地察识到热情奔放后面所蕴涵的理性与智慧。

到目前为止，拉美国家的孔子学院对中华文化的弘扬不仅仅停留在语言方面，而是已经较快地（几乎是同时）进入文化层面。人们一般都认为，孔子学院不应仅仅是个纯语言教学单位，而应该同时是个文明传播和文化创新机构，这已是业界的共识。拉美国家孔子学院在文化切入上，常常主打中国民俗牌，以此引起民众对中国传统文化的好奇，由好奇逐步转入爱好，由爱好进一步上升到学习和研究。中国民俗尤其是既大众化而又雅重的民俗可能是国外孔子学院的“常备套餐”，不能设想对中华文化总体上永远与中国人隔了一层的外国人有朝一日一个劲地脱离对中国民俗的接触而去追赶“阳春白雪”的中国纯高雅文化。可能最终有一部分当地人会喜爱上“阳春白雪”的中国纯高雅文化或进入这样的境界，但绝大多数当地民众的中华文化底色应该是以中国民俗为基础的。即使在中国本土，也不可能奢求每一个人进入“阳春白雪”的中国纯高雅文化的境界，更不用说在文化与中国相异的他乡了。当然，所谓“阳春白雪”与“下里巴人”的关系不是互相孤立、互相排斥的。国外孔子学院应该追求中华民俗的通俗性与高雅性的统一，在民俗的通俗中体现高雅，提炼高雅。如果在拉美民众中有朝一日出现对中国高深文化的喜好者或研究者，是令人鼓舞的事情，而不应奇怪。当然，国外孔子学院不论传播哪一个层次的文化，都应注重对中华文化核心价值观的雕塑，在传播的过程中潜移默化地体现中华文化以“和”为灵魂的核心价值观。与此同时，任何时候都不应忘记，中华文化在一个异国的传承与弘扬，必须与当地民族的文化平等地交流，相互学习，取长补短，共同提高。任何时候也不应对自己的文化产生妄自尊大的心态。当地民众对孔子学院举办的活动或会产生超乎寻常的热情，使中国元素处于压倒性的表现场面，这是初始阶段的现象，一旦进入成熟阶段，中国元素应该与当地文化元素并存，而且中国元素也应不断刷新，与时俱进。像其他一些国家所做的那样，中国元素或者中华文化的具体项目也应考虑主动融入到当地民族文化的大框架中去，使之变为当地民族文化大框架里的一个“橱窗”。

由于中国与当地国家间的良好关系，特别是某些国家政府对孔子学院异乎寻常的支持，这些国家的孔子学院活动似乎比其他国家的孔子学院活动具有更多的“政治衬托”，主要表现在：将孔子学院的文化活动作为承载两国友好关系的平台。这在一定情况下是可以理解的，尤其是在两国国家关系适逢一系列重大节日的情况下。但孔子学院首先是个文化学院，其“第一要务”应是弘扬中华文化，促进文化交流和和谐。在经过一定时间的沉淀后，孔子学院应该加大文化传承弘扬的“权重”，并非一定要选择重大政治节日作为开展文化活动的日子，也可以多选择一些当地民族的重大文化节日。

次谈对华侨华人节日（以春节为中心）的若干思索。

华人节日因其参与者众多（几乎为所有传统华人）和常态化（每年均有固定时间且风雨不改），成为海外传统华人传承和弘扬传统中华文化的最重要平台之一。传统中华文化固定的表现形式，如春节、清明节、端午节、中秋节、重阳节等约定俗成的民间宗教活动、民间欢庆活动等，本身就包含着中华文化的丰富内涵。

春节是一个最全面最充分显现海外华人节日理念的节日，对包括中国在内的世界上大多数炎黄子孙而言，“过春节”在某种意义上已经具有种族与文化认同的象征意义。它不仅是家庭亲人欢聚的佳节，也透过华人社团的“新春团拜”等活动而成为一个传承中华文化、凝聚社群认同的舞台。在海外华人社区中，春节的这一功能突出地表现为全侨化（几乎所有华侨华人都参与庆祝）、家庭化（为一年中家庭成员的团聚期）、喜庆化（节日期间多有娱乐活动）等特征。

今天，所有的海外华人社会，包括传统华人社会和新移民华人社会，都保留着“传统中国节日”的概念。他们对每年接二连三的传统节日，都仍然根据自己的兴趣有选择地参与其中。各国的传统华人社团，特别是年深日久的社团，多半都有一个每年如何过节的常态化的日程表，年年如此。他们常常通过其社团组织“传统中国节日”的庆祝活动。对于传统华人社会，关键是要在传统中华文化大潮滚滚而来的形势下，更好地维系和完善这套“机制”，同时，深入挖掘中华文化精华，使之传承到华人的第三、四代，乃至一代代传承下去。

在所有的“传统中国节日”中，春节的庆祝方式最为隆重、最为规范，参与人数最多，庆祝内容最为丰富，影响也最广，在居住地族群看来，是华人这一族群的标志性节日。因此，作为传承和弘扬中华文化的重要载体，春节比其他节日的功能和作用都大。它较为系统地体现了海外华人对传统中华文化的继承，特别是它较为突出地体现了和谐亲睦的家庭氛围、祥和吉庆的美好愿景，慎终追远的传统美德。这一点集中体现在春节的主题——团圆上。除夕夜家庭团圆作为华人长期奉行的一种习俗，已经上升为春节文化价值观的最重要组成部分，成为维系华人世界的重要纽带。

春节堪称最全面、最深刻地承载着传统中华文化的诸多元素。今天海外华人的春节活动内容是传统元素与现代元素不同程度的结合，既保留着传统元素，也渗进和糅合了现代元素，这种“与时俱进”也是春节保持旺盛生命力的重要原因。

对待传统与现代元素的弘扬，在认识上应有所区别。现代元素更多的是一种客观的社会存在，无须人们呕心沥血地加以弘扬，它便可以比较容易地走进现实。传统元素则不同，它更多地需要人们的发现、发掘和呵护，有时候即使呕心沥血也不易办到。目前华人社会应做的工作，是如何更好地整理和挖掘这些元素，使之更主题化、条理化。同时，将之与其他“传统中国节日”的整理和挖掘有机地结合起来，使所有“传统中国节日”各具鲜明的主题和特征形成互相补充、互相映照的主题系列。通过年复一年过“传统中国节日”的熏陶，将这种主题融进一代代华人的意识中，从而一代代传承下去。

春节仍然是华人新移民参与得最多的节日。在欧美新移民中，很多人的西化色彩相对较重，更愿意参与到西化色彩较重的当地节日中，对“中国传统节日”有所淡漠。但在拉美地区，这种情况并不普遍，大多数新移民仍然对童年、少年和青年时代烙刻在脑海里的美好的家乡小传统文化一往情深。

做好以“传统中国节日”系列为平台传承中华文化的工作，要充分重视存在于各地的“传统中国节日”庆祝“机制”，扩大参与的群体和人数，逐渐实现两个延伸：一是向华人第三、四代延伸；二是向华人新移民延伸。将来，还要实现新的两个延伸：一是延伸到华人居住地的主流社会的平民大众中去；二是延伸到当地政要、富商大贾、学界名流中去。通过持久的努力，越来越多的华侨华人和华裔，乃至当地普通民众和政、商、学界都愿意、喜欢参与“传统中国节日”，喜欢“传统中国节日”所衍生的专题文化，逐渐扩大到喜欢更高层面的精致、高雅的中华文化。将来“传统中国节日”能否实现后面两个延伸，很大程度上取决于“传统中国节日”能在多大程度上体现其融通性。首先，在有与“传统中国节日”有渊源、相关联的其他民族节日的多族群共居社区，可以寻求“传统中国节日”跟其他民族节日的“融通”。不仅只是等待其他民族节日对“传统中国节日”的“追捧”，“传统中国节日”也要主动“追捧”其他民族的节日，实现不同民族间的节日“共庆”。其次，在那些与“传统中国节日”没有多大关联的多民族共居社区，华人也不应该长期满足于对“传统中国节日”的自我欣赏，“守株待兔”地等待居住地民族的“求爱”。相反，华人应该通过不同方式，主动宣传“传统中国节日”所体现的核心主题，即“和”的主题、“和”的社会文化价值观，即要达至当地的“达官贵人”，也要普及到普通大众。当地政要也应认识到，在当地开放“传统中国节日”可以让他们得到更多的选票，得到更多民众的拥护。当然，要实现上述目标，在拉美国家比欧美国家轻松得多。

今天，在一些拉美国家，华人节日开始形成多民族共享的趋势，逐渐为其他民族所认可和接受，其他民族已经开始参与华人春节的庆祝活动，将春节视为自己民族的节日。春节之所以受其他民族欢迎，根本原因在于华人春节所营造的欢乐、祥和的气氛，在于华人春节丰富多彩的民族节目中所呈现出来的以“和”字为代表的核心价值观。当然，对于别的民族的广大成员来说，他们之所以乐于参与华人春节的活动，并不完全是基于某种抽象的精神需要，而主要是基于一些具体的富于亲和力和凝聚力的活动。实际上，他们对精神层面的需求也是通过其对具体的富于亲和力、凝聚力活动的参与来体验和领略的。不必先入为主地刻意渲染“传统中国节日”的抽象理念和价值，而应该实实在在地做好节日的每一项具体活动，别人喜欢上以后，才能慢慢地谈它的意义和理念。要让华人居住地其他主流的或非主流的民众喜欢“传统中国节日”，就应该从他们喜闻乐见的、兼具娱乐性的文化样式开始，而不要一开始就展现“高深”的、哲学化或说教化的文化样式，更不能展现与其他民族的风俗习惯和欣赏习惯产生观念冲突的文化样式。例如，中国南方独有的舞狮习俗在海外传统华人社会中非常流行，多年来的实践证明，它也深受华人居住地民族的喜爱。

一般来说，在包括中国大陆、中国港澳台地区在内的世界各地炎黄子孙大家庭内，各地对中华文化、对体现其价值观的“传统中国节日”的理解各有千秋，各有特色。不必越俎代庖地去代替海外华人对中华文化、对“传统中国节日”作自以为是的“标准”演绎。有时候，演绎得越“标准”、越“准确”、越“原生态”，就越适得其反，要相信海外华人的理解能力和智慧。由于历史及意识形态等方面的原因，海外华人对中华文化，对“传统中国节日”的哲学价值的理解可能跟中国民众不一样，有时甚至相距甚远。应该让海外华人用他们自己熟悉的语言和思维方式阐释中华文化、“传统中国节日”的思想精华。春节作为一种民间文化，在传承的过程中发生内容和形式上的变异是十分正常的。

与此同时，要做好“传统中国节日”系列的“普及”。由于各种各样的原因，“传统中国节日”虽在海外华人社会中流传已久，但没有得到真正的正面推介，在很多地方还只是囿于狭窄的华侨华人社区，华侨华人居住地的部分民族甚至存在着误解。诚然，“传统中国节日”系列中，也有若干落后、迷信的成分，但是，精华部分永远是占据主要位置的。关键是要做好系列“传统中国节日”所体现和代表的核心价值观的推介，用当地民族听得懂的、生动活泼的语言解释以“和”为核心的传统中华文化，但没有必要宣传已经流传于海外华人社会中那些落后的、迷信的文化因子。宣传传统中华文化的方式可以多种多样，例如，华人社会可以在每个“传统中国节日”来临之际，用传单印刷品等方式，向其他民族推介“传统中国节日”。现在，海外已有数以千计的华文学校，还有数百所孔子学校，它们也可以进行“传统中国节日”的宣传和推介，甚至可以考虑将“传统中国节日”列入必修或选修课程。

目前，国内的演出团体经常到海外华人社会中进行各种各样的演出，有的演出已经创造出若干品牌。目前的演出水平不能说不高，但就演出接触面和受众来说，基本上限于新移民华人群体和一部分传统华人团体。对于基本上以“小传统”（地方特色）的中华文化为喜好的传统华人来说，其认同度就可能打一定的折扣。以后，应该考虑让传统华人社会所喜闻乐见的、属于其祖籍地的地方文艺样式渗入其中，也应该鼓励地方文艺样式在传统华人社会中创出品牌。例如，粤闽籍传统华人多喜欢欣赏家乡剧种，就应该加强粤闽地方剧目演出团与其海外华人居住地间的交流。

华侨华人也要防止自我意识化趋向。所谓自我意识化是指文化在传播、欣赏的过程中一切以我为主，不注意受众的感受和接受效果。从受众的角度来说，可分为两部分人，其一就是华侨华人，其二是外围的当地民众，包括主流社会和当地其他民族。如果是华侨华人，相对来说，自我意识化的负面作用还小一些，因为他们毕竟属于炎黄子孙，具有相同或相近的价值观、欣赏习惯和接受能力；但如果是外围的当地民众，则负面作用会更大，有时很可能“有还胜于无”。这种情况下，文化传播便会变得吃力不讨好，徒劳无功。有人将华人春节比作西方人的圣诞节，这显然是不妥当的。春节的外在特点是热闹、喜庆，与圣诞节的气氛相距甚远。华侨华人可以聚集在一起通宵达旦，外国人很难像华人这样聚集在一起庆祝圣诞节。华侨华人可以跟自己的朋友一起庆祝节日，但外国人过节的基本单位是家庭。圣诞节是随着西方国家的经济实力而普及全球的，更重要的是，圣诞节的文化宗教底色是基督教，而春节的文化底色是儒教和道教。将来中国的经济实力增长也可能出现西方国家历史上出现过的情景，但春节难以企望会出现基督教历史上的传播情景，其他华人节日更不会。

文化是一个民族最重要的图腾和根脉，也是一个社会群体生命力、凝聚力的最重要源泉。中华文化的构成十分丰富深邃。传统中华文化是整体的中华文化的基本底色，但传统中华文化的历史积淀，以及在现当代的沿衍融汇，深化了中华文化的深厚内涵。传统中华文化的基本内容包括民间艺术与美术、民间音乐、民间戏曲、民间舞蹈、民间手工技艺、民间信仰与宗教、民间文学、民间知识、岁时节令（春节、清明节、端午节、中秋节、重阳节等）、传统医药（中医、保健、膳食与养身之道等）等，也融汇在华人社会礼仪规范（包括创业礼仪、集会礼仪、各种宴会礼仪、游艺礼仪、婚丧奠祭礼仪）等活动中。与此同时，要深入探讨传统中华文化在海外的播迁，在居住地与当地文化的融合与变异（通过与侨乡的比较），从海外侨居地的角度看传统广府地区中华文化在海外中华大传统文化中的地位。

今天，在一些移民历史较悠久的拉美国家，仍然存在着老一辈华人居住在唐人街的情况。唐人街，不应是陈旧、老化、封闭、保守、落后的代名词，她应该有一个崭新的形象。事实上，近些年来，在国际华侨华人社会中，唐人街的形象在不断刷新。通过民俗节庆、中国新年（春节）、文化周、文化月、文化年等活动，逐渐扩大了唐人街的影响，唐人街成了海外传承传统中华文化的重要平台。当然，在重提唐人街的时候，主要是指现在还存在着大量传统华人的唐人街。至于绝大多数华人已经搬离的唐人街，重点是发掘其历史文化价值。在拉美国家，似乎除了古巴外，发掘唐人街历史文化价值的工作还没有提上议事日程。拉美华侨华人精英可以组织编辑、出版回顾它们的历史辉煌的出版物，一方面让华人后代知道他们的祖辈创业的艰辛，另一方面也使唐人街的历史文化精华得到提升。此外，还应考虑开始华侨华人国别历史的撰修，以便发掘其历史文化价值，进而弘扬中华文化。在这方面一些拉美国家已经开始行动了，值得赞赏。

华侨华人是传播中华文化的使者。遍布世界各地的中餐馆、中医馆、武术馆、华文学校、中华民族文化艺术馆等，是华侨华人谋生的地方。他们同时也通过自己的职业传播着中国文化，默默无闻地承担着文化使者的角色。当然，并不是上面所说的这些“文化景点”都可以源源不绝地向当地输出“正宗”的中华文化信息。

中国的国家形象、国民形象会影响到华侨华人在居住地的生存发展。在中国越来越开放，在国际社会中的地位越来越重要的情况下，中国的国家形象、国民形象也越来越与海外华侨华人相关，从而影响到中国国家软实力的长远发挥。这是因为：第一，华侨华人本身就是中国形象的组成部分。应注意的是，中国平时在侨务工作中非常刻意区别华侨华人（特别是华人）的“外国居住者”身份，但在国际上普遍看来，华侨华人基本上还是中国的民族成员（特别是在今天中国公民出国多如过江之鲫、难以跟同一副脸孔的华侨华人区分的情况下），同样代表着中国的国家形象。在这个方面，我们无法人为地、想当然地将他们与中国形象割裂开来，而应该将之作为中国国家形象建设的重要考虑因素。第二，华侨华人也是中国国家形象、国民形象的外部评判者。这是由华侨华人的特殊身份决定的。他们居住在外国，更熟悉国际文明标准特别是居住国的文明标准，往往以国际文明标准来衡量、评判中国国内同胞的表现。第三，华侨华人可以帮助提高中国的形象。除了他们在居住国的自身良好举止有助于提高中国国家形象外，他们还可以利用与居住国政府机构、居住地民族的特殊关系，通过各种方式帮助提高中国的国家形象和国民形象。而这一点，尤其是中国所需要的。多年来，中国政府（包括国内主流民意）一直致力于自己国家新形象的塑造和建设，大部分海外侨胞也盼望着祖（籍）国形象的重塑和优化。

在海外华侨华人社会中提倡“和谐侨社”，是近几年来人们谈得较多的一个课题。由于各国国情不同，各国侨情更是纷纭复杂，要建设和谐侨社，必须找到一种精神支撑。“和谐文化”，应成为和谐社会的思想根基。

“和谐文化”是海外华人的祖（籍）国——中国丰富灿烂的传统文化的核心构成之一。作为一个历史悠久的文明古国，中国有着独具特色的传统文化资源，而和谐则是这一传统中最重要的命题与核心价值之一。它有着源远流长的血脉，拥有深厚的群众基础，在全社会中也容易形成风尚，是中国对人类社会发展的重要贡献。在中国以“和”为特色的文化体系中，有非常多的相关概念，如“以和为贵”、“和而不同”、“和衷共济”、“和气生财”、“协和万邦”等，都是十分珍贵的思想遗产。

在国外华人社会，“和谐文化”应当如何付诸实践？和谐文化如何“和谐”地嵌进华人社会中并使之形成和谐侨社？这些仍然是新的课题。在国外进行和谐侨社一类理念的传递时，主要还是采取平等交流的方式，推心置腹，换位思考，以诚待人，以理服人，这也是对他们最大的尊重。中华文化重人，把解决人的自身问题放在首位。强调和谐，就是重视人与人之间以及人与社会、人与自然之间协调一致的关系。其中人与人之间的关系，强调的是宽厚仁爱（既自爱，也爱人），崇礼尚义，包容万物，讲究的是“和而不同”，承认差异性、多样性，不排斥矛盾和冲突，但最终目的是要达成更高层次的统一与协调，实现多样化条件下的和谐统一。从这个意义上说，通过推心置腹，换位思考，以诚待人，以理服人的方式向海外侨胞传递“和谐文化”理念，开展和谐侨社的构建，本身就是“和谐文化”的重要实践。

从事物的客观属性来说，世界不可能是“同”的，“不同”就是社会的多样性，多样性是世界的必然样态。因此，“同”是不可能实现的，而“和”则是在承认多样性（“不同”）条件下对社会共同规律和共同价值观的统一认知，是完全有可能实现的。按照孔子《论语》对“和”与“同”的辨析，和谐就是在承认差别和多样性的前提下，追求一种“和而不同”的动态平衡，就海外侨社而言，“同”是相对的，而“不同”是绝对的。

其实，只有社会存在多样性，才可能通过减少对单一资源和单一目标的依赖而降低竞争烈度，增加全人类的生存空间和发展潜力。海外侨社也是这样。海外侨社中，社会资源的多样性是谁也改变不了的客观事实。如果谁想独占资源，或独占别人通过正当合法手段占有资源的机会和权利，也就意味着漠视和剥夺了他人占有资源的权利。因此，合作的意识，共赢的意识，是侨社实践“和谐文化”的重要前提。

说海外侨社存在着多样性，并不等于否认海外侨社存在着各种各样的大小矛盾。这些矛盾中，一些是由于历史原因造成的。最早的矛盾可追溯至侨胞来到居住国的初期。他们来自不同的乡村、不同的县镇，便把家乡既有的矛盾带到了当地。在来到居住地后，又由于利益的冲突，加剧了旧有的矛盾。长期以来，海外一些侨领对同胞共同产业的处理不公，又形成了新的矛盾。20 世纪 50 年代中国内战造成的国共两党对立和两岸分治，也对海外侨社造成了长期的影响。由于华侨华人居住国多实行西方式的议会民主制度，很多华人虽然不问政事，但也有相当多的华人乐于政党政治。政治纷争难免带到侨社里面来，在原来华人的派系世界里造成新的对立。我们也应看到，很多矛盾体相互制约，形成常态，侨胞自己也已经找到不同的解决办法。

显而易见，海外华人社会中存在着华社多样性和内部矛盾的交叉性。属于多样性的问题，与属于内部矛盾的问题，有时候是很难截然分开的，而人们也多将之混为一谈。所以，分清楚两类不同性质的“不同”，是非常重要的。两者的主要区别在于，多样性是可以兼容，可以共存，可以良性互动的；而内部矛盾则是相互冲突，很难长期相互容忍的。所以，当“和谐文化”作用于两者时，其过程是不一样的。当“和谐文化”作用于侨社的多样性时，可以让多样性显得更加亮丽多彩，达致“和”的境界；而当“和谐文化”作用于侨社的内部矛盾时，主要是为了达到弱化和最终消除其存在的目的，当然目的也是为了达致和谐。因此，不管属于哪种情况，“和谐文化”对于侨社来说都是不可或缺的。

实际上，“和谐文化”的很多思想“构件”早已被华人带到其居住地，早已不同程度地渗透到一代代华人的心中。只是由于历史的原因，“和谐文化”在海外华人社会中难以得到整体的体现而已。说“和谐文化”在海外华人社会中难以得到整体的体现，当然不是说它在海外侨社中已经消亡，或被束之高阁，而是指它在重大的群体关系（例如不同血缘、地缘、业缘社团之间）中，只是偶然地、零碎地、个案地得到体现。然而，在很多情况下，它仍然是比较普遍地表现于华人的家庭关系、人际交往中。特别是在传统侨社、华人的团体和公司中，人们依然应用“和谐文化”的某些理念来要求同仁和属下。今天，要在海外华人社会中提倡构建和谐侨社，最重要的目标，就是要让已经根深蒂固地存在于华人心灵中的和谐观念在新的形势下得到升华，以及让普遍存在于家庭关系、人际交往中的和谐氛围广泛回归和普及到华人群体的相互关系中。这是一项十分艰巨的工作，也是一项需要华侨华人社会长期努力的工程。

中华文化所传递出来的“和”、“合”理念，糅合在海外侨社中得到消化，如何与西方科学的现代价值和理念找到最佳的交接点？文化意义上的“和”、“合”，如何能够与海外华人商业社会中的商业伦理取得共识？如何在立足合作的前提下实现利益获取？如何协调竞争与合作的关系？如何在讲究积极进取的居住地的政治、商业伦理中植入“和”、“合”的中国文化元素？这些都是值得进一步探讨的课题。

对于中国人来说，拉丁美洲被一大片神秘的大海所包围。远眺着那边的大海，人们的脑海里会浮现出两种图景：一种是飞旋的浪花，以及出没于惊涛骇浪中的弄潮者、冲浪者，总是催人亢奋；另一种是平静、若隐若现的岛礁。或许，理论思考与研究者更喜欢前一种景象所带来的激昂与亢奋，而实际工作者则更喜欢对后一种景象的追逐与探究，更喜欢岛礁谜团的水落石出。我突发奇想，两幅图景能不能“合成”？比如说，让浪花仍然翻卷，但不再汹涌澎湃，而是缓缓地、有节奏地舔吻着岛礁。此时，初阳升起，雾霭散去，岛礁的形状也越来越清晰，它们千姿百态，在碧海蓝天中顽强地显示着自己的存在。

后　记

《拉丁美洲华侨华人移民史、社团与文化活动远眺》一书的写作，起因于笔者进行的两个重点项目——“华侨华人社团在国家软实力建设中的作用研究”（负责其中之一，教育部）和“海外新型华人社团的发展及其与居住地和祖籍国的关系”（负责全部，教育部重点研究基地）。这两个项目都需要理论创新。笔者才疏学浅，自认没有通过“冥思苦想”来构建深度理论的功力，一切只能从基础研究做起。基于以上两个项目才有了本书的撰写。应该说明的是，在华侨华人特别是新移民研究中，空白地带比比皆是，基础研究的任务十分繁重，希望同仁继续努力。

本书主要以新移民为研究对象。显然，如欲全面系统地了解新移民的近况，除充分利用现有纸质文档外，还必须求助于网络资料。此外，本书还有一部分资料来源于笔者的海外调查。对于网络资料，笔者尽量采用比较权威网站或源自比较权威的网站（如中国政府部门、外交部与驻外使领馆等）的资料。很多时候，同一事实的资料不止来自一个网站。笔者尽可能对来自不同网站的资料进行互证，去芜存精，择善而从，包括对相关文字进行重构。但在注释时，一般只标注作为资料主要来源的网站名称。在研探的过程中，笔者的一个重要目标是力图描绘某项当代历史过程的“框架”或“轮廓”，故对于其中的具体数字，希望摘引者在使用前最好再经认真的考实。本书各章节中出现的见解和观点，多属笔者的个人见解，希望借此抛砖引玉，当然也只供读者参考。还需说明的是，在本书每国（地）的开首段落等地方，通常简要地提及该国（地）人口、国土面积、民族构成等方面的数据，以及国家历史、政治、经济与文化等相关资料。这些数据和资料一般据百度百科，同时也尽量参照其他来源的公用资料，最后选择较新且可靠者。

非常感谢广东省侨办吴锐成主任的鼓励和支持。他在百忙中为本书作序，话语殷殷，评点精切，笔者如沐春风。非常感谢暨南大学华侨华人研究院（教育部人文社会科学重点研究基地）为此书的出版提供经费支持。非常感谢暨南大学出版社出版此书，以及出版社编辑们为本书所做的大量技术性工作。非常感谢暨南大学华侨华人文献资料中心特别是徐云主任对本书的资料支持，非常感谢笔者的学生所付出的辛勤劳动，如徐珊珊为本书稿的校对花费了大量精力和时间，寇海洋、徐珊珊、陈华等帮助收集了不少资料。

由于笔者水平所限，加上时间仓促，本书难免存在这样那样的缺点和错讹，敬祈识者不吝赐正。

高伟浓

壬辰季春谨识于暨南大学

2012 年 4 月